本书系"教育部人文社会科学研究项目（项目编号：13XJC630010）"阶段成果，受"重庆理工大学优秀著作出版基金"资助

经济管理学术文库·管理类

企业营销动态能力研究
模型、机制与开发应用策略

Research on Marketing Dynamic Capabilities
The Model, Mechanism,
Development and Implication Tactics

李巍 / 著

图书在版编目（CIP）数据

企业营销动态能力研究：模型、机制与开发应用策略/李巍著.—北京：经济管理出版社，2016.6
ISBN 978-7-5096-4400-3

Ⅰ.①企… Ⅱ.①李… Ⅲ.①企业管理—市场营销学—研究 Ⅳ.①F274

中国版本图书馆 CIP 数据核字（2016）第 102360 号

组稿编辑：杨国强
责任编辑：杨国强　张瑞军
责任印制：黄章平
责任校对：雨　千

出版发行：经济管理出版社
　　　　（北京市海淀区北蜂窝 8 号中雅大厦 A 座 11 层　100038）
网　　址：www.E-mp.com.cn
电　　话：(010) 51915602
印　　刷：北京九州迅驰传媒文化有限公司
经　　销：新华书店
开　　本：720mm×1000mm/16
印　　张：16.5
字　　数：286 千字
版　　次：2016 年 7 月第 1 版　2016 年 7 月第 1 次印刷
书　　号：ISBN 978-7-5096-4400-3
定　　价：68.00 元

·版权所有　翻印必究·
凡购本社图书，如有印装错误，由本社读者服务部负责调换。
联系地址：北京阜外月坛北小街 2 号
电话：(010) 68022974　　邮编：100836

序 言

在动荡竞争环境,企业如何获取和维持竞争优势是研究者与管理者共同关注的议题。Day(2014)指出,企业要准确理解和快速适应持续变化的市场环境,极大地依赖它们自身所具备的适应能力;营销动态能力是企业实现这种"由外向内"市场与组织一致性的关键能力基础。从 Fang 和 Zou(2009)的营销动态能力开创性研究,到我所带领研究团队将其置于中国情境下的深入分析,再到 Tsai(2015)的持续探索,营销动态能力研究始终是企业战略管理与营销研究结合领域的重要内容。正如 Nath 和 Mahajan(2008)所警示的那样:营销研究过度聚焦顾客心理与行为,可能导致营销职能在企业战略管理中被逐渐边缘化;Reibstein 等(2009)也曾反思,为什么营销研究者在关键的战略营销议题与新兴话题方面逐渐失去话语权。正因如此,Kotler(2014)在其新著"Ten Deadly Marketing Sins"开宗明义:"我想让市场营销寻回它真正角色——推动企业经营战略。"国内外营销研究者聚焦于营销动态能力研究,可以视为对企业中营销职能边缘化挑战、增强营销职能战略角色的积极回应。

李巍博士 2009 年开始在南开大学商学院攻读博士学位,在此期间作为主要研究者参与了我主持的国家自然科学基金项目:"风险环境下中国企业国际营销动态能力:理论模型、构建机制及对绩效影响研究。"(项目编号:71072100)其博士学位论文《国际营销动态能力的结构与关键驱动因素研究:制度与资源的双重视角》荣获"南开大学 2012 届优秀博士学位论文"奖。李巍博士在南开大学 3 年的专业训练与学术研究中,对营销动态能力议题相关领域形成了较为深厚的学术积累。

2012 年从南开大学博士毕业加入重庆理工大学以后,李巍博士继续思考和探索营销动态能力议题。本书研究是其对营销动态能力研究议题深入思考和系统论证的重要成果,我认为在以下几个方面有所创新:①区别于以往营销动态能力内涵与维度的表现型分析思路,本书研究从构成型维度对营销动态能力进行解构，认为其由市场感知能力、界面协同能力和顾客响应能力三大构面构成。这一研究结论对理解营销动态能力构成维度、深化营销动态能力内涵及结构研究有积极贡献。②从组织与企业家双重视角系统分析营销动态能力的形成机制。通过将前置影响因素镶嵌于系统分析框架，既增强了研究的科学性和有效性，还有效地增强了研究结论的深度和影响力。③将营销创新引入营销动态能力作用机制研究，丰富了营销动态能力绩效结果的理论成果。在区分技术导向型与市场导向型营销创新基础上，探究营销动态能力影响市场效能与经营绩效的逻辑关系，不仅深化了营销创新研究成果，更丰富了营销动态能力绩效输出机制研究。此外，以往营销动态能力研究大多是基于国际营销分析情景，具有一定特殊性，本书研究是在一般营销情境下展开研究，扩展了营销动态能力概念的理论解释力与应用普适性。

同时，本书研究相关结论对高级营销管理者亦有启发：①明晰企业有效识别与应对环境变化，并获取和维持市场竞争优势的组织能力基础。整合市场感知、界面协同和顾客响应三个重要能力环节，能够使企业形成营销动态能力，进而优化应对快速变化市场环境的速率与响应性。②帮助企业从组织和高层管理者层面对推动营销动态能力形成提供管理借鉴。构建市场导向型文化，推动组织结构扁平化，以及培育企业家精神都有助于开发营销动态能力的重要组织行为。③为企业推动营销创新活动提供思考方向与行动路径。"供给面"与"需求面"的营销创新分类思想，为指导企业从技术创新与市场创新视角，有效推动产品创新、营销方案等创新活动提供了管理启示。

作为李巍博士的导师及研究合作者，对其敏锐且富有专业洞见的钻研态度深感欣慰，对其执着且忠于学术探索的专业精神倍感高兴。望其继续践行"允公允能，日新月异"的南开精神，智圆行方，在履行"让市场营销寻回它真正角色"的专业使命中不断取得新成绩。

许晖　博士

南开大学商学院市场营销系教授、博士生导师

美国富布莱特项目高级研究员及驻学访问学者

目 录

第一章 绪 论 ·· 1

    第一节 研究背景 ·· 1

    第二节 研究问题与价值 ·· 8

    第三节 研究内容与方法 ·· 11

    第四节 研究创新与局限 ·· 20

第二章 相关文献综述 ·· 25

    第一节 动态能力研究 ·· 25

    第二节 营销动态能力研究 ··· 39

    第三节 研究评述及启示 ·· 49

第三章 研究设计与数据收集 ·· 55

    第一节 研究设计与流程 ·· 55

    第二节 研究数据收集 ·· 69

    第三节 分析工具与数据评价 ··· 72

第四章 营销动态能力的内涵与构成维度 ·· 77

    第一节 营销动态能力的理论溯源 ·· 77

    第二节 营销动态能力的内涵界定 ·· 80

    第三节 营销动态能力的构成维度 ·· 85

    第四节 营销动态能力的量表开发 ·· 89

    第五节 本章小结 ·· 95

第五章 营销动态能力的形成机制 ………………………………… 99

第一节 营销动态能力的关键驱动因素 ……………………………… 99
第二节 模型测量与问卷开发 ………………………………………… 113
第三节 实证检验与结论 ……………………………………………… 132
第四节 本章小结 ……………………………………………………… 137

第六章 营销动态能力的作用机制 ………………………………… 141

第一节 营销创新的含义与类型 ……………………………………… 141
第二节 营销动态能力效用模型 ……………………………………… 147
第三节 模型测量与问卷开发 ………………………………………… 158
第四节 实证检验与结论 ……………………………………………… 168
第五节 本章小结 ……………………………………………………… 177

第七章 案例研究 ……………………………………………………… 181

第一节 案例对象与过程 ……………………………………………… 181
第二节 案例分析 ……………………………………………………… 185
第三节 案例讨论 ……………………………………………………… 196

第八章 结论与建议 …………………………………………………… 205

第一节 研究结论与讨论 ……………………………………………… 205
第二节 管理对策与建议 ……………………………………………… 213
第三节 研究展望 ……………………………………………………… 218

附 录 …………………………………………………………………… 221

参考文献 ………………………………………………………………… 243

致 谢 …………………………………………………………………… 255

第一章 绪 论

在动荡环境下,企业要获取和维持竞争优势必须对市场环境的变化进行有效而持续的回应;只有那些能够针对市场环境变化而改变自身策略,积极适应和引导环境的企业才能够在激烈的市场竞争中最终胜出。企业如何才能够快速回应环境变化,是当前战略与营销管理研究及实践的重要焦点之一。本书试图从企业组织能力的分析视角回答这一关键问题。作为本书的起点,本章着力论述研究的现实与理论背景、研究的主要问题及目的,研究的内容与方法,以及研究可能的创新点。旨在阐述本研究的出发点、总体构想及实现方式。

第一节 研究背景

企业经营实践表明,动荡市场环境要求企业必须快速应对市场变化,才能在市场竞争中取得优势地位。获取和维持市场竞争优势背后的关键问题是企业如何及时而有效地对市场环境变化进行回应。企业动态能力观的形成和发展为这一问题提供了初步的解答方向:将动态能力观与企业营销管理相结合,是运用动态能力观回答"企业如何应对市场环境动荡性,获取和维持市场竞争优势"这一核心问题的重要努力。

一、现实背景

随着在技术与社会管制、竞争对手和顾客需求等方面不连续变化越来越频

企业营销动态能力研究

繁,环境动荡性不断增强,企业维持市场竞争优势的平均周期一直在减少。[①]那些拥有市场领先地位的企业更是岌岌可危。调查数据显示,在动荡竞争环境下,跌出行业三甲的企业百分比,从1960年的2%上升到2008年的14%;而企业既是市场份额领先者又是利润领先者的概率,已从1950年的34%下跌至2007年的7%。[②]在那些竞争充分的行业市场中,如日化产品、移动通信设备等市场中,企业获取和维持竞争优势变得越来越困难。

在中国日化市场叱咤风云25载的宝洁已经显露疲态。无论是从公司最新财务数据看,还是与主要竞争对手欧莱雅、联合利华的业绩对比看,宝洁正在中国市场经历一场前所未有的煎熬。被寄予厚望的"润妍"洗发水的失败,使宝洁在中国市场推出新产品更为谨慎,甚至是保守。近5年来,宝洁在中国市场仅推出6种新品。而宝洁在新产品开发中引以为傲的"联发"模式,严重阻碍技术领域革命性创新的出现,极大地降低革新性重量级产品的推出速度与力度。[③]

以往在通用电气、IBM身上有过的"大企业病"也在宝洁不断蔓延。在宝洁的产品决策体系中,区域性团队之上是越来越庞大的全球决策层。任何关于新产品研发与推出、市场推广等方案都需要全球决策层参与。这种多层级决策模式极大地削弱了宝洁对竞争环境、顾客需求的响应水平。主打补水概念的"海肌源"在2013年1月正式面市,这是宝洁中国团队与总部几年漫长沟通和拉锯的结果。"海肌源"上市1年后,因在屈臣氏连续6个月销量排名倒数,惨遭"末位淘汰",成为不折不扣的"鸡肋"产品。[④]在顾客偏好多变、竞争行为不确定的日化市场,缺乏面向市场的决策体系,对市场变化响应不足是竞争之殇。

手机行业是全球范围内竞争最激烈的市场。1987年我国手机市场开始进入模拟时代,随着2001年中国移动通信集团公司完全停止模拟移动电话网客户的国际、国内漫游业务,我国手机行业开始进入数字时代。15年以前,我国手机行业三巨头——诺基亚、摩托罗拉和爱立信——现在要么早已退出市场,要么落得被不断并购的悲惨结局。其中,2000年时3030亿欧元市值的诺基亚市值跌至71.7亿美元并被收购,其过程令人唏嘘。

[①] Wiggins R. & Ruefli T. Schumpeter's ghost: Is hyper competition making the best of times shorter [J]. Strategic Management Journal, 2005, 26 (7): 887-911.
[②] Reeves M. & Deimler M. Adaptability: The new competitive advantage [J]. Harvard Business Review, 2011, 42 (7): 3-9.
[③] 唐文之. 护肤领域被反超,宝洁人称"压力很大" [N]. 第一财经日报,2013-03-26 (C01).
[④] 陈芳. 宝洁瘦身,新品牌海肌源或遭淘汰 [N]. 中国商报,2014-08-12 (P07).

第一章 绪 论

诺基亚等企业的失败已经说明,竞争激烈的手机行业没有常胜将军。在模拟机转 2G 手机时代,诺基亚超越了摩托罗拉。而在 3G 智能机时代来临之时,诺基亚并没有防范被超越的警醒。同时,早在 2004 年,诺基亚研发部门就已经开发出触控技术,甚至已经对当前非常热门的 3D 技术具有相当的积累。诺基亚财报显示,2010 年诺基亚的研发费用大约为 58 亿欧元,是苹果的 4 倍以上。诺基亚拥有最庞大的研发资源以及令人瞩目的研发成果,但是并没有快速而有效地与市场对接。如今的手机行业,已经成为苹果和三星的时代,也将开启华为的时代。用"城头变幻大王旗"形容手机行业惨烈竞争毫不为过:HTC 在市场中的昙花一现,小米手机的快速崛起,华为手机的弯道超车。

企业在动荡市场环境与激烈商业竞争的兴衰得失及沉浮荣辱无不昭示着:谁能够快速地理解和响应顾客需求,谁就会得到顾客的认可和拥护;谁能够客观地审视并反馈竞争者行为,谁就能在激烈竞争中占得先机;谁能够率先开发商业化先进的技术产品,谁就会成为行业的领军者。毫无疑问,企业响应市场的水平决定其在市场中的生存态势与发展空间。

无论是柯达的无奈谢幕,还是诺基亚的英雄迟暮;无论是拉手网等团购企业的速生速灭,还是 PC 霸主联想的艰难转型,都无不说明:在动荡的竞争环境下,企业获取和维持竞争优势将变得越发困难,再优秀的企业也不可能进"保险箱"。因此,在营销管理领域,企业形成核心营销能力以应对未来市场竞争,是营销活动在企业战略层面扮演关键角色的集中表现。① 改革开放以来,我国企业在市场化建设方面取得了长足进步,但在攫取与应对市场机会方面仍存在巨大不足。尤其突出的是,我国企业在营销活动中缺乏对市场变化,尤其对顾客需求和竞争者行为变化及时响应的能力,制约着企业将稍纵即逝的环境机会转化为市场机会。②③

战略管理研究领域中的能力学派认为,在动荡竞争的外部环境下,企业应该注重自身能力的培育与深化,具备价值性、稀缺性、难以模仿性和不可替代性特征的组织能力是企业持续竞争优势的重要来源。④ 那么,在企业战略营销管理活动中,什么样的营销能力才能帮助企业对持续市场环境冲击进行积极而有效回

---

① Jaworski B. On managerial relevance [J]. Journal of Marketing, 2011, 75 (4): 211-224.
② 陈春花. 民营企业的变化与超越 [J]. 清华管理评论, 2011 (6): 14-17.
③ 李巍,许晖. 企业社会资本、市场知识能力与经营绩效的关系研究 [J]. 软科学, 2012 (10): 93-98.
④ 三谷宏治. 经营战略全史 [M]. 南京:江苏凤凰文艺出版社, 2016: 155-157.

应，以建立连续临时优势，最终实现持续竞争优势的获取？动态能力观为管理者和研究者提供了新的思考方向与行动路径。

二、理论背景

(一) 动态能力观及其研究的不足与拓展

基于演化经济理论和资源基础观的动态能力观整合资源及能力演化的本质，提出从现有资源中获取利益并开发新能力，使组织资源远远超过静态的竞争优势来源，从而成为可持续优势的重要基础。① 虽然动态能力概念起源于战略管理领域，但基于动态能力观的研究已远超越战略管理的一般范畴，拓展到企业管理的其他主要研究领域，如营销管理、人力资源管理和运营管理等。

但是，动态能力研究仍然存在诸多的不足，并受到研究者的质疑：Newbert (2007) 发现，动态能力研究大多停留在概念探讨与理论分析，缺乏实证分析；而在运用动态能力所进行为数不多的实证检验中，研究结论支持水平很低。② 更为重要的是，动态能力概念重复地与成功相联系，即具备动态能力似乎企业就必定取得较高水平绩效；同时，对动态能力概念的界定较为模糊，对维度的探讨并不深入，从而导致对概念操作化定义比较困难，测量便无从谈起。③ 而 Winter (2003) 从概念内在逻辑分析视角认为，动态能力概念的模糊与混淆主要是因为现有研究总是将动态能力与普遍效能建立普遍的公式化联系，即只要企业具备动态能力就会带来组织效能，从而导致动态能力与组织效能两组概念存在同义反复。此外，Kraatz 等 (2001) 的研究也同样指出，虽然动态能力概念充满了吸引力，但它相当的含糊不清，以至于很难被观察和测量以证明其存在。④

针对有关动态能力研究的这些质疑，Barreto (2010) 一针见血地指出，批评动态能力分析框架像一个"大帐篷"，是因为其缺乏针对性；他认为动态能力研究应该从当前的概念与关系扩散阶段进入选择性与保留性导向阶段，即将以往研

---

① Teece D., Pisano G. & Shuen A. Dynamic capabilities and strategic management [J]. Strategic Management Journal, 1997, 18 (7): 509-533.

② Newbert S. Empirical research on the resource-based view of the firm: An assessment and suggestions for future research [J]. Strategic Management Journal, 2007, 28 (2): 121-146.

③ Williamson E. Strategy research: Governance and competence perspectives [J]. Strategic Management Journal, 1999, 20 (12): 1087-1108.

④ Kraatz M. & Zajac E. How organizational resources affect strategic change and performance in turbulent environments: Theory and evidence [J]. Organization Science, 2001, 12 (5): 632-657.

究所提出的主要概念深化到一个更聚焦、更具结构化的领域。①

(二) 营销能力研究的现状与发展

企业获取高水平业务绩效的关键前提是建立并维持市场竞争优势；而培育与开发营销能力是企业在激烈的市场竞争中获取和维持优势市场地位的主要方式之一。因而，自组织能力学派进入战略管理研究领域以来，对营销能力的探讨便成为战略与营销管理领域的重要话题，得到了国内外研究者的普遍重视。②③

作为企业能力的一个重要方面，国外对营销能力的探讨可以追溯到 Selznick (1957) 和 Penrose (1959) 的相关研究。④ 然而，对营销能力理论的深入探讨和系统分析是最近 20 年战略营销理论和实践的重要议题之一。当前对营销能力内涵探讨，及其前置因素和绩效结果分析，其研究立足点可分为三方面：①从狭义的资源基础观点，即企业物质资产的观点将企业营销能力理解为多维度的现象，它是公司人力资产、市场资产和组织资产的复杂组合。⑤⑥②依据企业知识论，将营销能力的本质视为企业所掌握的，与市场营销各个环节相关的，能够帮助企业满足市场需求并获取持续竞争优势的知识和技能。⑦⑧③基于组织流程观，将营销能力视为企业运用自身的资源和能力，去创造顾客价值和获取竞争优势的组织管理流程。⑨

无论是从资产观、知识论、还是流程观，当前营销能力研究本质上都是基于资源基础观的视角，存在过于"静态"的缺陷。⑩ 已经有学者开始借鉴动态能力观深化对营销能力的理解，但这些研究还缺乏系统性。如 Vorhies 等 (2009) 将

---

① Barreto I. Dynamic capabilities: A review of past research and an agenda for the future [J]. Journal of Management, 2010, 36 (1): 256-280.

② Day G. The capabilities of market-driven organizations [J]. Journal of Marketing, 1994, 58 (4): 37-52.

③ Morgan N., Shaoming Zou., Vorhies D. & Katsikeas C. Experiential and informational knowledge, architectural marketing capabilities, and the adaptive performance of export ventures [J]. Decision Sciences, 2003, 34 (2): 287-321.

④ 李巍. 营销能力与创新绩效关系研究的综述与启示 [J]. 科技管理研究, 2015 (5): 140-144.

⑤ Narasimhan O., Rajiv S. & Dutta S. Absorptive capacity in high-technology markets: The competitive advantage of the haves [J]. Marketing Science, 2006, 25 (5): 510-521.

⑥ Cruz-Ros S., González Cruz T. & Pérez-Cabañero C. Marketing capabilities, stakeholders' satisfaction, and performance [J]. Service Business, 2010 (4): 209-223.

⑦ Song M., Benedetto C. & Nason R. Capabilities and financial performance: The moderating effect of strategic type [J]. Journal of the Academy of Marketing Science, 2007, 35 (1): 18-34.

⑧ 高芳. 动态环境下营销能力的构建 [J]. 武汉大学学报 (哲学社会科学版), 2008 (3): 432-436.

⑨ 李巍, 王志章. 营销能力对企业市场战略与经营绩效的影响研究 [J]. 软科学, 2011 (1): 114-119.

⑩ Morgan N., Vorhies D. & Mason C. Market orientation, marketing capabilities, and firm performance [J]. Strategic Management Journal, 2009, 30 (8): 909-920.

营销能力划分为专业型营销能力和建构型营销能力。建构型营销能力是指导和协调专业型营销能力的能力；它本质上类属于"二阶能力"，即动态能力。[1] 可见，在营销管理研究中，运用和整合动态能力观是深化营销能力研究的重要趋势之一。

（三）动态能力观与营销能力研究的整合趋势

动态能力观的分析焦点在于企业如何对持续变化的组织环境进行积极而有效的回应，从而获取和维持竞争优势；营销能力所关注的是企业运用自身独特的资源（资产、知识或技能）满足市场需求，从而建立竞争优势的组织过程。[2] 企业通过快速、有效地对营销过程进行反应，从而创造和传递更多顾客价值的能力是帮助企业获取市场绩效和持续竞争优势的关键因素之一。[3] 当企业营销活动所面临的外部环境充满变化和不确定性时，将动态能力分析框架运用于营销能力的研究便具有其必要性和可行性。

事实上，国外一些研究已经开始尝试运用动态观点分析营销能力相关议题。例如，Griffith等（2006）基于动态能力视角探讨零售商的企业家精神对其市场反应能力的影响作用和机制，[4] 率先从动态能力视角探讨企业在市场竞争中的响应速率和有效性问题。随后，Vorhies等（2007）则明确提出并运用"市场基础型动态能力"概念，以解释企业系统地运用市场信息强化和替代现有组织能力的过程；[5] Maklan和Knox（2009）则将动态能力应用于顾客关系管理的研究，以更好地解释顾客关系管理能力对市场绩效的提升作用；[6] 将动态能力观运用至营销管理特定领域，是动态能力分析框架在营销研究的具体运用。同时，Bruni和Verona（2009）在对美国和欧盟制药企业的案例研究中，直接借鉴动态能力观分

---

[1] Vorhies D., Morgan R. & Autry C. Product-market strategy and the marketing capabilities of the firm: Impact on market effectiveness and cash flow performance [J]. Strategic Management Journal, 2009, 30 (4): 1310-1334.

[2] Day G. Closing the marketing capabilities gap [J]. Journal of Marketing, 2011, 75 (4): 183-195.

[3] Cavusgil S., Calantone R. & Zhao Y. Tacit knowledge transfer and firm innovation capability [J]. Journal of Business & Industrial, 2003, 18 (1): 6-21.

[4] Griffith D., Noble S. & Chen Q. The performance implications of entrepreneurial proclivity: A dynamic capabilities approach [J]. Journal of Retailing, 2006, 82 (1): 51-62.

[5] Vorhies D., Foley L., Bush V. & Clark M. Market-based dynamic capabilities and firm performance [J]. American Marketing Association, 2007, (Winter): 282-283.

[6] Maklan S. & Knox S. Dynamic capabilities: The missing link in CRM investments [J]. European Journal of Marketing, 2009, 43 (11/12): 1392-1410.

析营销能力对企业新产品开发管理和产品开发重构的影响作用。[1]这些研究明确地体现出运用动态能力观分析和探讨营销领域组织能力议题。虽然这些开创性研究将动态能力分析框架运用到营销能力的分析中，充分体现动态能力观与营销能力研究的整合趋势，但都没有明确提出"营销动态能力"概念。

（四）营销动态能力研究的新发展

Fang 和 Zou（2009）在对中国合资企业的研究中首次提出"营销动态能力"概念，将其界定为"在应对市场变化时，企业为创造和传递顾客价值的跨部门业务流程的反应性和效率"；它由产品开发管理、供应链管理和顾客关系管理三大流程构成。[2]许晖等（2011）运用内容分析方法，在对中国三家国际化企业的研究中，基于 Fang 和 Zou（2009）的维度划分，将跨文化管理流程增加为营销动态能力的构成维度；[3]纪春礼（2011）在对中国国际化企业的研究中，将市场信息管理流程补充为营销动态能力的构成维度，从而拓展和深化了营销动态能力研究。[4]

虽然营销动态能力概念一经提出便得到国内外研究者的重视，并已展开富有成果的研究；但作为新的理论概念，营销动态能力研究存在诸多不足，需要进一步完善：①在营销动态能力的内涵界定方面。现有研究均运用营销动态能力表征的界定方法，将其视为跨部门业务流程的反应性和效率，这并没有很好地回答"营销动态能力本质是什么"。②现有研究将营销动态能力的结构维度划分为若干管理流程；这种维度是表现型，而非构成型，[5]这意味着现有维度研究停留在分析"营销动态能力表现在哪些方面"，而不是探索"营销动态能力由哪些要素构成"，进而缺乏科学测量工具。③对营销动态能力形成机制的研究尚属空白。现有研究仅运用案例研究方法，识别可能影响营销动态能力的个别因素，如市场知识管理、资源互补性，缺乏营销动态能力影响因素的系统化和机理化研究。④在营销动态能力作用机制方面，现有研究将其与竞争优势和经营绩效直接联系，不

---

[1] Bruni D. & Verona G. Dynamic marketing capabilities in science-based firms: An exploratory investigation of the pharmaceutical industry [J]. British Academy of Management, 2009, 20 (S): 101-117.
[2] Fang E. & Zou S. Antecedents and consequences of marketing dynamic capabilities in international joint ventures [J]. Journal of International Business Studies, 2009, 40 (5): 742-761.
[3] 许晖，李巍，王梁. 市场知识管理与营销动态能力构建——基于天津奥的斯的案例研究[J]. 管理学报，2011 (3): 323-331.
[4] 纪春礼. 营销动态能力构成维度及其形成机理研究 [M]. 北京：经济科学出版社，2011.
[5] 陈晓萍，徐淑英，樊景立. 组织与管理研究的实证方法 [M]. 北京：北京大学出版社，2008.

能体现营销动态能力作为动态能力特定类型应该具备的"二阶能力"(即改变能力的能力)特征。①⑤分析对象与背景的局限性。现有少量营销动态能力研究均是在国际商务或国际营销分析背景下展开,分析对象仅为合资企业或跨国企业,营销动态能力研究带有超国界和跨文化的国际营销特征,致使相关研究结论并不具有普适性。

综上所述,营销动态能力是动态能力观与营销能力研究相结合,体现动态能力观"具象化"和营销能力研究"动态化"的研究趋势。但作为近两年发展起来的理论概念,营销动态能力研究还需要深入展开。本研究以动态能力观为理论基石,对营销动态能力内涵与结构模型、形成和作用机制,以及开发与应用策略进行深入研究;预期对动态能力观、战略营销理论和制度理论等相关学科的交叉研究做出理论贡献,并为企业应对动荡市场环境的营销管理创新提供实践指导。

第二节 研究问题与价值

将动态能力观引入营销管理,特别是营销能力研究,在现有研究基础上深入探讨营销动态能力的基本内涵与结构维度,考察营销动态能力的前置因素与作用机制,构成本研究的核心议题。因此,本研究的核心问题是围绕"营销动态能力是什么?""哪些因素、如何影响营销动态能力开发?""营销动态能力如何发挥作用?"三方面展开。对以上方面的探讨具有理论和实践两大层面的价值。

一、研究问题及思路

随着顾客、竞争者与产业等领域不连续地发生变化,企业的营销活动必须有效而快速地应对环境演变,以获取和维持持续的竞争优势。本研究将能够使企业胜任这些挑战的组织能力称为"营销动态能力"。

营销动态能力(MDCs)是动态能力在企业营销管理领域的特定形式,是动态能力观与营销研究相结合的产物,是联结企业战略与营销研究的重要理论点。

---

① Teece D., Pisano G. & Shuen A. Dynamic capabilities and strategic management [J]. Strategic Management Journal, 1997, 18 (7): 509-533.

因此，本研究探讨的首要问题是：在依据动态能力、营销动态能力相关研究的基础上，界定营销动态能力的基本内涵，并对其构成维度进行梳理，开发营销动态能力测量工具。

为此，本研究将在系统回顾和梳理动态能力观及其在营销研究领域的运用现状，以及营销动态能力研究的新发展两方面的文献基础上，深化"营销动态能力"概念的内涵，并结合现有的动态能力及营销动态能力研究的新观点对营销动态能力基本内涵进行界定；在此基础上，从构成型维度对营销动态能力的结构维度进行理论分析和实证检验，开发营销动态能力的测量工具，为后续实证研究奠定理论与工具基础。

充分挖掘和验证营销动态能力的前置影响因素是深化对营销动态能力认识的前提和基础，更是阐释营销动态能力概念存在科学性与合理性的关键。基于此，本研究的核心问题是：在对营销动态能力的基本内涵进行界定，以及结构维度划分及测量工具开发的基础上，从形成机制和作用机制两个方面，对营销动态能力的前置因素及作用机制，以及绩效结果及作用形式进行深入研究。

具体而言，在形成机制研究方面，研究从企业家特质与组织形式两方面，识别若干驱动营销动态能力形成和发展的若干关键因素，并进行实证检验。在作用机制研究方面，研究从营销创新的视角，探讨营销动态能力对市场效能与经营绩效两大绩效输出板块的影响作用机制。同时，为了更好地理解环境因素在营销动态能力形成与作用机制中所扮演的关键角色，本研究还将考察环境动荡性对上述机制的调节效应，以更契合动荡环境的研究情境。

此外，上述营销动态能力的构成维度、形成和作用机制的实证检验均是运用问卷调查获得的研究数据进行，因而是反映在某一特定时间点企业营销动态能力及其形成、作用机制的基本情况，缺乏从纵向视野来深入分析营销动态能力。因此，本研究在量化研究之后，运用典型案例分析，通过对典型企业发展历程的分析，考察在不同发展过程中，营销动态能力发展及发挥效应的基本机制，从而有效弥补前述量化研究的不足，增强研究结论的普适性和有效性。

二、研究目的及意义

根据研究内容界定以及实现路径阐述可知，本研究的主要目的集中体现在对核心概念结构维度理解及测量工具开发，并在此基础上考察核心概念前置因素及绩效结果。研究所涉及的三个方面都具有重要的理论和实践价值。

(一) 理论层面

1. 深化营销动态能力理解，并开发测量工具

本研究将营销动态能力视为动态能力观在营销研究领域的具体运用，不仅深化对营销动态能力基本内涵的理解，更从构成型维度层面对营销动态能力的结构维度进行解析，开发营销动态能力测量工具。不仅拓展了动态能力观的分析范围，更深化了营销动态能力研究，为后续实证研究提供了工具基础；同时，营销动态能力研究是黏合企业战略研究与营销研究的重要力量点之一。这种黏合，一方面，有利于将"动态能力研究应该从当前的概念与关系的扩散阶段进入一个选择性导向和保留性导向的阶段"，[①] 从而有效地回应战略管理研究者将动态能力观视为"大帐篷"的批评；另一方面，对于营销能力的研究，营销动态能力概念的提出与发展，有助于将对营销能力的研究从以往资源基础观静态研究视角，转变为一种动态研究视角。这种转变不仅有利于弥补资源基础观的"静态"属性，强调在动荡环境下企业资源基础和能力的持续发展与演化；而且有利于丰富营销能力研究的内涵，将营销能力发展的焦点从企业资源禀赋本身转向对建立、整合和重构资源基础各种关键组织流程（或组织惯例）的关注。从而推动将营销活动从以往基于职能的策略地位，上升为基于整合、协调的战略地位。

2. 从企业家与组织双重视角，构建营销动态能力的形成机制

营销动态能力的前置因素已经得到了现有研究重视，但这些因素的分析都比较离散，且缺乏一致的理论框架。最为重要的是，现有绝大多数有关营销动态能力前置因素的研究都基于案例分析，最根本的原因是对营销动态能力进行测量仍存在困难。本研究是在开发营销动态能力测量工具的基础上，从企业家与组织双重视角识别若干关键因素，并通过实证分析检验这些因素驱动营销动态能力的基本机制。研究有助于深化对营销动态能力的理解，特别是从理论框架和研究方法两方面深化及丰富营销动态能力前置因素的研究，为企业开发营销动态能力提供理论指导。

3. 基于营销创新活动，探讨营销动态能力的作用机制

营销动态能力有助于改善企业在市场领域绩效水平，这已经得到研究认同，但仅仅停留在理论分析和案例探讨的层面，其实现机制的实证探讨还比较缺乏。

[①] Barreto I. Dynamic capabilities: A review of past research and an agenda for the future [J]. Journal of Management, 2010, 36 (1): 256–280.

有研究认为，营销动态能力直接与企业绩效输出相关联，而还有研究认为营销动态能力作为动态能力的特定形式，具备二阶能力特征，需要通过能力转换环节才能提升企业绩效输出。基于此，本研究通过探索企业营销创新活动，以深化探究营销动态能力对市场效能和经营绩效两方面的影响作用，从而拓展对营销动态能力的绩效结果研究。

（二）实践层面

1. 界定企业在战略营销管理领域的新型特定能力

通过企业营销实践可以清楚地发现：面对持续变化和充满不确定性的市场环境，企业要获取和维持竞争优势必须通过保持产品及服务的持续变革（产品/服务升级、产品/服务组合创新），从而实现企业对市场变化及时且有效地回应。对此，营销研究者和管理者已经达成共识。但是，如何让企业及时地实现有效市场回应，换言之，诸如"企业应当具备什么样的特定能力才能使企业能够对市场变化进行及时而有效的回应？""这种能力由哪些要素构成？"等问题还未获充分的解答，因而成为企业营销管理者关注的焦点。为了帮助企业管理者更好地应对国际市场变革，本研究将动态能力观引入营销研究领域，深化营销动态能力概念的理解，并运用该概念阐释企业在应对快速变化市场环境时所具备的一种新型特定能力，以回答上述实践性问题。

2. 揭示企业开发与应用营销动态能力的管理路径

明确营销动态能力在企业应对市场环境变化时所具备的关键价值后，"企业如何有效形成和发展这种能力？""如何让这种能力发挥最大效力？"是企业管理者所重点关注的问题。为了探索组织内哪些因素影响营销动态能力的开发，以及营销动态能力如何产生绩效输入，本研究基于企业家与组织双重视角，探究营销动态能力的形成机制，并基于营销创新分析营销动态能力的作用机制。这些研究及结论能够为企业管理者提供在组织内有效开发和应用营销动态能力的管理路径，为企业营销管理活动提供新的竞争工具。

第三节 研究内容与方法

研究的关键问题及思路，以及研究目的与意义决定研究的具体内容及实现方法。根据上节论述及分析，本研究聚焦于营销动态能力及其形成与作用机制研究。因此，研究的具体内容设计以及实现路径规划围绕上述理论议题展开。

一、研究内容

本研究以我国企业面临动荡环境为基本研究背景，深入探讨营销动态能力概念，并构建营销动态能力的形成和作用机制。主要的研究内容包括：

(一) 基本理论模型

依据本研究的界定，以及上述研究构想形成本研究的基本理论模型（见图1-1）；而理论模型充分阐明了本研究所要探讨的主要内容。从研究内容上看，本研究在理论架构层面上可以分为三个基本模块。

模块一：营销动态能力的内涵与构成维度研究。

本模块聚焦于营销动态能力概念的提出与发展，将营销动态能力（MDCs）界定为：是企业建立、联结和配置市场资源，以识别、创造和传递顾客价值的整合性组织流程。基于构成型维度视角，指出营销动态能力的构成维度包括市场感知能力（Market Sensory）、界面协同能力（Interface Cooperation Ability，ICA Consumer Response Ability，CRA）和顾客响应能力（Interface Cooperation Ability，ICA Consumer Response Ability，CRA）三大构面。

模块二：企业家与组织因素双重视角下的营销动态能力形成机制研究。

本模块根据从企业家因素（企业家精神和企业家政治关联）和组织因素（市场导向组织文化和扁平化组织结构）两个方面识别出若干资源因素（4项因素），以考察其对营销动态能力的驱动作用；同时，将检验企业家与组织因素对营销动态能力的交互作用，以深化对上述关系的理解。此外，还将考察环境动荡性（市场动荡性和技术动荡性）对上述驱动作用的调节效应，使分析框架更加契合当前企业营销管理实践现状与特征，从而加深对相关议题的分析和理解。

模块三：基于营销创新的营销动态能力作用机制研究。

本模块在借鉴 Drucker（1986）的供给面（Supply-side）与需求面（Demand-side）创新分类思想，① 从创新来源及内容角度，区分技术驱动型营销创新和市场驱动型营销创新；并基于营销创新，考察营销动态能力对市场效能（顾客资产和竞争优势）以及经营绩效（市场绩效和财务绩效）的作用机制。同时，为更加深

---

① Drucker P. Innovation and entrepreneurship [M]. London: Heinemann, 1986.

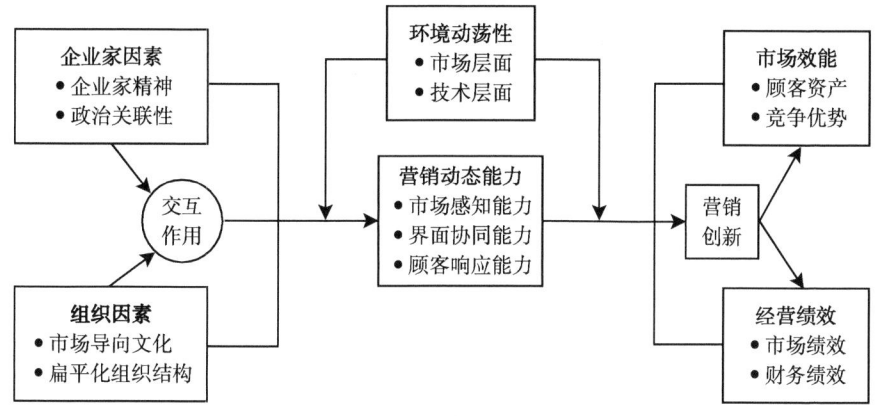

图 1-1 研究基本理论模型

资料来源：本研究设计。

入地分析研究议题，也将考察环境动荡性对上述驱动作用的调节效应。

（二）全书构架

根据上述理论分析思路和研究内容，本书的基本结构安排如下：

第一章，绪论。本章首先从现实和理论两个层面对本研究的背景进行阐述，然后对研究问题进行界定，并分析对这些问题进行深入研究的目的及意义；其次依据研究问题，对研究的主要内容（包括理论框架和本论文架构）进行阐述；最后汇报了研究所用方法及技术路线。

第二章，相关文献综述。本章以研究主题所涉及的基本理论方向为指引，从两个方面进行相关文献综述：一方面，对动态能力相关研究的文献进行综述；另一方面，对营销动态能力现有研究进行回顾和总结。本章最后对动态能力和营销动态能力相关研究文献进行评述，并详细阐述现有理论观点与研究结论对本研究的借鉴及启示。

第三章，研究设计与数据收集。本章主要从研究范式的比较与选择入手，探讨混合研究方法在本研究中的运用，确定本研究的基本范式，为研究奠定基础方向。此外，本章还阐述了研究数据收集的方式以及数据质量检验的基本情况。

第四章，营销动态能力的内涵与构成维度。本章首先基于动态能力观及其在企业营销管理中的运用研究，以及营销动态能力研究的新近观点，对营销动态能力的基本内涵进行界定。然后运用内容分析、实证检验等质化与量化相结合的方法，对营销动态能力的构成维度进行划分和检验，并以此为基础开发营销动态能力测量工具，为后续实证研究奠定基础。

第五章，营销动态能力的形成机制。本章基于企业家与组织两方面因素及交互视角，识别若干营销动态能力形成驱动因素，并进行实证检验。同时，考察环境动荡性对上述作用的调节效应，以进一步明确营销动态能力的形成机制。

第六章，营销动态能力的作用机制。本章基于营销创新的视角，探讨营销动态能力对市场效能和经营绩效的影响机制。同时，引入环境动荡性对上述机制的调节效应，以深化对营销动态能力作用机制的理解。

第七章，案例研究。依据实证分析的理论框架，建立案例分析框架，并通过对"冷酸灵"品牌的案例分析，对典型事件过程的纵向剖析，深化、拓展前述量化研究形成的研究结论，增强研究结论的普适性与解释力。

第八章，结论与建议。本章首先对本研究的主要结论进行梳理、总结和讨论；然后从理论和实践两个层面阐述本研究及相关结论的价值，并探讨研究的创新之处；最后指出本研究的一些局限性与不足，并提出后续研究的努力方向。

以上研究内容设计与论文架构形成本书的基本结构框架，如图1-2所示。

根据本研究的界定、主要研究内容和全书基本框架，本研究整体架构可以简单地概括为"两大部分、三个模块、四项研究"：

两大部分是指本研究要探索的理论问题包含两大关键部分，即营销动态能力的内涵与构成维度；营销动态能力的形成与作用机制。

三个模块是指本研究的主要分析内容包含三个基本模块，即营销动态能力的内涵与构成维度研究，企业家与组织因素视角下的营销动态能力形成机制研究，以及基于营销创新的营销动态能力作用机制研究。

四项研究是指本研究的主体内容由四项相对独立的研究构成，即营销动态能力的内涵与结构维度、营销动态能力的形成机制、营销动态能力与市场效能关系机制、营销动态能力与经营绩效关系机制。

二、研究方法

在决定采用某种研究方法之前所必须考虑的三个条件是：①该研究所要回答问题的类型是什么；②研究者对研究对象，以及事件的控制程度如何；③研究的重心是当前发生的事情还是过去发生的事情。[①] 表1-1根据这三个条件对五种主要的研究方法进行了比较。

---

① 罗伯特·K.殷. 案例研究：设计与方法（第3版）[M]. 周海涛译. 重庆：重庆大学出版社，2004.

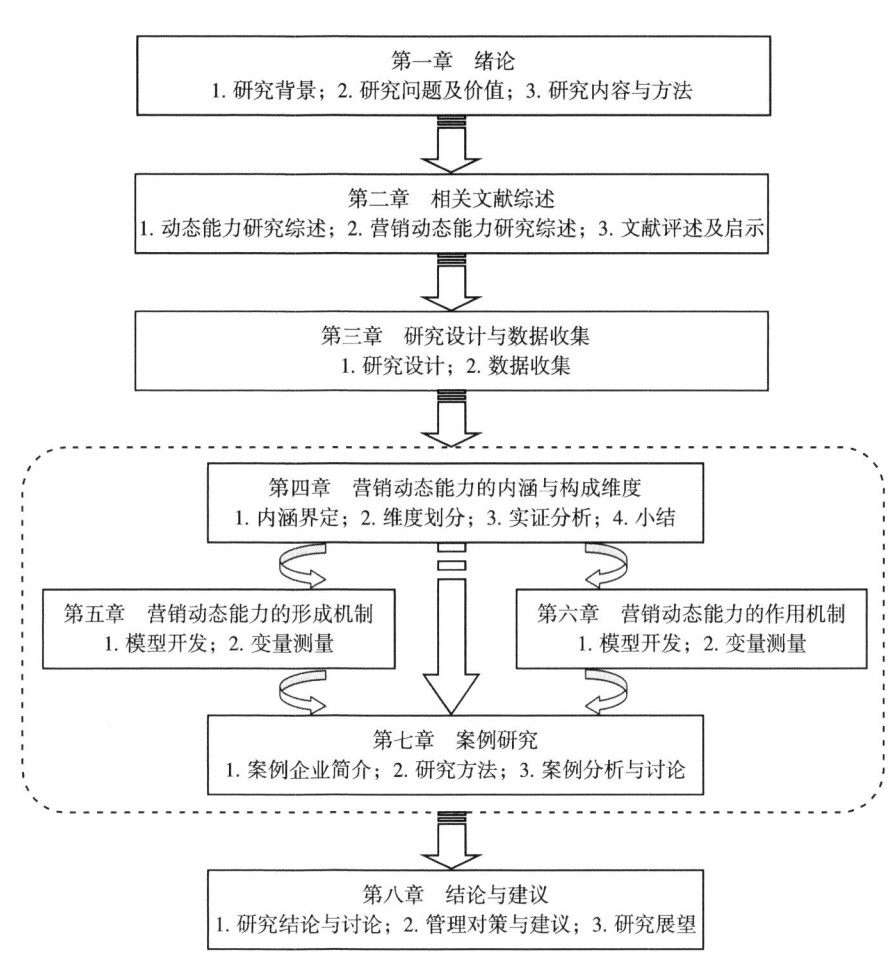

图 1-2 本书的结构框架图

资料来源：本研究设计。

表 1-1　主要研究方法的比较

研究方法	研究议题的类型	是否需要对研究过程进行控制	研究焦点是否集中在当前问题
实验法	怎么样、为什么	需要	是
问卷调查法	什么人、什么事在哪里、有多少	不需要	是
文献分析法	什么人、什么事在哪里、有多少	不需要	是/否
历史分析法	怎么样、为什么	不需要	否
案例研究法	怎么样、为什么	不需要	是

资料来源：罗伯特·K.殷.案例研究：设计与方法（第 3 版）[M].周海涛译.重庆：重庆大学出版社，2004.

企业营销动态能力研究

决定采用何种研究方法的第一个条件也是最重要的条件，就是厘清研究是要回答何种类型的问题。本研究聚焦于探索营销动态能力的构成维度，及其形成和作用机制，属于"什么事"和"怎么样"的探索性研究议题。因此，在综合分析以上研究方法特征的基础上，根据主要研究内容，以及营销动态能力概念本身的复杂性和多维性，本研究借鉴 Creswell（2007），① 以及 Tashakkori 和 Teddlie（2010）② 的研究建议，采用文献研究与实证研究（量化与质化研究）相结合，运用混合方法（定量方法与定性方法相结合）的研究设计来探讨和分析所提出的研究问题。在研究的不同环节和阶段综合运用不同研究方法，以期更有效地实现研究目标。本研究运用的主要研究方法包括：

（一）文献分析法

文献分析法（Literature Analysis）主要指搜集、鉴别、整理文献，并通过对文献的研究，形成对事实科学认识的方法。对核心研究概念的确定是文献分析的基本前提和首要步骤；通过对研究所涉及关键概念的界定可以划定基础文献的分析范围和重点。③ 基于此，营销动态能力是本书研究的核心概念，因此围绕这一核心概念，本研究的文献分析涉及有关动态能力、营销动态能力两方面研究的相关文献。通过对这些研究文献的归纳和梳理，确保营销动态能力概念基本内涵的界定是建立在对现有研究文献系统整理和全面分析的基础之上。

在确定文献范围后，文献搜索工作便得以展开。本书研究利用中国期刊全文数据库（CNKI）、维普数据库（VIP），EBSCO、Springer Link、JSTOR、PQDD、Elsevier、Emerald 等中外文期刊数据库，重点从我国 CSSCI 来源期刊，特别是国家自然科学基金委（NSFC）指定的重要管理学期刊，以及从国外 SMJ、ASQ、AMR、JIBS、OS、JOM、JM、JMR 和 JIM 等管理学及营销学期刊中，使用"动态能力"、"营销动态能力"、"营销能力"、"环境动荡性"、"营销创新"、"企业家因素"及"组织因素"等中英文关键词搜索相关文献，并将所收集的文献按照主题进行归类和编号。

对于基础文献的分析，本研究运用定性的综合分析方法（相对于元分析等定

---

① 约翰·W.克雷斯威尔. 研究设计与写作指导：定性、定量与混合研究的路径 [M]. 崔延强译. 重庆：重庆大学出版社，2007.
② 阿巴斯·塔沙克里，查尔斯·特德莱. 混合方法论：定性方法和定量方法的结合 [M]. 唐海华译. 重庆：重庆大学出版社，2010.
③ 哈里斯·库珀. 如何做综述性研究 [M]. 刘洋译. 重庆：重庆大学出版社，2010.

量的文献综合分析方法）对相关文献进行梳理和归类，主要依据以下整理标准：①将基础理论相同的文献进行梳理和归类。对于运用相同理论基础的文献，例如资源基础观、动态能力观、制度理论等研究文献进行统一的归类和整理。②将相同主题的研究文献按照特定的指标进行归类整理。以动态能力研究主题的相关文献为例：本研究将有关动态能力按照内涵、结构维度、前置影响因素、与绩效的关系等标准对文献进行分类整理。通过全面和系统的文献梳理来寻找理论空白点和研究结合点，并逐步进行研究构思，确定研究议题和分析框架。

（二）问卷调查法

问卷调查法（Questionnaire Survey）也称问卷法，它是研究者运用统一设计的问卷（或量表）向通过抽样方法选取的被研究对象了解情况或征询意见的调查方法。研究者将所要研究的问题编制成问题表格，以邮寄方式、当面作答或者追踪访问方式填答，从而了解被调查者对某一现象或问题的看法和意见。问卷调查法的运用，关键在于调查问卷的编制，被调查对象的甄选，以及调研数据的检验与分析。

在调查问卷的编制方面，本研究所进行的工作主要包括：①通过专家小组讨论、企业（营销）管理者访谈等手段，向理论界和实践界的各类专家进行探测性访谈和调研活动，就本研究的相关议题征求意见，进一步明晰研究议题和分析框架。②根据研究框架和核心概念，挖掘和分析后续测量工具，建立对本研究核心概念测量的问项库；然后依据本研究对关键概念的概念化来设计测量所用问项，并形成调查问卷初稿；通过向专家和企业管理者征求意见，最终形成本研究的预调研问卷。③通过发放 150 份预调研问卷进行预调研，并根据预调研的过程反馈和结果分析修正预调研问卷，最终形成研究所用的正式调研问卷。

在调研问卷所获得的研究数据分析方面，本研究主要运用探索性因子分析（Exploratory Factor Analysis，EFA）、验证性因子分析（Confirmatory Factor Analysis，CFA）、多元线性回归分析（Multiple Linear Regression，MLR）和结构方程模型（Structural Equation Model，SEM）等分析工具对研究数据的信效度，核心概念的结构模型，以及若干研究假设进行实证检验。

问卷开发的具体流程，被调查对象的甄选与数据收集过程，以及调研问卷的数据质量核查和分析方案等详细内容，将在本书第三章中的"研究数据收集"一节进行系统说明。

（三）案例研究法

作为研究方法的案例研究（Case Study）包括单案例研究和多案例（或跨案

例）研究两种。本研究选择单案例的研究方法。将单一案例研究运用于本研究具有十分重大的价值：首先，案例研究方法有助于在组织背景下，对国际营销管理复杂的流程进行整体的分析。这种分析需要从多重证据源收集丰富的数据。[1] 案例研究方法适用于组织流程的研究，因为其提供了镶嵌于企业组织结构中的文化现象前后逻辑关系的深度信息。[2] 其次，对于单一案例的选择是基于 Dyer 和 Wilkins（1991）[3] 的方法，他们认为，单一深度案例是案例研究的最佳形式；李飞等（2010）[4] 也指出，单一案例研究能更加深入地进行案例调研和分析，更容易把"是什么"和"怎么样"说清楚。因此对涉及国际化企业营销管理能力与流程的研究也应该运用单案例研究方法。

案例研究的功能主要体现在解释、描述、列示、探索和进行元评估五个方面。[5] 本研究主要运用案例研究的解释和描述功能：运用定性研究方法（案例研究）解释、拓展和深化定量研究的结论，并描述定量研究所验证的理论模型在国际化实践中的现实情况；通过对理论模型的实践复现，加深对理论模型的理解，拓展或修正研究结论。

就案例研究方法的实施而言，本研究将运用半结构化访谈、二手资料获取、质化资料编码等分析方法。对于案例研究方法的实施流程及质量控制等关键议题，将在本书第七章中进行详细阐述。

（四）专家访谈与焦点小组访谈法

在专家访谈法中（Expert Interview Method），对不同行业、区域和发展阶段的企业负责人、各级政府分管部门（中小企业局、工商联、经信委等）负责人、不同行业专家等进行结构化和非结构化深度访谈，掌握有关企业组织能力、组织结构与文化、营销职能领域相关能力开发等方面的信息和资料。访谈形式分综合面访、电话采访和邮件访谈等多种形式。

---

[1] Bhagat S., Stevenson K. & Segovis C. International and cultural variations in employee assistance programmes: Implications for managerial health and effectiveness [J]. Journal of Management Studies, 2007, 44 (2): 222-242.

[2] Eisenhardt K., Graebner M. Theory building from cases: Opportunities and challenges [J]. Academy of Management Journal, 2007, 50 (1): 25-32.

[3] Dyer G. & Wilkins L. Better stories, not better constructs, to generate better theory: A rejoinder to Eisenhardt [J]. Academy of Management Review, 1991, 16 (3): 613-619.

[4] 李飞等. 中国百货商店如何进行服务创新——基于北京当代商城的案例研究 [J]. 管理世界, 2010 (2): 124-133.

[5] 罗伯特·K.殷. 案例研究：设计与方法（第3版）[M]. 周海涛译. 重庆：重庆大学出版社, 2004.

在焦点小组访谈法（Focus Groups）方面，本研究中无论是研究框架搭建，还是对相关概念的测量，以及对企业营销动态能力内涵及结构的探索，不仅基于翔实、科学的文献分析，更以项目组成员为主体，邀请与本项目研究领域相关的外部专家（企业管理科者、学者、行业管理者等）组成焦点小组进行研讨，以确保研究框架、分析路径的科学性和可行性。

综上所述，本研究试图通过混合研究方法（量化研究+质化研究）深化对营销动态能力形成与作用机制的理解，增强本研究最终模型的解释力、科学性和普适性。

此外，科学、合理的技术路线是研究方法得以有效实施的基础保障。技术路线是指研究者为探索研究问题，并达到最终研究目的准备采取的基本研究途径，它具体包括研究方法、具体实现步骤，以及解决关键问题的具体方法与技术等。根据上述的研究内容界定和主要研究方法的选择，本研究设计了包含五个基本技术步骤的技术路线。这五个步骤是研究主题凝练、分析单元界定、研究工具设计、研究数据收集和研究数据分析，每个步骤中所要开展的具体工作和所运用的研究方法或分析技术如图 1-3 所示。

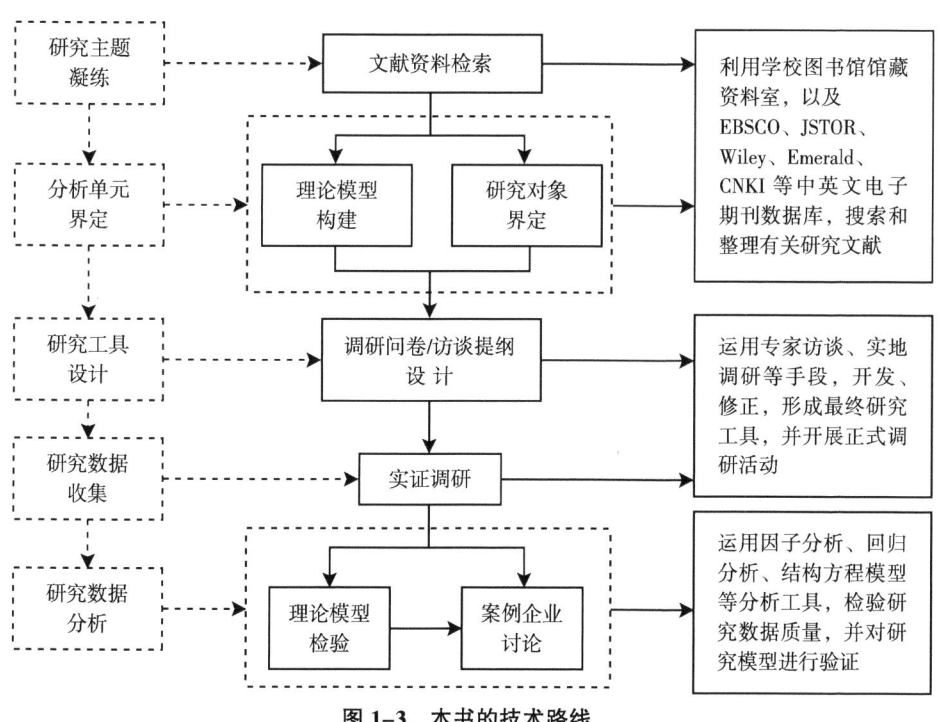

图 1-3　本书的技术路线

资料来源：本研究设计。

企业营销动态能力研究

第四节 研究创新与局限

本研究从动态能力观视角探讨企业营销动态能力议题。通过对营销动态能力内涵及结构的系统研究,以及对营销动态能力形成及作用机制的探讨,形成了较为系统的研究成果。相关研究成果具有一定的创新性,同时也存在若干不足之处。

一、研究创新

随着环境动荡性的增强,企业营销管理领域的能力与环境需求之间的差距逐步扩大,企业营销能力的缺陷日益凸显。要弥合这些缺陷,营销能力必须从静态转向动态;研究方向必须从单维向多维方向过渡,使更多新的理论观点融入现有研究。具体而言,本研究的价值与创新性主要体现在以下几个方面:

(一)深化营销动态能力内涵及结构研究

本研究通过对营销动态能力内涵与结构维度的研究,拓展了动态能力观在营销管理这一重要职能领域中的理解。迄今为止,动态能力研究很大程度上受演化经济学的影响,[1] 而一些分散和归纳性的研究结论都是建立在技术和创新管理等学科之上。[2] Dosi 等(2000)[3] 曾指出,在"硬技术"领域,动态能力的发展极大地依赖研发资源,这已经被研究证明,而在其他研究领域,还缺乏类似投入。因此,本研究可以视为对动态能力观在营销研究领域运用和拓展研究的"类似投入"。

本研究将动态能力观拓展到企业营销能力研究中,同时借鉴以往有关营销动态能力的研究成果,深化其内涵与结构维度研究,并将其界定为"企业建立、联结和配置市场资源,以识别、创造和传递顾客价值的整合性组织流程"。此外,本研究结合企业外部环境的动荡性特点,提出企业要及时且有效地应对快速变化

---

[1] Helfat C. & Peteraf M. The dynamic resource-based view: Capability lifecycles [J]. Strategic Management Journal, 2003, 24 (10): 997-1011.

[2] Lavie D. Capability reconfiguration: An analysis of incumbent responses to technological change [J]. Academy of Management Review, 2006, 31 (2): 153-174.

[3] Dosi G., Nelson R. & Winter S. The nature and dynamics of organizational capabilities [M]. Oxford: Oxford University Press, 2000.

第一章 绪 论

的市场需求与竞争形势,必须形成和发展营销动态能力,创造和传递差异化顾客价值。

(二)构成型维度框架下识别营销动态能力内在结构

本研究基于构成型维度对营销动态能力的结构维度进行质化与量化综合研究。通过借鉴营销动态能力和营销能力研究的相关成果,本研究从组织流程的角度对营销动态能力进行了结构维度探讨,将其解构为市场感知能力、界面协同能力和顾客响应能力三大子能力。这些子能力功能上相互区别,逻辑上相互关联,能有效地帮助企业应对动荡环境、参与市场竞争并传递超额顾客价值,帮助企业获取和维持在市场竞争中的优势。

运用子能力的观点解构营销动态能力的关键意义在于:一方面,在理论上增强能力观对企业组织能力本质的认识,即能力本身并不是资源,而是运用资源的组织流程,同时继承和发展了Eisenhardt和Martin(2000)及其理论支持者(如,Zollo和Winter,2002;周晓东和项保华,2003;等等)的动态能力观研究思想,增强营销动态能力概念的合理性与科学性;另一方面,在实践中为营销动态能力的形成和发展指出了具备可操作性的实施路径和评价体系,即企业可以将营销动态能力分解为逻辑关联的市场领域组织能力,通过对这些组织能力的测量能够对企业营销动态能力的基本现状进行评估,更能够为优化营销动态能力提供改进策略与管理启发。

(三)组织与企业家双重视角下探究营销动态能力形成机制

在明晰营销动态能力的内涵与结构维度的基础上,本研究运用实证主义研究方法,从组织(市场导向文化和扁平化组织结构)与个体因素(企业家精神和企业家政治关联),以及上述因素的交互视角探讨营销动态能力的构建机制。同时,为了深化对上述作用关系的理解,本研究还引入环境动荡性作为调节变量,以深化营销动态能力形成机制的探讨。

从组织与企业家双重视角,对营销动态能力形成机制进行系统探究,具有一定新意。一方面,从组织结构和文化层面探讨驱动营销动态能力的关键因素,识别组织结构扁平化的基础性作用和市场导向文化的建设性作用,丰富了营销动态能力前置因素的探究;另一方面,考察个体因素对关键因素影响作用的交互效应,发现企业家精神在营销动态能力构建中扮演的积极角色,深化对组织因素驱动机制的理解。此外,本研究从组织能力开发层面探讨了企业家政治关联的负向效应,进一步理解政治资源和网络对企业市场领域能力开发的角色。这对丰富企业家精神，以及企业家政治关联的相关研究具有积极意义。

（四）营销创新视野下构建营销动态能力作用机制

随着企业市场环境动荡性不断增强，营销动态能力成为战略营销管理研究领域的新近焦点。营销动态能力是企业在动荡市场条件下，提升市场效能的重要组织能力，是动态能力在企业营销职能领域的特定形式。探讨营销动态能力作用机制是明确其在企业营销管理领域中关键价值的有效方式。本研究在创造性区分营销创新的基础上，探究营销动态能力对市场效能与经营绩效的影响机制，对深入理解营销动态能力概念具有重要价值。

研究遵循"能力—行为—绩效"的分析范式建立理论框架，引入营销创新行为。同时，有别于以往对突破型和渐进型营销创新的探讨。创造性区分技术驱动和市场驱动两类营销创新行为，对于探索营销动态能力驱动市场效能的作用机制，具有重要价值。一方面，从营销创新的视阈，探究营销动态能力驱动市场效能的机理，深化了营销动态能力的绩效结果研究；另一方面，不同于以往有关渐进型和突破型营销创新研究，本研究从供给面和需求面出发，区分技术驱动与市场驱动两类营销创新行为，丰富和发展营销创新的分类研究，为理解企业营销创新活动提供新视角。

二、研究局限

虽然本研究在研究设计、理论建构、研究方法和实证分析各个环节力求保证科学性、规范性、系统性和逻辑性，但仍然无法避免所有的研究局限性。本研究的局限性主要体现在以下几个方面：

（一）在理论架构方面

本研究以营销动态能力概念为核心，在引入中介变量营销创新和调节变量环境动荡性两类概念的基础上，探讨营销动态能力的形成和作用机制。在营销动态能力形成机制模型方面，研究主要从组织和企业家视角识别，即市场导向文化、扁平化组织结构，以及企业家精神和企业家政治关联。可以预见的是，在影响营销动态能力的组织和企业家因素中，不只以上四个方面，还存在其他比较重要的组织和企业家因素，例如组织学习文化、市场基础性制度等组织结构与文化制度因素、企业家风险倾向等心理和行为因素。但是，由于研究时间、精力和复杂性方面的限制，没有办法再纳入更多变量进行探讨（当然，对更多变量的探讨是非常重要的方面），这使得本研究的营销动态能力前置因素的理论模型存在一定不足。

在营销动态能力作用机制模型方面，本研究引入营销创新，运用两个子模型分别探讨营销动态能力与市场效能、营销动态能力与经营绩效的逻辑关系。通过实证分析也发现，市场效能中的一些概念元素和经营绩效的一些概念元素存在相互包含的情况。虽然研究运用两个模型分别进行检验，规避了统计学意义上的误差，但是，这影响到对营销动态能力作用机制探究的深入性和系统性。对其他绩效输出概念（如市场战略、品牌资产、顾客满意度等）的探究有助于弥补这些缺憾。同时，营销创新只是企业市场行为的一个重要方面，还存在其他的行为，如市场多元化、战略联盟等，没有引入到作用机制模型中，使得该模型存在进一步拓展和深化的空间。

（二）核心概念测量

对核心概念测量的科学性和准确性是实证分析结论有效性的基础。本研究模型涵盖12个核心概念，均使用多重测项进行测量。虽然研究对每个概念的测量都遵循科学的方法，并在研究中对预调研问卷和正式调研问卷的开发、修正和确认过程，以及预调研及正式调研工作开展情况等关键环节进行详细说明，以确保测量和数据的信度和效度。但是，由于本研究涉及的概念较多，且为坚持使用多重测项的问卷开发原则，又需要确保问卷不会过于冗长而影响调研数据质量。因此，在问卷测量问项净化过程中，使用了比较严格的标准以缩减问项，此举虽可避免重复测项，但极有可能损害对概念测量的全面性。

此外，本研究中涉及个别概念，在以往实证研究中没有可直接借鉴的工具，例如，技术驱动型营销创新、市场驱动型营销创新等，本研究运用修正已有测量工具的方式对其进行测量。对新开发测量工具的检验，需要在不同的数据集和研究情景，以及分析对象的基础上持续改进，但很显然本研究缺乏这样的实证分析条件。因此，研究新开发的若干测量工具有效性还需在以后的研究中进行检验。

（三）实证数据收集

本研究的抽样框为重庆、天津、广东和浙江四个地区，虽然尽可能地使被调研企业具有较高的代表性。但是，由于样本企业数量和抽样框的限制，被调查企业的代表性还有待提高。同时，由于研究经费、人员精力和项目时间等方面的限制，研究没办法继续扩大样本企业抽样范围，以增强样本企业数据的广泛代表性。因此，在一定程度上，本研究样本数据的局限性可能会影响研究结论的普适性。

第二章 相关文献综述

本章根据主要研究议题和研究思路，对相关研究文献进行归纳和梳理。首先，对动态能力的研究文献进行回顾和总结；其次，对营销动态能力相关研究现状及新进展进行总结和归纳；最后，在文献综述的基础上，对现有研究的成果与不足进行综合评价，并重点探讨这些成果与不足对本研究的借鉴和启示。

第一节 动态能力研究

由于当今社会政治经济、科技文化等方面持续地发生变化，致使顾客需求、竞争对手、技术与社会管制等方面的不连续环境变化越来越频繁，企业维持其市场竞争优势的平均周期一直在减少。[1] 这表明在超强竞争环境下，企业获取长期竞争优势将变得越发困难。因此，企业应该通过对持续的环境冲击进行有效的回应，建立连续的临时优势，从而实现持续竞争优势的获取。企业如何才能成功地实现具有如此挑战性的工作？动态能力观为管理者和研究者提供了一个重要的回答。基于演化经济学和资源基础观的动态能力观旨在回答企业如何应对动荡外部环境并获取持续竞争优势。自 Teece 等（1997）发表《动态能力与战略管理》一文以来，动态能力观在战略管理领域受到越来越多的重视，相关研究成果层出不穷。

一、动态能力的理论起源

战略管理的焦点议题是企业如何获取和维持竞争优势。回顾企业战略研究理

---

[1] Wiggins R. & Ruefli T. Schumpeter's ghost: Is hyper competition making the best of times shorter [J]. Strategic Management Journal, 2005, 26 (7): 887–911.

论的发展历史,为了回答有关"企业竞争优势来源"这一问题,战略研究的立足点呈现出一个"由内到外"到"内外平衡",再到"由外到内"的不断演化的发展过程。Hoskisson 和 Hitt(1999)[1]将这一过程描述为不断摇摆的钟摆(见图 2-1):早期的企业战略研究基于内部视角,主要聚焦于组织结构,即如何发展新的组织结构以适应企业增长,以及战略的改变如何导致结构的改变。正如 Chandler(1962)[2]所指出的,战略是"企业长期目标和宗旨的决断,以及为了实现这一目标在行动步骤和资源分配方面的协调",而结构是"企业进行管理的组织设计"。合理的组织结构支撑着组织战略的实现,而组织战略的建立和实施反作用于组织的结构设计。截至 20 世纪 80 年代,研究者们将战略的重点转向了企业所处的外部环境分析,特别是对企业所处产业结构的分析。因此,产业组织理论应运而生。Porter(1980)的"结构—行为—绩效"分析框架被广泛地应用于分析产业结构,而企业的竞争优势则来源于企业在本产业中占据一个有利的定位。随后,研究者们将企业内部优势和外部机会成功结合起来,于是催生了企业内部条件与外部环境之间"内外匹配"的战略研究思想。随着 Wernerfelt(1984)所撰写

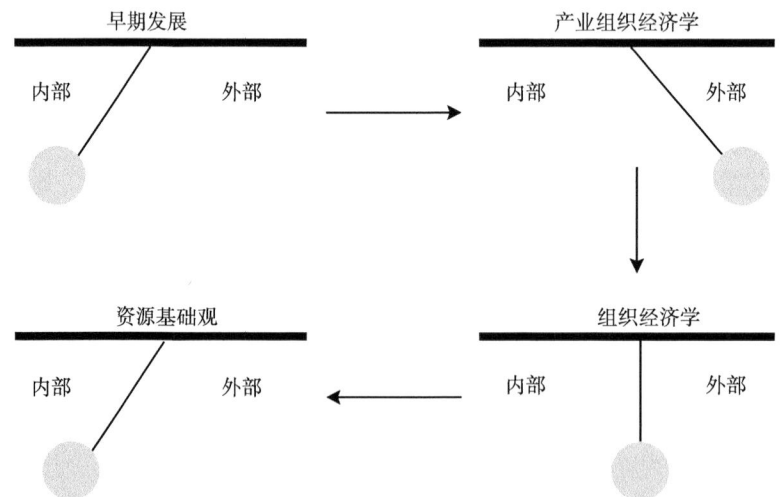

图 2-1 钟摆的摇摆:战略管理中理论与方法的演进

资料来源:Hoskisson R. & Hitt M. Theory and research in strategic management: Swings of a pendulum [J]. Journal of Management, 1999, 25 (3): 131-141.

---

[1] Hoskisson R. & Hitt M. Theory and research in strategic management: Swings of a pendulum [J]. Journal of Management, 1999, 25 (3): 131-141.

[2] Chandler A. Strategy and structure [M]. Cambridge, MA: MIT Press, 1962.

第二章 相关文献综述

《企业的资源基础观》一文的发表,资源基础观(RBV)逐渐引起战略研究者的重视,并成为战略研究的新焦点。

为了回答"企业为什么不同"和"企业怎样获取和维持竞争优势"两个重要问题,资源基础观(RBV)指出企业是通过掌握有价值的(Valuable)、稀缺的(Rare)、难以模仿的(Inimitable)和不可替代的(Non-substituted),即具备VRIN特征的资源和能力集合,以获取并维持竞争优势。资源是"企业拥有或控制的可得要素存量",而能力是指"企业配置资源的技能和手段,通常是综合运用组织流程去影响预期结果"。① 企业的资源和能力集合只要是有价值的和稀缺的,就将为企业带来竞争优势,同时,为了维持竞争优势,资源和能力集合又必须是难以模仿和不可替代的。② 资源基础观还指出,资源和能力是差异地分布在不同的企业,从而导致在同一产业内不同企业的绩效优劣。然而,资源基础观被认为在本质上是静态的,并忽略了市场动荡性的影响,不能充分地解释企业在持续变化环境中的竞争优势来源问题。③ 动态能力观整合了资源和能力演化的本质,提出从现有资源中获取利益并开发新能力,使组织资源远远超过静态的竞争优势来源,从而成为可持续优势的重要基础。

二、动态能力的内涵

自企业动态能力概念提出以来,国内外研究者对其研究的深度与广度与日俱增。动态能力研究从最初的战略管理领域迅速扩展到企业管理研究的各个领域,其研究结果日益丰富。虽然国内外研究者应用动态能力概念或者分析框架对不同的研究主题进行探索,使有关动态能力的研究呈现多元化的特点。但是,通过对相关文献的梳理可以发现,尽管动态能力概念被应用到大量类型、主题和情景的研究中,并且各类研究在动态能力内涵理解的表述方面也不尽相同,但对其本质的认识还是相对比较一致(见本书附录Ⅰ中附表1)。但是对动态能力的构成要素理解却存在观点差异,如表2-1所示。

---

① Amit R. & Schoemaker P. Strategic assets and organizational rent [J]. Strategic Management Journal, 1993, 14 (2): 33-46.

② Barney J. Firm resources and sustained competitive advantage [J]. Journal of Management, 1991, 17 (1): 99-120.

③ Wang C. & Ahmed P. Dynamic capabilities: A review and research agenda [J]. International Journal of Management Reviews, 2007, 9 (1): 31-51.

表 2-1 动态能力的构成要素

作者	构成要素
Teece 等（1997）	协调；整合；学习；重构；转型
Heeley（1997）	外部知识获取；知识内部消化；技术能力
Eisenhardt 和 Martin（2000）	整合；重构；获取；释放
Zahra 和 George（2002）	获取；消化；转化；利用
Pavlou（2004）	协调能力；吸收能力；集体意识；市场导向
Branzei 和 Vertinsky（2006）	吸收；消化；转化；配置
Wang 和 Ahmed（2007）	适应；吸收；创新
Ambrosini 和 Bowman（2009）	整合；重构
Cetindama, Phaal 和 Probert（2009）	资源配置方式；创新方式
Teece（2007）	感知环境；抓住机遇；适应、重塑企业所处环境
Barreto（2010）	系统解决问题；感知机遇和威胁；变革资源；适应环境
Jiao 等（2013）	环境识别；整合重构；组织柔性；技术柔性

资料来源：罗仲伟，任国良，焦豪等.动态能力、技术范式转变与创新战略：基于腾讯微信"整合"与"迭代"微创新的纵向案例分析［J］.管理世界，2014（8）：152-168.

Helfat 和 Peteraf（2009）[①] 的研究指出，Teece 等（1997）、Eisenhardt 和 Martin（2000），以及 Teece 等（2007）是动态能力研究的三篇核心文章。通过对这三篇核心文章及其相关支持研究文献的分析，本研究发现：动态能力概念自提出以来，既被界定为组织技能或能力（Teece 等及其支持者的观点），又被理解为组织流程或惯例（Eisenhardt 和 Martin 及其支持者的观点），因此可以认为，对动态能力内涵的理解主要是围绕这两个方面展开的。

（一）作为"能力"（Ability）的动态能力

Teece 和 Shuen（1994）[②] 首先将动态能力界定为"使企业能够创造新产品和流程，并回应变化市场环境的技能和能力集合"。随后，Teece 等（1997）[③] 将动态能力定义为"企业整合、建立和重置内外部技能以应对快速变化环境的能力"。

在 Teece 等最初的理解中，他们运用"能力"一词是为了强调战略管理的关键角色，并将动态能力界定为一种"二阶能力"，即改变能力的能力。这种动态

---

① Helfat C. & Peteraf M. Understanding dynamic capabilities progress along a developmental path [J]. Strategic Organization, 2009, 7 (1): 91-102.

② Teece D. & Pisano G. The dynamic capabilities of firms: An introduction [J]. Industrial and Corporate Change, 1994, 3 (2): 537-556.

③ Teece D., Pisano G. & Shuen A. Dynamic capabilities and strategic management [J]. Strategic Management Journal, 1997, 18 (7): 509-533.

能力分析框架是围绕几个重要的基础理论要素——本质、角色、情景、创造和发展、结果和异质性进行构建（见图2-2）。第一，Teece等（1997）将动态能力的本质界定为一种能力（Ability），以此强调其在战略管理研究中的核心角色，并通过提出动态能力，这类特殊的能力拓展了资源基础观。第二，他们明确指出这类特殊能力的预期结果（或角色）是整合（或协调），建立和重构内外部技能，并且基于演化经济学的视角来阐释组织惯例、路径依赖和组织学习在动态能力中的角色。第三，Teece等（1997）的动态能力观聚焦于外部情景的特殊类型，即迅速变化的环境，这是动态能力观作为资源基础观在面对快速变化状态时进行拓展的必然结果。第四，他们认为动态能力只能以特色化的方式进行开发而不能购买，并且动态能力的创造和演化史镶嵌于组织流程之中，而这种组织流程很大程度上是由企业的资源位势和企业过去采用的演化路径所决定的。这种基本假定和演化经济学的观点具有一致性。第五，由于动态能力观与资源基础观中考虑的资源和能力相似，因此动态能力依赖于企业特别的路径，独特的资产位势和各具特色的流程，从而使企业之间的动态能力是异质的。第六，他们的方法明确地指出持续竞争优势（或成功，或失败，或价值创造）是动态能力的直接产物。此外，这与在特殊类型的情景下补充资源基础观的目标是一致的，也是试图解释某些企业（而不是另外企业）获取和保持竞争优势的来源。

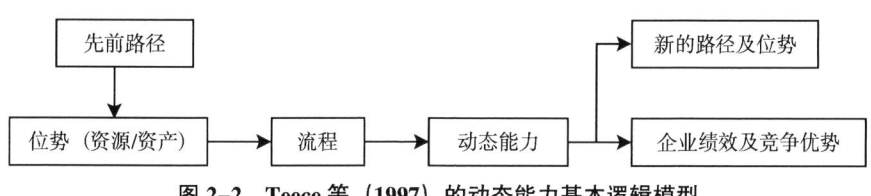

图 2-2　Teece 等（1997）的动态能力基本逻辑模型

资料来源：Helfat C. & Peteraf M. Understanding dynamic capabilities progress along a developmental path [J]. Strategic Organization, 2009, 7（1）: 91-102.

Teece（2007）[①]则聚焦于动态能力的特定类型，在Teece等（1997）的研究基础上对动态能力的形成，以及其对绩效影响的逻辑进行探讨（见图2-3）。他指出，动态能力包括对机会的识别（感知）、投资于感知到的机会（即把握机会），以及对能力进行再结合和重构，这些过程将会形成企业新的路径和资产基

---

① Teece D. Explicating dynamic capabilities: The nature and microfoundations of (sustainable) enterprise performance [J]. Strategic Management Journal, 2007, 28 (13): 1319-1350.

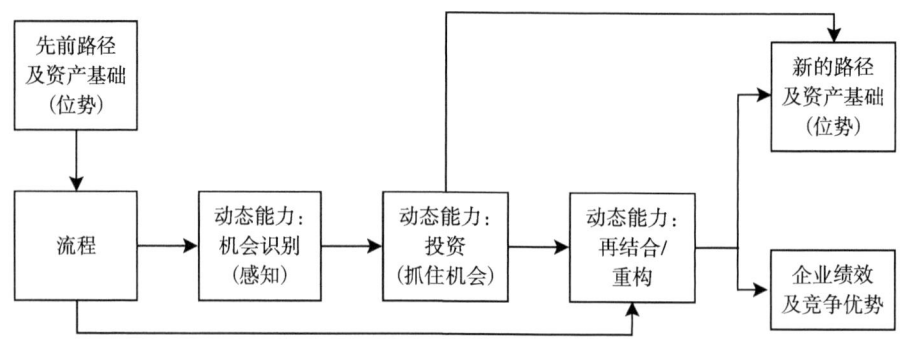

图 2-3 Teece（2007）的动态能力基本逻辑模型

资料来源：Helfat C. & Peteraf M. Understanding dynamic capabilities progress along a developmental path [J]. Strategic Organization, 2009, 7 (1): 91–102.

础，并有助于提升企业的竞争优势和绩效。

遵循 Teece 等（1997）的观点，Winter（2003）指出动态能力是"用于延伸、修正和创造一般能力的能力"。Helfat 等（2007）也认为动态能力是"组织有目的地创造、拓展和调整其资源基础的能力"。[①] 他们使用"能力"这一术语不仅指"以最低限度地可接受方式去完成工作的技能"，而且还包括这种能力的重复性（将其与一次性变化区分开）。

（二）作为"惯例"（Routines）的动态能力

针对 Teece 等及后续研究者的动态能力观点，有研究者质疑将动态能力定义为整合、协调和重新配置内外部技能的技能或能力，存在逻辑上的同义反复，是含糊不清的。[②] 因此，相较于将动态能力视为一种技能或能力的研究视角，有研究者从组织管理或流程的角度理解动态能力的内涵。Eisenhardt 和 Martin（2000）[③] 依据战略管理者对能力定义的一贯传统，从组织管理和流程视角对动态能力进行内涵界定（见图 2-4），他们提出将动态能力视为特殊的、可识别的组织流程或惯例：有些惯例聚焦于整合资源（例如，新产品开发和战略决策的管理流程），有些惯例集中于资源重构（例如，分配资金、形成资产），有些则与资源的获取、

---

① Helfat C., Finkelstein S., Mitchell W., Peteraf M., Singh H., Teece D. & Winter S. Dynamic capabilities: Understanding strategic change in organizations [M]. London: Blackwell, 2007.

② Barreto I. Dynamic capabilities: A review of past research and an agenda for the future [J]. Journal of Management, 2010, 36 (1): 256–280.

③ Eisenhardt K. & Martin J. Dynamic capabilities: What are they [J]. Strategic Management Journal, 2000, 21 (10/11): 1105–1121.

释放或让渡有关（例如，企业内知识创新、从企业外部获取新资源）。此外，Eisenhardt 和 Martin（2000）还指出，有效动态能力的本质会根据市场动态性而变化，从特别依赖现有知识的复杂的、逻辑的惯例，到更依赖情境性新知识的简单的、经验的惯例。

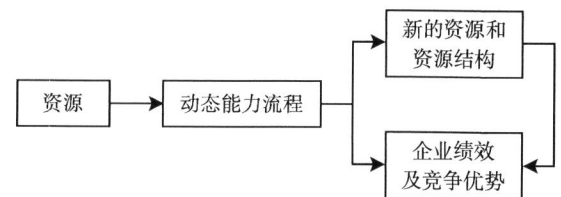

图 2-4　Eisenhardt 和 Martin（2000）的动态能力基本逻辑模型

资料来源：Helfat C. & Peteraf M. Understanding dynamic capabilities progress along a developmental path [J]. Strategic Organization, 2009, 7(1)：91-102.

基于 Eisenhardt 和 Martin（2000）的分析思路，Zollo 和 Winter（2002）[①]将动态能力理解为一种学习的、持续的集体活动模式，它贯穿于组织通过系统地生成和修正其运行惯例追求提高效能的全过程。他们还区分了两类惯例：那些被运用于企业操作性活动的惯例是"运营惯例"；那些用于修正运营惯例的惯例就是动态能力。这一理解紧扣研究者对惯例的早期界定，即惯例是"企业内有规律的、可预测的行为模式"。周晓东和项保华（2003）[②]指出，动态能力是企业使用资源，使之满足市场需求或创造市场变化的过程，因此动态能力是组织的一种战略性惯例或过程。

总体而言，几乎所有的国内外动态能力研究者都认为动态能力的培育和发展是为了应对企业外部持续变化的环境（国内外学者对动态能力界定的典型研究汇总见附录Ⅰ中附表1）。因此，不论是从"能力"视角，还是从"惯例"阐释和界定动态能力，国外学者对动态能力内涵及构成的研究，在思路和方向上存在一定差异，但仍然存在可以被归类的方面（见表2-2）。环境的动荡特征是动态能力概念的出发点，而应对环境变化的适应性调整则是对动态能力内涵理解的共同特征。

---

① Zollo M. & Winter S. Deliberate learning and the evolution of dynamic capabilities [J]. Organization Science, 2002, 13(3)：339-351.
② 周晓东，项保华. 复杂动态环境、动态能力及战略与环境的匹配关系 [J]. 经济管理，2003（3）：12-18.

表 2-2 动态能力构成维度研究的内容分析

具体维度及研究者	维度归类
• 感知环境（Teece 等，1997） • 感知顾客需求和欲望，并采取行动；考虑竞争者行动，以防止市场地位受侵犯（Menguc 等，2006） • 分析和认识利用机会（李兴旺，2006） • 洞察未来的发展趋势，发现潜在的市场价值（贺小刚，2006） • 感知和识别机会与威胁的能力（Teece 等，2007） • 环境监测能力（Schreyögg 等，2007） • 环境洞察能力（胡望斌等，2009） • 洞察机会能力（刘智勇等，2009） • 感知机会和威胁（Barreto，2010） • 环境感知与感知（Teece，2012）	感知和洞察能力
• 传播和解释市场信息（Kogut 等，1996） • 通过典型事件和试验快速获取知识，小的教训和快速反馈快速学习（Eisenhardt 等，2000） • 集体学习建立和修正惯例（Zollo 等，2002） • 头脑风暴、模仿、实验及变化（Zott，2003） • 追寻、创造新知识（董俊武等，2004） • 学习承诺、分享愿景和开放心智（黄俊等，2008） • 组织学习（胡望斌等，2009） • 市场知识管理过程（许晖等，2011）	学习与吸收能力
• 资源配置和整合（李兴旺，2006） • 协调企业的内部环境和外部环境（贺小刚，2006） • 组织柔性能力（胡望斌等，2009） • 资源整合能力（Teece，2012）	整合与协调能力
• 企业的资源重置能力（Teece 等，2007） • 变革更新能力（刘智勇等，2009；胡望斌等，2009） • 改变企业的资源基础（Barreto，2010） • 整合重构（Jiao 等，2013）	重构与变革能力

资料来源：本研究根据相关资料整理。

三、动态能力的影响因素

Teece 等（1994、1997）提出动态能力概念，并未就动态能力的影响因素展开探讨。随后，Eisenhardt 和 Martin（2000）[①] 在企业动态能力的影响因素研究方面做出开创性贡献，他们指出对企业动态能力的演化方向具有主导作用的影响因素是企业的学习机制，以及环境的动态性。首先，在企业的学习机制方面，虽然企业的动态能力会依据企业的历史等因素，沿着独特的路径进行演化，但其演化

---

① Eisenhardt K. & Martin J. Dynamic capabilities: What are they [J]. Strategic Management Journal, 2000, 21 (10/11): 1105-1121.

最终方向还是由企业学习机制主导的。企业的重复实践（和随后的经验），过去的错误和经验步骤是企业学习机制的重要内容。其次，他们认为市场动态性是影响企业能力演化路径和方向的重要因素。变异和选择是动态能力进化的两个关键要素：变异在中等变化水平的市场中更为重要，而选择高速率（即高动荡性）的市场有更重大的作用。由于动态能力发挥作用的外部环境主要是高度动荡和快速变化的市场环境，因此，动态能力演化的关键不是变异，而是选择。

基于 Eisenhardt 和 Martin（2000）的基本观点，国内外研究者就动态能力的影响因素展开了深入而广泛的研究。Zollo 和 Winter（2002）[1]的研究支持了 Eisenhardt 和 Martin（2000）的观点：他们认为深度学习与企业动态能力的开发及演化之间存在紧密联系；企业通过相对被动的经验性学习和相对深度的认知性学习（包含知识澄清、知识编码）两种学习机制共同发展了企业的动态能力；他们建立"渴望学习—公开学习—能力获得—渴望水平调整"的循环学习能力培养模式，以此理解和分析企业动态能力的演化过程及路径。King 和 Tucci（2002）[2]通过收集 208 家企业的数据分析发现，企业的累积性经验对企业成功进入新的利基市场具有积极作用。这也验证和支持了 Eisenhardt 和 Martin（2000）有关学习机制对企业动态能力发展的观点。Adams 和 Lamont（2003）[3]认为企业的学习能力对其动态能力，尤其是创新方面能力的演化具有重要影响；同时，企业的知识管理系统对重构企业资源基础具有非常关键的作用。董俊武等（2004）[4]基于组织知识的演化视角，运用深度案例研究的方法指出，企业的经营性惯例和学习性惯例、认知性努力和行为性努力对企业动态能力的形成尤其关键。魏江等（2008）[5]在对企业动态能力提升路径的研究中，通过对 108 家中国企业的调查数据分析显示，组织学习对动态能力有显著正效应。Romme 等（2010）[6]通过仿真

---

[1] Zollo M. & Winter S. Deliberate learning and the evolution of dynamic capabilities [J]. Organization Science, 2002, 13 (3): 339–351.

[2] King A. & Tucci C. Incumbent entry into new market niches: The role of experience and managerial choice in the creation of dynamic capabilities [J]. Management Science, 2002, 48 (2): 171–186.

[3] Adams G. & Lamont B. Knowledge management systems and developing sustainable competitive advantage [J]. Journal of Knowledge Management, 2003, 7 (2): 142–154.

[4] 董俊武, 黄江圳, 陈震红. 动态能力演化的知识模型与一个中国企业的案例分析 [J]. 管理世界, 2004 (4): 117–127.

[5] 魏江, 焦豪, 崔瑜. 企业动态能力构建路径分析：基于创业导向和组织学习的视角 [J]. 管理世界, 2008 (4): 91–106.

[6] Romme A., Zollo M. & Berends P. Dynamic capabilities, deliberate learning and environmental dynamism: A simulation model [J]. Industrial and Corporate Change, 2010, 19 (4): 1271–1299.

模型进一步研究指出，深度学习和环境动态性对企业的动态能力形成和发展具有重要作用，这一观点与 Eisenhardt 和 Martin（2000）的研究结论相呼应。

除了学习机制和市场动态性以外，国内外研究者还识别出其他的动态能力关键影响因素。一方面是社会资本对企业动态能力发展的影响。Blyler 和 Coff（2003）[1]指出社会资本对于资源的获取、整合和释放十分关键，而这些资源是企业动态能力的核心。杜建华等（2009）[2]通过对 54 家孵化器单位和 270 家孵化企业的调查研究后指出，企业社会资本通过内外部资源的获取和使用对企业动态能力发展产生影响作用。

另一方面是企业人力资本对动态能力的影响。Rindova 和 Kotha（2001）[3]认为企业的高层管理团队，及其关于组织演化的信念对企业动态能力的形成和演化具有积极作用；动态能力不仅依赖于新兴事件的学习过程及其在组织结构和形式演进中的基本规则，而且取决于高层管理团队的支持。Adner 和 Helfat（2003）[4]通过对美国石油产业中 30 家企业"动态管理能力"的研究指出，管理层对于企业动态能力发展的重要作用；他们认为动态管理能力使得企业管理层在面对动荡多变的外部环境时会做出不同的战略和策略方面的管理决策，进而产生不同的企业绩效。这一分析结论强调了管理层在企业动态能力形成过程中的关键作用。Helfat 和 Peteraf（2003）[5]也指出，很多来自于企业内部和外部选择环境中的关键因素具有足够强大的影响力会影响或改变企业动态能力演化的轨迹，而内部选择环境的主要因素是企业的管理决策。Wooten 和 Crane（2004）[6]基于组织生命的人文主义，诸如人际关系、同情、道德行为和高尚行为等方面，通过案例研究指出了企业的人力资本对于动态能力的开发具有重要作用。Macher 和 Mowery

---

[1] Blyler M. & Coff R. Dynamic capabilities, social capital, and rent appropriation: Ties that split pies [J]. Strategic Management Journal, 2003, 24 (7): 677–686.

[2] 杜建华，田晓明，蒋勤峰. 基于动态能力的企业社会资本与创业绩效关系研究 [J]. 中国软科学，2009 (2): 115–126.

[3] Rindova V. & Kotha S. Continuous "morphing": Competing through dynamic capabilities, form, and function [J]. The Academy of Management Journal, 2001, 44 (6): 1263–1280.

[4] Adner R. & Helfat C. Corporate effects and dynamic managerial capabilities [J]. Strategic Management Journal, 2003, 24 (10): 1011–1025.

[5] Helfat C. & Peteraf M. The dynamic resource-based view: Capability lifecycles [J]. Strategic Management Journal, 2003, 24 (10): 997–1010.

[6] Wooten L. & Crane P. Generating dynamic capabilities through a humanistic work ideology [J]. American Behavioral Scientist, 2004, 47 (6): 848–866.

(2004)① 以半导体行业为研究对象，对企业研发方面的动态能力形成和演化过程分析后指出，企业在研发团队构成的多样性、研发人员与生产人员交流的频繁程度、信息分布的广泛性等人力资本关键要素方面的差异性决定了其研发领域动态能力的差异性。

总体而言，国内外研究对动态能力前置影响因素研究，大都从组织层面、个体层面以及环境层面三个视角进行探讨，研究的焦点非常丰富，既包含组织行为、学习行为等，也包括高管团队及管理者的作用，同时考察环境动荡性的作用。对国内外动态能力影响因素典型研究的汇总，见附录Ⅰ中附表2。

四、动态能力与企业绩效

在 Teece 等（1997）的定义中，动态能力的目标是"应对快速变化的环境"，Eisenhardt 等（2000）则进一步指出，资源基础改变的目标不仅是为了适应环境，还是为了创造市场变化。这两类基础的观点被后来的研究广泛地借鉴，并在不同程度上获得实证的支持。大量研究的结论显示，动态能力无论是为了适应快速变化的环境，还是创造新的市场变化，其根本目的都是为了获取和维持企业的竞争优势。但是，对于"动态能力与企业绩效是直接相关还是间接相关，在什么情境下（外部环境，企业类型，以及其他因素介入）相关"，国内外研究者的研究观点与结论呈现出诸多不一致的地方。

（一）动态能力与绩效关系的作用形式

通过对国内外研究者的主要研究进行分析和梳理，企业动态能力与绩效之间的关系主要体现在三个方面。

1. 动态能力与绩效直接相关

动态能力分析框架的早期观点明确地假定企业动态能力与绩效之间存在直接关系。因为，动态能力概念的提出是为了解释企业层面的成功和失败，以及竞争优势的获取和维持。沿着这一思路，Makadok（2001）② 依据资源基础观理论，将动态能力概念化为一种因果机制，动态能力能够为企业创造经济租金和经济利润；同时，他也指出企业必须掌握能够让动态能力发挥作用的资源。Zollo 和

---

① Macher J. & Mowery D. Measuring dynamic capabilities and performance in semiconductor manufacturing [C]. BUY-Utah winter Strategy Conference, Park City, UT, 2004.

② Makadok R. Toward a synthesis of the resource-based and dynamic-capability views of rent creation [J]. Strategic Management Journal, 2001, 22 (5): 387-401.

Winter (2002)[①]断言，在变换的环境条件下，"如果企业不具备动态能力，其生存能力和优势将变得短暂"，这也是假定动态能力与企业生存、优异绩效之间存在直接联系。Teece (2007)[②]重申："动态能力框架的使命就是为了解释，随着时间推移企业层面竞争优势的资源"，以及"动态能力对于企业成败的核心价值"。

2. 动态能力与绩效间接相关

在动态能力与绩效之间关系的研究中，还有一些研究者则认为动态能力与绩效之间不一定存在必然和直接的联系。Eisenhardt 和 Martin (2000)[③]指出"对于获取竞争优势而言，动态能力是必要的，但不是充分的条件"。在他们看来，作为组织能力的流程都是等效的，长期的竞争优势并不依赖于动态能力本身，而是依赖于由动态能力创造的资源配置，以及"比竞争对手更早、更灵活和更突然地运用动态能力"。与此类似，Zott (2003)[④]认为动态能力与企业绩效之间并没有直接的联系；相反，动态能力可能通过修正企业的资源或惯例集合而影响绩效。因此，具有相同动态能力的企业事实上可能建立不一样的资源集合，从而产生差异化的绩效水平。此外，Eisenhardt 和 Martin (2000) 还认为具有动态能力的企业可能胜过缺乏这种能力的竞争对手。

Zahra 等 (2006)[⑤]提出，一个企业的绩效不够理想，是否就意味着他们缺乏动态能力，或者是一个企业的绩效比较优异，是否意味着他们具备动态能力。他们指出动态能力与绩效的关系仅仅是间接的；动态能力通过改变实际能力的质量而发挥作用。他们也注意到，如果在不需要的情况下，或者在错误的因果假定下运用动态能力，动态能力可能损害而不是提高企业的绩效。Winter (2003) 提出，由于其他一些成本，动态能力未必一定就是有利的，因此需要根据内部选择来决定是否运用和开发。根据这一观点，动态能力不仅包括对特定资源（只要不适用它们就没有任何利益）的长期承诺，它们还与重要的机会成本相联系，即通过"特别

---

① Zollo M. & Winter S. Deliberate learning and the evolution of dynamic capabilities [J]. Organization Science, 2002, 13 (3): 339-351.

② Teece D. Explicating dynamic capabilities: The nature and microfoundations of (sustainable) enterprise performance [J]. Strategic Management Journal, 2007, 28 (13): 1319-1350.

③ Eisenhardt K. & Martin J. Dynamic capabilities: What are they [J]. Strategic Management Journal, 2000, 21 (10/11): 1105-1121.

④ Zott C. Dynamic capabilities and the emergence of intraindustry differential firm performance: Insights from a simulation [J]. Strategic Management Journal, 2003, 24 (2): 97-125.

⑤ Zahra S., Sapienza H. & Davidsson P. Entrepreneurship and dynamic capabilities: A review, model and research agenda [J]. Journal of Management Studies, 2006, 43 (4): 918-955.

问题的解决"产生变革的替代性方法的存在。Wang 等（2007）[①]指出动态能力通过作用于企业能力开发和企业战略，从而对企业绩效产生积极的影响作用。其他的研究也从不同层面指出，动态能力通过对企业的新产品开发能力（例如，Clark 等，1991），项目管理能力（例如，Brady 等，2004），技术吸收和整合能力（例如，Woiceshyn 等，2005），以及服务能力（例如，Athreye，2005）发挥积极的作用，从而影响企业绩效。我国研究者曹红军等（2008）[②]对中国企业的实证分析指出，动态能力通过对企业的战略过程产生积极的影响，从而影响企业绩效。

3. 动态能力与绩效有条件相关

这种观点认为，动态能力可能产生绩效结果，仅是在该能力作用下的新资源配置具备"某些特征"的情况下。根据这种观点，仅是在新资源基础被认为是有价值的、稀缺的、不可模仿的和不可替代的（VRIN），也就是说新资源配置符合VRIN 标准（该标准在资源基础观中来预测资源产生持续竞争优势）时，绩效结果才是可以预期的。但是，动态能力的有效性仅依赖于新的资源基础是否符合VRIN 标准，极大地限制了动态能力的重要价值。此外，Helfat 等（2007）还认为，企业的环境适应性也应该被充分地考虑。事实上，研究者们还指出，对于探讨和证实在某些条件下，具备高水平动态能力企业可能获得高水平绩效的研究还比较缺乏；同时，对经营绩效的考察不仅应使用财务的绩效测量，还应该运用以市场为基础的测量方式。[③]

综上所述，动态能力与绩效之间存在间接联系的观点可能"最值得期待"。[④]动态能力可能实际地改变资源基础，而新的资源基础可能影响新产品市场地位，从而可能影响绩效。这种观点与动态能力早期的观点完全一致。动态能力可能是企业战略选择（比如，进入战略、进入时机或多元化）的重要前置因素，但由于以往研究积极地强调动态能力与绩效的直接联系，因此，这些观点尚未经实证。然而，相关研究已经开始关注到（概念型或实证型）动态能力对一些中介结果的

[①] Wang C. & Ahmed P. Dynamic capabilities: A review and research agenda [J]. International Journal of Management Reviews, 2007, 9 (1): 31-51.

[②] 曹红军，赵剑波. 动态能力如何影响企业绩效——基于中国企业的实证研究 [J]. 南开管理评论，2008 (6): 54-65.

[③] Macher J. & Mowery D. Measuring dynamic capabilities and performance in semiconductor manufacturing [C]. BUY-Utah winter Strategy Conference, Park City, UT, 2004.

[④] Barreto I. Dynamic capabilities: A review of past research and an agenda for the future [J]. Journal of Management, 2010, 36 (1): 256-280.

影响，比如相关多元化（例如，Døving 和 Gooderham，2008）和不相关多元化（例如，Ng，2007），以及中介效用对绩效的影响（例如，Zúñiga-Vicente 和 Vicente-Lorente，2006）。

（二）动态能力与绩效关系的作用边界

在对动态能力的研究中，研究者们大都会考虑动态能力在哪种环境下最有效、在哪类企业中最有效。因此，在讨论动态能力与绩效的作用边界时，本研究主要考虑的是两方面的问题：一是环境条件，二是企业类型。

1. 环境条件

动态能力观产生的目的是为了弥补资源基础观的静态不足，因此，Teece 等（1997）最早提出的分析框架明确地聚焦于快速变化的外部环境，并将其作为与动态能力相关的情景。随后，Eisenhardt 和 Martin（2000）则认为这个概念不仅在快速变化的环境中有用，而且在适度动荡的环境中也有用。还有研究者进一步认为，动态能力在更为稳定的环境中也是有价值的（例如，Zahra 等，2006；Zollo 和 Winter，2002）。由此可见，动态能力观已经较为广泛运用在不同情景类型的研究中。

一些文章明确地将外部环境中存在的动态性作为其分析框架的关键部分（例如，Argóns-Correa 和 Sharma，2003；Lavie，2006；Oliver 和 Holzinger，2008），或者作为其实证分析的研究背景（例如，Døving 和 Gooderham，2008；Galunic 和 Eisenhardt，2001；Gilbert，2006；Helfat，1997；Lampel 和 Shamsie，2003；Lee 等，2002；Marcus 和 Andersen，2006；Pablo 等，2007；Wilden 和 Gudergan，2014），并具有关键意义。然而，环境条件在其他的一些研究中扮演着次要角色（例如，Blyler 和 Coff，2003；Carpenter 等，2001；Danneels，2008；Karim，2006）。总而言之，多数研究最终都探讨了理论关系下的环境类型，即动态能力在哪种环境下最有效，但对于这一问题并没有较为一致的回答。

2. 企业类型

在有关动态能力与绩效的研究中，国内外的一些研究者较为清晰地界定和探究了哪种类型的企业更可能从动态能力中获益。例如，Teece（2007）指出在国际市场，动态能力与国际化企业特别的相关。Zollo 和 Winter（2002）在学习机制的讨论中推断，大型的、多部门的、更强调多元化的企业从有意识的学习机制中获利的可能性更大。此外，Pablo 等（2007）的研究还指出，动态能力可能对公共部门组织很重要，因为他们面对由选举周期决定的在政策、短期规划周期方面的频繁改变。此外,国外研究也指出,动态能力与大型企业(例如,Kale 等,2007)、中型企业(例如,Salvato,2003)和小型企业(例如,Døving 等 2008)都具有相关性。国内研究者重点探讨了动态能力对于新兴市场中的中小企业(陈卓勇等,2006;魏江等,2007)、后发企业(江积海,2006)和新创企业(Zahra 等,2006;蒋勤峰等,2008;葛宝山等,2009;刘智勇等,2009)的特殊价值。

第二节 营销动态能力研究

动态能力与营销能力研究的结合,为战略营销管理研究提供了努力方向。营销动态能力是动态能力在营销职能领域的特定形式,兼顾动态能力特征与营销特质,在企业获取和维持市场竞争优势中扮演重要角色。当前研究者已经就营销动态能力相关议题进行了卓有成效的探索与分析。本节将系统归纳与梳理这些重要研究,并针对一些典型研究进行深入分析,以期为本研究提供理论基础和研究借鉴。

一、营销动态能力的理论脉络

动态能力概念产生以来,其主要的分析焦点是企业整体,即企业动态能力的"能力"是一个集合概念,泛指企业综合能力;然而企业作为一个由诸多职能领域构成的有机系统,对其整体的动态能力分析必然会扩散和延伸到具体的职能领域,或者是通过对企业各个主要职能领域的分析来构建企业整体的动态能力框架。例如,Helfat (1997)[①]对 20 世纪 70~80 年代美国石油产业的深度多案例分析,探讨了在外部需求环境持续变化(石油需求和价格的变化)的情况下,石油冶炼企业通过提升知识诀窍和其他资产的互补性,以发展企业的"动态研发能力"。Pisano (2000)[②]基于对美国生物制药行业的分析,探讨了有关企业动态研

---

① Helfat C. Know-how and asset complementarity and dynamic capability accumulation: The case of R&D [J]. Strategic Management Journal, 1997, 18 (5): 339-361.
② Pisano G. In search of dynamic capabilities: The origins of R&D competence in biopharmaceuticals // Dosi G., Richard R. Nelson R. & Winter S. The nature and dynamics of organizational capabilities [M]. NY: Oxford, University Press Inc., 2000.

企业营销动态能力研究

发能力的本质与内涵。Adner 和 Helfat（2003）[①]通过对美国石油产业中 30 家企业近 20 年的经营面板数据分析后发现，在单一的行业，尽管管理者面临着相同的外部环境，但不同的企业却有着相异的管理决策，以及不同的企业绩效；于是，他们引入"动态管理能力"概念分析在面对相似外部环境时，企业管理决策和企业绩效方面的异质性。Sirmon 和 Hitt（2009）[②]进一步指出，动态管理能力聚焦于管理者的资源相关决策；资产组合是动态管理能力和资源管理的核心要素，它强调了整合（或匹配）资源投入与配置决策的重要性；资源管理和资产组合对于企业绩效非常关键。由于动态能力强调整合、建立和重置资源基础或者组织惯例，因此，以往研究者对动态研发能力和动态管理能力的研究，由于其本质上仍然强调和聚焦于对相关领域资源的配置和变革，以适应外部环境变化，因此，它们仍属于研发的动态能力和管理的动态能力，而非动态的研发能力或动态的管理能力。

近年来，营销学的研究者已经开始注意将动态能力与营销能力的研究相结合（见表 2-3）。例如，Griffith 等（2006）[③]基于动态能力视角探讨了零售商的企业家精神对其市场反应能力的影响机制；Vorhies 等（2007）[④]运用"市场基础型动态能力"概念解释企业系统地运用市场信息强化和替代现有组织能力的过程；Maklan 等（2009）[⑤]则将动态能力应用于顾客关系管理的研究，以更好地解释顾客关系管理能力对市场绩效的提升作用。Bruni 和 Verona（2009）[⑥]以医药产业为例，应用动态能力理论于市场营销职能，分析了动态能力在知识密集型企业营销策略中的作用。虽然动态能力分析框架已经开始被运用到营销能力的研究中，但以往研究者都没有提出"营销动态能力"这一概念，并给予明确界定。

[①] Adner R. & Helfat C. Corporate effects and dynamic managerial capabilities [J]. Strategic Management Journal, 2003, 24 (10): 1011-1025.

[②] Sirmon D. & Hitt M. Contingencies within dynamic managerial capabilities: Interdependent effects of resource investment and deployment on firm performance [J]. Strategic Management Journal, 2009, 30 (13): 1375-1394.

[③] Griffith D., Noble S. & Chen Q. The Performance Implications of Entrepreneurial Proclivity: A Dynamic Capabilities Approach [J]. Journal of Retailing, 2006, 82 (1): 51-62.

[④] Vorhies D., Foley L., Bush V. & Clark M. Market-based Dynamic Capabilities and Firm Performance [J]. American Marketing Association, 2007, (Winter): 282-283.

[⑤] Maklan S. & Knox S. Dynamic Capabilities: The Missing Link in CRM Investments [J]. European Journal of Marketing, 2009, 43 (11/12): 1392-1410

[⑥] Bruni D. & Verona G. Dynamic marketing capabilities in science-based firms: An exploratory investigation of the pharmaceutical industry [J]. British Academy of Management, 2009, 20 (S): 101-117.

表2-3 国外动态能力观与营销议题结合的研究汇总

研究者及时间	论文名称	主要观点及贡献
Foley等，(2005)	Organizational learning and dynamic marketing capabilities: Implications for organizational performance	动态能力与营销相结合的研究文献还比较缺乏；提出动态营销能力概念
Kor和Mahoney (2005)	How dynamics, management, and governance of resource developments influence firm-level performance	企业营销资源与研发资源配置的历史动态性、管理，以及治理等因素影响企业与技术和营销资源投入相联系的经营绩效
Song等，(2005)	Marketing and technology resource complementarity: An analysis of their interaction effect in two environmental contexts	基于动态能力观视角，实证发现与营销相关的能力和与技术相关的能力，以及二者的交互作用对企业绩效有积极影响
Mort和Weerawarden (2006)	Networking capability and international entrepreneurship networks function in Australian born global firms	以动态能力的界定为基础，定义了天生全球化企业的网络能力，并阐述其在国际化创业中的作用
Yalcinkaya等，(2007)	An examination of exploration and exploitation capabilities: Implications for product innovation and market performance	基于动态能力观的视角分析了企业如何将资源转化为利用能力和开发能力，指出营销资源和技术资源是两种能力形成的基础，而这两种能力影响产品创新以及市场绩效
Vorhies等，(2007)	Market-based dynamic capabilities and firm performance	指出动态能力理论为营销研究提供了重要的启示，并基于动态能力理论，提出了市场基础型动态能力概念，并对其进行界定
Danneels (2008)	Organizational antecedents of second-order competences	基于动态能力理论，将营销和研发的二阶能力界定为探索性组织学习，并将其视为企业为服务于新市场或运用新技术而建立的新能力
Blesa和Ripolles (2002)	The influence of marketing capabilities on economic international performance	以动态能力理论、战略动机理论和交易成本理论为基础，构建了营销能力、进入模式、国际化承诺和绩效之间的关系模型，指出营销能力对国际化绩效既存在直接效应，又存在间接效应
Swift和Hwang (2008)	Learning, dynamic capabilities and operating routines: A consumer package goods company	以Zollo和Winter (2002) 的动态能力定义为基础，以营销服务组织为案例，分析了组织学习如何通过有意识地知识编撰为顾客导向型组织带来物质收益，并阐述了直接的动态学习流程如何影响具有异质性的稀缺惯例
Maklan和Knox (2009)	Dynamic capabilities: The miss link in CRM investments	以动态能力观为基础，阐述了动态能力在企业顾客关系管理中的实际运用和对绩效提升的作用
Morgan等，(2009)	Market orientation, marketing capabilities and firm performance	基于动态能力和资源基础观理论，实证检验了营销能力和市场导向，以及二者交互作用对企业绩效的影响
Bruni和Verona (2009)	Dynamic marketing capabilities in science-based firms: An exploratory investigation of the pharmaceutical industry	以动态能力理论为基础，通过案例研究对动态营销能力进行内涵界定和维度划分，并探讨其对新产品的开发管理，以及产品开发重构过程的影响作用
Fang和Zou (2009)	Antecedents and consequences of marketing dynamic capabilities in international joint ventures	在对合资企业的研究中，首次提出营销动态能力概念，并对其进行内涵界定和维度划分，并讨论其形成机制和对企业绩效的影响
Townsend等，(2010)	Global integration of brand and new product development at General Motors	以动态能力观为基础，通过通用汽车的案例，研究了品牌和新产品开发的全球整合问题

资料来源：本研究整理。

二、营销动态能力的内涵探索

在对营销动态能力的内涵分析方面,Fang 和 Zou(2009)在对中国合资企业经营绩效的研究中首次提出了"营销动态能力"概念,将其界定为"在应对市场变化时,企业为创造和传递顾客价值的跨部门业务流程的反应性和效率"。[①] 这一定义指出,营销动态能力是企业在应对市场变化时,营销管理这一特殊功能领域的能力,它通过企业的跨部门业务流程的速度和效率来体现,并强调了对市场变化,特别是顾客变化的反应是企业获取竞争优势的关键。随后,在纪春礼(2011)对中国国际化企业的营销动态能力研究中,沿用了这一概念界定。[②]

但是,许晖等(2011)[③] 的研究指出,这种运用营销动态能力表征(反应性和效率)的界定方法并没有很好地回答"营销动态能力本质是什么"的问题。因此,他们基于流程观将营销动态能力界定为"企业对营销相关资产和知识进行动态整合和配置,用以创造和传递客户价值,并最终获取和维持竞争优势的高反应性和高效率组织流程"。

总而言之,目前,对于营销动态能力内涵的研究,一类是将其概念化为"跨部门商业流程的反应性和效率",一类是认为其是"高反应性和高效率组织流程"。虽然两种内涵界定方法不同,但它们都特别地强调了营销动态能力本质上具备对市场变化进行快速反应的属性。

三、营销动态能力的维度分析

由于营销动态能力的研究还处于起步阶段,有关其维度的分析还缺乏系统性和普适性。在探讨和分析动态能力在营销领域中运用的现有研究中,不同的研究者从各自的研究议题和分析视角提出了一些观点。这些观点由于其理论基础和研究背景的差异,以及具体分析的需要,他们对营销动态能力维度的划分还不具一致性,甚至有些还彼此矛盾。比较有代表性的研究主要有:

---

① Fang E. & Zou S. Antecedents and consequences of marketing dynamic capabilities in international joint ventures [J]. Journal of International Business Studies, 2009, 40(5): 742-761.
② 纪春礼. 营销动态能力构成维度及其形成机理研究 [M]. 北京:经济科学出版社,2011.
③ 许晖,李巍,王梁. 市场知识管理与营销动态能力构建——基于天津奥的斯案例研究 [J]. 管理学报,2011(3):323-331.

第二章 相关文献综述

(一) Maklan 和 Knox (2009) 的维度研究

Maklan 和 Knox (2009)[①]在分析动态能力对"CRM与企业绩效关系"的中介作用时，讨论了动态能力在营销中的运用问题。他们基于客户关系管理的分析视角，运用内容分析的方法，提出动态能力应用于营销领域主要体现在四个方面：第一，需求管理，它形成商品和服务的内容。第二，创建营销知识，在整个企业内形成并传播有关顾客、市场、竞争者、环境发展、渠道成员、联盟成员和网络社区的知识。第三，建立品牌，创建并维护商品、服务和组织的品牌。第四，顾客关系管理，企业与顾客建立良好而持久的关系。基于以上的四个应用维度，并结合 Webster (1992)[②] 和 Coviello 等 (2002)[③] 聚焦于顾客营销的研究文献，Maklan 和 Knox (2009) 提出了三种类型的营销关系，将动态能力在营销领域的应用维度与营销关系类型相结合，从而形成了基于动态能力的顾客市场营销框架，如图 2-5 所示。

	交易型关系	一对一关系	网络关系
需求管理	销售	终身价值	共同价值
创造营销知识	市场细分	个体顾客需求与购买风格	关键网络参与者与塑造者
建立品牌	产品与服务品牌	企业品牌	网络能力
顾客关系管理	契约型、标准型的顾客应对	差异化、定制化或洽谈式	自我管理型顾客在线利用知识诀窍

图 2-5 营销中动态能力的概念框架

资料来源：Maklan S. & Knox S. Dynamic capabilities: The missing link in CRM investments [J]. European Journal of Marketing, 2009, 43 (11/12): 1392-1410.

(二) Bruni 和 Verona (2009) 的维度研究

Bruni 和 Verona (2009)[④]在对美国和欧盟制药产业六家企业的案例研究中提出了"动态营销能力"的概念，并基于新产品开发管理以及产品开发重构过程的

---

① Maklan S. & Knox S. Dynamic capabilities: The missing link in CRM investments [J]. European Journal of Marketing, 2009, 43 (11/12): 1392-1410.
② Webster F. The changing role of marketing in the corporation [J]. Journal of Marketing, 1992, 56 (10): 1-17.
③ Coviello N., Brodie R., Danaher P. & Johnston W. How firms relate to their markets: An empirical examination of contemporary marketing practices [J]. Journal of Marketing, 2002, 66 (3): 33-46.
④ Bruni D. & Verona G. Dynamic marketing capabilities in science-based firms: An exploratory investigation of the pharmaceutical industry [J]. British Academy of Management, 2009, 20 (S): 101-117.

视角,通过深度案例分析对动态营销能力的具体维度进行探讨。他们指出,动态营销能力主要包含管理信念、人力资本和社会资本三个维度,并从新产品开发和产品开发重构两种过程来探讨了动态营销能力与它们的关系。

在新产品的开发过程中(见表 2-4),管理信念主要表现为市场知识信念。它主要提供未来市场趋势和有关新产品对市场影响力的共同观点,同时,这些市场知识信念的传播要超越企业的营销副总,并在高管团队中的其他成员间进行扩散。人力资本主要通过企业中的市场分析师、营销管理者和产品管理者,以及不同企业中在人力资本数量和质量方面的微观差异性等方面进行反映。社会资本则主要是企业与内外部相关组织的联结:在内部联结方面,主要表现为营销与销售部门(经销商)人员之间的联结,总部和分支机构营销人员之间的联结;在外部联结方面,主要表现为企业与领先用户和意见领袖之间的联结,企业与科研团体之间的联结,企业与咨询企业之间的联结。

表 2-4 动态营销能力与新产品开发

要素	市场知识释放与整合
信念(Beliefs)	动态性(Dynamics)
• 市场知识提供了一个关于未来市场趋势的共同观点 • 市场知识提供了一个关于新产品对市场影响的共同观点 • 这些信念超越营销副总,并在高管团队中扩散	• 市场知识的释放和整合是与新产品开发过程中出现的需求和问题保持一致的 • 市场知识在这一产品开发过程初期具有高度影响力 • 在药品开发的前期和后期追踪阶段,市场知识变得非常重要
人力资本(Human Capital)	管理系统(Managerial Systems)
• 市场分析师,营销管理者,产品管理者 • 在不同样本企业中,人力资本在数量和质量方面的微观差异性	
社会资本(Social Capital)	
• 营销与销售部门(经销商)人员之间的内部联结 • 总部与分支机构营销人员之间的内部联结 • 与领先用户和意见领袖之间的外部联结 • 与科研团体之间的外部联结 • 与咨询企业之间的外部联结	• 编码市场知识的文件(市场分析、产品组合管理、上市计划、定价战略文件和沟通计划) • 柔性的组织机制(新产品委员会和有组织的会议) • 结构性组织设计安排(矩阵结构或项目基础型组织)

资料来源:Bruni D. & Verona G. Dynamic marketing capabilities in science-based firms: An exploratory investigation of the pharmaceutical industry [J]. British Academy of Management, 2009, 20(S):101-117.

在产品开发重构过程中(见表 2-5),管理信念中的市场知识信念通过帮助高级管理人员避免环境威胁,把握市场机会,使市场知识在支持组织进化方面具有重要影响作用,而这些信念在整个组织中以不同强度进行扩散。人力资本表现为在核心营销部门（例如，总部营销部），以及业务开发部门任职的工作人员。在产品开发重构过程中，社会资本主要体现在企业与大学，以及企业与专家、咨询企业之间的外部联结。

表 2-5 动态营销能力与产品开发重构

要素（Components）	市场知识释放与整合
信念（Beliefs）	动态性（Dynamics）
● 通过帮助高级管理人员避免环境威胁，把握市场机会，市场知识在支持组织进化方面具有重要影响作用 ● 这些信念在整个组织中以不同的强度进行扩散	● 样本企业运用市场知识，是为了适应不连续的市场和技术变革 ● 它们在变革阶段对外部信号给予了更多的注意 ● 一些企业反而运用更为积极的方式对待能力重构
人力资本（Human Capital）	管理系统（Managerial Systems）
● 在中心营销部门（例如，总部营销部）任职的工作人员 ● 在业务开发部门任职的工作人员	● 编码市场知识的文件（情景分析、标杆管理研究、竞争模拟、市场研究） ● 国际会议 ● 跨职能的战略委员会
社会资本（Social Capital）	
● 与大学的外部联结 ● 与专家和咨询企业之间的外部联结	

资料来源：Bruni D. & Verona G. Dynamic marketing capabilities in science-based firms: An exploratory investigation of the pharmaceutical industry [J]. British Academy of Management, 2009, 20(S)：101-117.

（三）Fang 和 Zou（2009）的维度研究

Fang 和 Zou（2009）[①] 在对中国合资企业的研究中，首次明确地提出了营销动态能力概念，并将其维度划分为包括产品开发管理（PDM）、供应链管理（SCM）和顾客关系管理（CRM）三类跨部门业务流程（见图 2-16），并运用实证数据对由这三个维度构成的营销动态能力进行检验。

根据 Srivastava 等（1999）[②] 的观点，产品开发管理流程是指为了满足顾客需求和偏好，企业进行设计、研发和推出新产品的跨部门流程；顾客关系管理流程是指企业管理、顾客、渠道成员之间的关系，以了解并满足他们需求的跨部门流程；供应链管理流程是指企业设计、管理和整合从供应商到最终顾客的组织供应链的跨部门流程。

---

① Fang E. & Zou S. Antecedents and consequences of marketing dynamic capabilities in international joint ventures [J]. Journal of International Business Studies, 2009, 40 (5)：742-761.

② Srivastava R., Shervani T. & Fahey L. Marketing, business processes, and shareholder value: An organizationally embedded view of marketing activities and the discipline of marketing [J]. Journal of Marketing, 1999, 63 (Special Issue)：168-179.

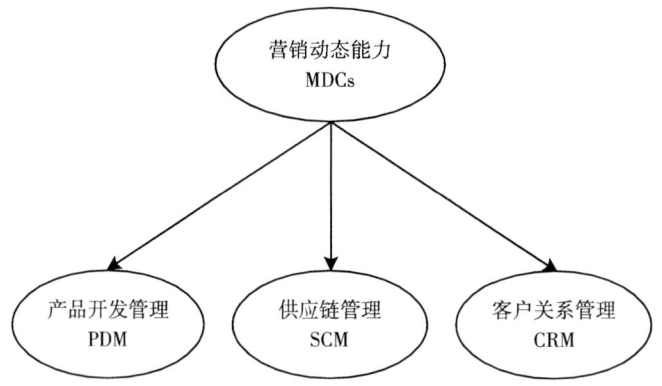

图 2-6 营销动态能力的结构维度

资料来源：本研究根据 "Fang E. & Zou S. Antecedents and consequences of marketing dynamic capabilities in international joint ventures [J]. Journal of International Business Studies, 2009, 40(5): 742-761" 相关内容绘制。

在 Fang 和 Zou（2009）看来，将营销动态能力维度划分为三个跨部门业务流程，主要原因在于：

第一，这些跨部门业务流程各自都包含着特殊的功能，服务于企业资源连结、整合和配置。产品开发管理包含各种相互连接的业务功能，诸如理解顾客需求，识别新产品理念，制定新产品开发方案，并最终制造和发布新产品；顾客关系管理所包含的相互连接的业务功能主要有获取并利用顾客信息，建立和维护企业与顾客、渠道成员之间的关系，并提供销售支持和售后服务；供应链管理的相互连接的功能主要有，选择并确定符合资质的供应商，建立和管理进货与出货物流，并设计工作流程。企业通过这些跨部门业务流程将企业的资源有效地分配到产品开发管理、顾客关系管理和供应链管理的各个环节，通过跨部门的资源整合和配置以有效地应对企业外部环境的变化。

第二，这些跨部门业务流程对企业直接或间接创造和传递顾客价值非常关键。企业在产品开发管理流程方面的高效率和高反应性主要体现为企业产品创新、产品质量提升、产品开发周期缩短、开发预算的控制，这些都有助于企业提高顾客价值；企业在顾客关系管理流程上的高效率和高反应性能够帮助企业更好地识别顾客的差异化需求和偏好，更好地实现顾客定位，从而有效地传递顾客价值并服务于顾客。同时，企业具备高效率和高反应性的供应链管理流程则间接地通过在原材料采购、产品共同设计、产品运输和分销等环节上的优异表现，帮助企业提供差异化的顾客价值和问题解决方案，从而使企业与竞争对手有效地区分开。

第三，这些跨部门业务流程相互作用，并且共同影响企业的竞争优势和财务绩效。Srivastava 等（1999）的研究指出，这三个业务流程之间存在高度的相互依存性。例如，企业在产品开发管理流程方面的效率和反应性依赖于顾客关系管理流程快速、准确地获取顾客偏好和意见，以及在供应链管理流程中识别、选择优质的供应商，并与其建立稳定的关系。顾客关系管理流程方面的效率和反应性依赖于企业在顾客定制化产品的设计、开发与生产，以及供应商和分销商在产品从采购到分销这一过程的效率和效益。同时，企业在供应链管理流程中的反应性和效率，一方面与产品设计、开发相联系，即产品设计和开发需要与供应商的部件要求相吻合，并需要及时地从渠道成员处获取有关战略和环境变化的各种信息；另一方面与顾客关系管理相联系，即供应链管理应该与顾客的需求特征和偏好（例如，交货时间和地点）相吻合。

（四）纪春礼（2011）的维度研究

纪春礼（2011）[①] 在对中国国际化企业的营销动态能力研究中，借鉴 Fang 和 Zou（2009）的观点，以及 Srivastava 等（1999）和 Lehmann 等（1997）[②] 有关营销管理核心业务流程的研究结论，将营销动态能力概念化为"企业应对市场变化时，创造和传递顾客价值的跨部门商业流程的反应性和效率"，并依据与营销紧密相关的业务流程，将营销动态能力的构成维度划分为产品开发管理流程、供应链管理流程、客户关系管理流程和市场调研与信息使用流程四个关键要素，如图2-7所示。

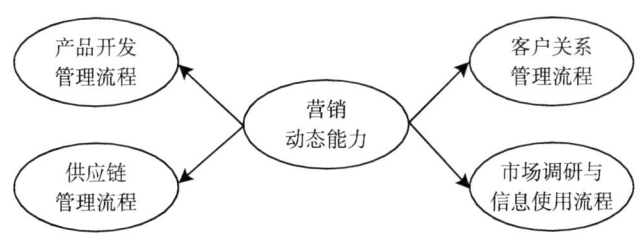

图 2-7 营销动态能力二阶因子概念模型

资料来源：纪春礼.营销动态能力构成维度及其形成机理研究［M］.北京：经济科学出版社，2011.

---

① 陈宁.营销动态能力二阶多维概念模型的构建［J］.沈阳师范大学学报（社会科学版），2013（5）：47-49.

② Lehmann D. & Jocz K. Reflections on the futures of marketing: Practice and education［J］. Marketing Science Institute，1997（1）：121-135.

在以上四大业务流程中,产品开发管理流程、供应链管理流程和客户关系管理流程都是借鉴 Fang 和 Zou (2009) 的营销动态能力分类,以及 Srivastava 等 (1999) 对上述三大流程的界定。在市场调研与信息使用流程方面,Lehmann 等 (1997) 在探讨未来营销的核心活动时指出,新产品开发流程、顾客管理流程、价值链/供应链管理流程、信息调研与使用流程是营销实践的四种核心活动。然而,在 Srivastava 等 (1999) 对企业核心业务流程的分析探讨中,他们也只提及了前三大商业流程,并认为信息调研与使用流程在其他三大业务流程中发挥作用。在 Fang 和 Zou (2009) 的营销动态能力研究中,信息调研与使用流程并未被纳入国际合资企业营销动态能力构成维度的研究框架。因此,纪春礼 (2011) 试图将这些研究的结论进行黏合,把信息调研和使用流程视为反映营销动态能力本质的又一重要维度纳入其研究框架,并将其定义为"企业通过正式或非正式的调研方式,获取市场上有关消费者、竞争者和市场环境等方面的信息,并在企业内部各部门之间实现信息共享,更好地服务于创造和传递顾客价值的跨部门流程",从而形成了营销动态能力的四维度架构。

此外,陈宁 (2013) 在 Fang 和 Zou (2009) 所提出的三大维度基础上增加市场学习维度,[①] 认为营销动态能力由四个基本维度构成,也是借鉴的纪春礼 (2011) 的分析思路。

(五) Tsai (2015) 的维度研究

Tsai (2015) 在探讨创业导向、市场导向与突破式创新商业化之间逻辑关系议题时,使用"动态营销能力"概念 (Dynamic Marketing Capabilities) 作为重要中介变量。[②] 从本质而言,这一概念与本研究的营销动态能力概念是相近的。但是,他借鉴动态能力观与营销能力相关研究观点 (如,Day, 2011; Hult, 2011; Hoffman 等, 2010; Klaus 和 Edvardsson, 2014; Leeflang, 2011; Morgan 等, 2009),并基于突破式创新及其产品商业化视角,将动态营销能力分为四类:

(1) 市场知识管理能力,指企业收集、分析、整合和解释关于市场事件或趋势的隐性知识和显性知识的探索与开发能力。这种能力使企业能够以动态的方式吸收市场知识,而这些市场知识能够用于感知和把握市场机会,快速而及时地在

---

① Lehmann D. & Jocz K. Reflections on the futures of marketing: Practice and education [J]. Marketing Science Institute, 1997 (1): 121-135.

② Tsai S. Dynamic marketing capabilities and radical innovation commercialisation [J]. International Journal of Technology Management, 2015, 67 (2/3/4): 174-195.

市场中实现创新扩散与渗透。

（2）顾客价值共创能力，指企业在不同场合通过人际或跨组织互动，协调创新的功能与使用方式，以更好地满足未来需求，同时获取目标顾客的能力。这种能力使企业能够超越组织边界，为价值共创动态抓取目标市场顾客，推动顾客参与价值创造，以获取对现实市场需求的新颖解决方案。

（3）协作网络能力，指企业识别，并与外部重要伙伴（如研究机构、政府主管部门、商业媒介等）展开合作，以合作推动创新商业化的能力。这种能力帮助企业快速地向目标顾客传递新产品信息，使其更深入地理解新产品所带来的积极效应。

（4）企业品牌化能力，指企业建立突出且有价值的组织声誉，并成为顾客或其他利益相关方可信赖创新供应者的能力。这种能力使企业与创新者形象联系起来，具备创新和可信赖特征，使目标顾客减少信息搜寻成本，并降低可感知风险，更自信和容易地接受企业的创新产品。

除上述有关营销动态能力维度研究，王文超（2012）从战略和策略的视角，将营销动态能力分为两个基本层面：企业战略层面的营销动态能力包括企业价值观、企业学习、个人学习；策略层面的营销能力则是通过营销观念、环境分析能力、营销传播能力等构成维度将战略层面的营销动态能力外在化。①

第三节 研究评述及启示

根据有关动态能力和营销动态能力研究文献的梳理及归纳，本节讨论上述研究议题所取得的理论成果，以及存在的一些研究不足或者研究空白；然后，着重讨论这些成果、不足和空白给本研究的分析议题界定、理论模型建构、研究假设发展、研究方法选择等关键方面带来的若干启示。

一、动态能力研究评述与启示

自 Teece 等（1997）发表《动态能力与战略管理》一文以来，动态能力观在

---

① 王文超. 企业营销动态能力的战略与策略构成研究［J］. 郑州大学学报（哲学社会科学版），2012（3）：73-75.

战略管理领域受到了越来越多的重视。在将近15年的时间里，动态能力研究取得了丰硕的成果，并就一些关键议题形成了较为一致的看法，主要包括：

动态能力这一概念的本质内涵已经得到公认的界定。从现有的研究看（见表2-1），研究者不论是将动态能力视为"改变普通能力的能力"，还是将其视为一种"修正运营惯例的惯例"，他们都一致地赞同将整合或重置企业内外部资源或技能，以帮助企业适应动荡外部环境视为动态能力的本质内涵。同时，依据Day（1994）将企业能力的本质理解为流程的观点，本研究认为，无论是作为组织能力的动态能力，还是作为组织惯例的动态能力，其本质表现都是企业的组织流程。因此可以推断，动态能力相关研究已经在动态能力的本质内涵方面达成共识，即它是整合（或建立）或重置（或改变）企业资源基础（或技能）的组织流程。

有关动态能力的前置因素的探讨，即识别哪些因素影响或驱动企业动态能力的形成和发展，国内外研究者进行了大量研究（见表2-2）。从研究结论看，学习因素，例如知识传导与吸收、学习文化、组织学习、学习能力（过程或机制）等方面，被视为企业动态能力形成和发展的关键影响因素。同时，企业内"人"的因素也对动态能力具有显著的影响，例如，人力资本、企业家学习、社会资本、累积性经验、研发团队多样性等。此外，企业具备的技术条件，例如管理信息系统、通信技术等方面也是影响动态能力的重要物质基础。由此可见，对于动态能力前置因素的探讨，研究者们所得出的研究结论较为一致，但前置因素的涉及范围比较窄，并且缺乏统一的理论框架进行整合。

在动态能力的效用方面，国内外研究者对动态能力与企业绩效之间的关系做了深入而系统的研究。从文献梳理结果看，现有研究比较一致地承认企业动态能力对其经营绩效的正向影响作用。无论是直接的还是间接的影响，或者是在动荡环境下还是在一般环境下，或者是对所有类型企业还是特定类型企业，动态能力与企业绩效之间的关系都得到比较充分的阐明。

通过以上总结和归纳可以发现，国内外现有的动态能力研究，在概念内涵、前置影响因素和绩效结果等方面已经取得了较为丰硕的成果。这些研究成果对本研究理论模型构建、核心概念发展和研究假设提出奠定了坚实的理论基础。然而，从文献梳理的结果仍然可以发现，虽然动态能力研究已经取得了比较丰富的研究成果，但是还存在一些不足和研究空白，主要表现为：

首先，有关动态能力的结构维度研究还比较缺乏。对于动态能力是什么，即

第二章 相关文献综述

动态能力内涵的研究已经取得了显著的进步；然而，对于动态能力由什么构成，即动态能力结构维度的研究还显得比较单薄。从现有的研究文献看，大多数研究均将动态能力视为一个整体概念进行探讨和分析，对于其结构维度的探讨还比较少。因此，对于动态能力的构成维度，目前还没有比较主流的观点，以及受到大多数研究者认同的研究结论。

其次，正是由于对动态能力结构维度研究的缺乏，因此对动态能力科学的测量变得缺乏理论基础。国内外现有的实证研究中，对动态能力的测量大都基于该项研究的议题和分析思路，自主开发的动态能力测量工具。因此，到目前为止，动态能力概念与营销战略（低成本、聚焦和差异化）、市场导向（顾客导向、竞争者导向和跨部门协调）、学习型组织（学习承诺、共享价值观和开放心智）等概念相比，缺乏得到大多数研究认同的、比较全面的测量工具。例如，Kraatz 等（2001）①认为，虽然动态能力概念充满着吸引力，但它相当的含糊不清，以至于很难被观察和测量以证明其存在。而 Newbert（2007）②也指出，在运用动态能力所进行的为数不多的实证检验中，研究结论支持水平很低。其关键的原因是动态能力概念重复地与成功相联系，并且基本概念模糊而不适合操作化定义。③

最后，动态能力与企业职能管理（人力资源、营销、财务、生产等）相结合的研究还比较缺乏。Barreto（2010）④指出，一些研究者批评动态能力分析框架像一个"大帐篷"，就是因为其缺乏针对性，他认为动态能力研究应该从当前的概念与关系的扩散阶段进入一个选择性导向和保留性导向的阶段，即将以往研究所提出的主要概念及概念化聚焦到一个更聚焦、更具结构化的思路和领域。将动态能力与企业职能管理领域，例如与营销管理相结合，是实现动态能力研究"更聚焦、更具结构化"的关键路径。

---

① Kraatz M. & Zajac E. How organizational resources affect strategic change and performance in turbulent environments: Theory and evidence [J]. Organization Science, 2001, 12 (5): 632-657.
② Newbert S. Empirical research on the resource-based view of the firm: An assessment and suggestions for future research [J]. Strategic Management Journal, 2007, 28 (2): 121-146.
③ Williamson E. Strategy research: Governance and competence perspectives [J]. Strategic Management Journal, 1999, 20 (12): 1087-1108.
④ Barreto I. Dynamic capabilities: A review of past research and an agenda for the future [J]. Journal of Management, 2010, 36 (1): 256-280.

二、营销动态能力研究评述与启示

营销动态能力是动态能力观与营销能力研究相结合的新近产物。从理论研究的角度看,有关营销动态能力的研究刚刚起步,理论研究文献还非常稀少。但不可否认的是,自 Fang 和 Zou (2009) 提出营销动态能力概念以来,这一概念引起了战略营销研究领域的极大重视。在短短的两年时间里,国内外研究者就该议题展开了一系列研究,并取得了一定的研究成果。主要表现在:

首先,对营销动态能力的基本内涵形成了较为一致的认识。营销动态能力概念是动态能力观与营销管理研究相结合的产物,是动态能力在营销领域的最新运用。同时,由于动态能力内涵研究已经有了较为一致的结论,因此,营销动态能力研究者也都承认其的本质内涵表现为对营销(或市场)相关资源基础的整合和重置。

其次,在结构维度方面,虽然其具体表现形式还没有得出统一的研究结论,但大多数研究者都认为营销动态能力由跨部门业务流程构成。

最后,有关营销动态能力前置因素和绩效结果的研究已经开始逐渐出现,例如,有研究发现资源遴选和能力构建机制是营销动态能力重要的前置因素,而营销动态能力在动荡的市场环境下对企业绩效有积极影响作用。

虽然营销动态能力研究已经得到了战略营销研究者的重视,并已经开展了具有建设性的研究。但是,这些研究的系统性和全面性还非常不够。因此,本书研究认为,营销动态能力研究应该在以下几个方面加以突破:

第一,营销动态能力的构成维度有待丰富和完善。尽管现有文献已通过案例研究和实证检验对营销动态能力的构成要素进行了探索性的研究,但各研究者在这一问题上并未达成一致,他们所提出的营销动态能力的构成要素具有一致的成分,也存在较大的差异。无论是从构成型维度,还是表现型维度,观点分布都比较多元,而表现型维度的研究占绝对多数,基于构成型维度的研究在数量上比较缺乏,研究框架及理论基础也不够明确,因而对营销动态能力的基本构成探讨的理论文献基础还有所欠缺。

第二,营销动态能力的前置影响因素研究应当深化。正如 Fang 和 Zou (2009) 在总结其研究局限性和未来研究方向时指出,尽管他们的研究整合了一些最重要的营销动态能力前置因素,例如合资企业资源大小和互补性、组织能力禀赋等因素,但它们绝不是唯一的。同时,对于前置因素的探讨,应该有明确的理论框架或分析逻辑，应该避免多个关联性较差，甚至是没有关联的前置因素简单堆积，这不利于建立比较完善的系统理论架构。因此，未来的研究应该系统地发掘营销动态能力的前置影响因素，为企业如何构建和发展营销动态能力提供理论支持。

第三，营销动态能力对企业绩效的影响及其内在机理有待发掘。从理论分析的角度看，营销研究者们均认为营销动态能力通过更好地提升创造和传递顾客价值，从而提升企业的持续竞争力，获得较好的市场绩效和企业竞争优势，但对于营销动态能力与绩效之间关系的实证检验还较为匮乏。虽然少数实证研究发现了营销动态能力对企业经营绩效和市场竞争优势有积极的影响，但是其对企业绩效影响产生作用的内在机制，还有待于进一步研究发现。更为重要的是，探讨营销动态能力概念与其他关键概念（例如，竞争战略、战略柔性、企业社会资本等概念）的联系，以及探索营销动态能力在其他特定营销领域（例如，产业营销、服务营销和国际营销等领域）的运用，是界定营销动态能力概念理论边界、作用机制或条件，以及确立其理论框架的重要基础。

本研究的主要议题是在现有动态能力和营销能力研究基础上，深化对营销动态能力基本内涵与构成维度的认识，并对其形成和作用机制进行探究。对现有研究文献的梳理和归纳可以发现，动态能力和营销动态能力的已有观点与结论为本书研究提供了重要的理论基础和方向指引。

第三章 研究设计与数据收集

本章着力探讨研究方法设计以及研究数据的获取过程与质量检测。一方面,科学且合理的研究方法是实现研究目标的重要前提,而对研究方法的选取又必须有效依赖研究议题本身,使之匹配研究内容框架;另一方面,研究结论准确程度极大的依赖研究数据的属性,因而数据收集的科学与有效决定了研究结论的科学性,必须给予高度重视。

第一节 研究设计与流程

科学的研究结论依赖于规范的研究设计和严谨的实施流程。研究设计是用实证数据把需要研究的问题和最终结论连接起来的逻辑顺序。[1] 用通俗的话说,研究设计是从"这里"到"那里"的逻辑步骤,"这里"指需要回答的问题,"那里"指得出的结论。因此,本研究在比较当前主要研究范式的基础上,并根据研究议题和分析路径,选择了实用主义范式下的混合研究方法,即定量研究和定性研究相结合的研究设计。同时,为了保证对理论模型进行理论探讨和实证检验的有效性和科学性,本研究将在研究总体思路设计、研究假设发展、相关概念的概念化和问卷设计、样本选择与数据收集,以及实证分析方法与逻辑等方面进行严格遵照科学、规范而严谨的研究程序。

一、研究范式比较与选择

研究设计是研究的基本框架,为研究中的数据收集和分析提供基本指导原

---

[1] 罗伯特·K.殷.案例研究:设计与方法(第3版)[M].周海涛译.重庆:重庆大学出版社,2004.

则。Robson（1993）[①]曾经指出，本质上而言，研究设计是研究议题与所应用的理论基础之间关系的外化，而研究范式是研究设计的指导框架与规范体系。研究范式的确立是研究设计的价值基础与方法依据。

（一）基本研究范式比较

所谓"范式"，可以界定为引导研究者的世界观或信仰体系。[②]范式是在任一特定领域中都能得到重复使用的模型，相互竞争的不同范式可以同时存在，尤其是同时存在于并不成熟的科学学科之中。[③]在目前的社会和行为科学领域中，主要的研究范式包括实证主义、后实证主义、实用主义和建构主义四种，如表3-1所示。

表3-1 社会和行为科学领域所应用的四种主要范式之比较

主要范式	实证主义	后实证主义	实用主义	建构主义
研究方法	定量	定量为主	定量+定性	定性
推论逻辑	演绎	演绎为主	演绎+归纳	归纳
认知论	客观论 认识主体与认识对象是二元关系	修正的二元论 研究发现可能是客观的"真实"	客观论与主观论并存	主观论 认识主体与认识对象是不可分割的
价值观	研究是价值中立的	研究含有价值倾向，但是可控的	在阐释结果时，价值有很大影响	研究受到价值的限定
本体论	天真的现实主义	批判的或超验的现实主义	承认外在的现实，选择最能产生所欲之结果的解释	相对主义
因果联系	结果之前或同时，必有真实的原因	社会现象之间存在某种规律的、合理的、稳定的关系，但无法完全知晓	可能存在因果联系，但我们永远无法将之确定下来	一切事物都会同时相互依存，不可能区分原因和结果

资料来源：阿巴斯·塔沙克里，查尔斯·特德莱.混合方法论：定性方法和定量方法的结合[M].唐海华译.重庆：重庆大学出版社，2010.

在以上的四类研究范式中，实证主义和建构主义是在社会和行为科学领域中使用最为广泛的研究范式：实证主义范式强调定量研究方法，建构主义范式则主张定性研究方法。从一般意义上讲，定性研究方法主要是对现象内涵、表象和特

[①] Robson C. Real word research: A resource for social scientist and practitioner-researcher [M]. Oxford: Blackwell, 1993.

[②] Guba E. & Lincoln Y. Competing paradigms in qualitative research [M]. Thousand Oaks, CA: Sage, 1994.

[③] Kuhn T. The structure of scientific revolution (2nd ed.) [M]. Newbury Park, CA: Sage, 1970.

征的描述，而定量研究方法主要是对现象中各要素之间关系的测量和检验。根据科学哲学研究者 Creswell（1995）[1]的观点，定量研究方法和定性研究在本体论、认识论和方法论三个方面都存在显著的差异（见表3-2）。

表3-2 定性研究与定量研究的比较

比较维度	内涵	定性研究	定量研究
本体论	对现象本质的理解和把握	现象是主观的，它取决于研究者的视角	现象是客观的，它独立于研究者而存在
认识论	研究者与现象的关系	研究者与现象互动，研究者是参与者	研究者在现象之外，客观和中立的观察现象
方法论	知识创造逻辑	通过现象归纳，实现在特定情境下的理论发展	通过演绎过程，实现不受情境制约的理论检验

资料来源：Creswell J. Research design: Qualitative and quantitative approaches [M]. US, California: Sage Publications, 1995.

通过以上比较可以发现，定性研究的目的在于通过对现象本身的特征进行分析和研究，并实现归纳推理过程，从而有助于发现新的理论方向，创造新的知识；定量研究则基于具体的理论基础来演绎现象中所体现出来的各要素相互关系，构建具体的研究假设，然后通过数理分析手段来对假设进行验证，从而对特定理论对现象的实用性和解释力进行检验。

由于在本体论、认识论和方法论方面的本质性差异，实证主义与建构主义两种研究范式存在持续的争论，而这种争论有时也被称之为"定性—定量"之争。针对社会和行为科学领域的两大范式之争，许多研究者曾尝试提出和解之道。"和平主义者"由此开始形成，他们认为定性研究方法和定量研究方法实际上是可以相容的。尤为重要的是，从方法论的视角讲，虽然定量研究一般是以演绎过程为逻辑主导，但这并不意味着量化研究排斥归纳过程，不能用归纳的方法创造新知识。Hansson（1993）[2]就人类探索未知知识领域的路径问题提出了两种定量研究的设计思路：技术导向和理论导向。技术导向设计思路的焦点在于系统、科学地描述研究对象的特征与属性，重视发掘研究对象的本质以及研究对象较之于其他相关研究领域的独特性。就本质而言，技术导向设计思路是在归纳逻辑指导

---

[1] Creswell J. Research design: Qualitative and quantitative approaches [M]. US, California: Sage Publications, 1995.

[2] Hansson B. Philosophy of science [M]. Sweden, Lund: Filosofiska Institutionen, 1993.

下进行有关现象的描述。理论导向的研究设计思路则关注通过理论演绎和假设检验来形成新的知识，它聚焦于对研究现象的认识、理解以及现象发展规律的预判。从本质上讲，理论导向的研究设计思路是演绎逻辑驱动的理论研究。因此，Reichardt 和 Rallis（1994）[①]基于一个不同的研究范式提出了相容理论，成为"和平主义者"；而 Tashakkori 和 Teddlie（1998）[②]将范式之争的"和平主义者"称为"实用主义者"，并将这一独特的范式称之为"实用主义"研究范式。

（二）实用主义研究范式

实用主义拒绝在方法、逻辑及认识论方面对实证主义（包括后实证主义）与建构主义做出非此即彼的被迫选择。Nielsen（1991）[③]指出，实用主义是一种"相反的、批判的哲学"，它反对占主流的体系哲学，讥讽"非此即彼"之类的形而上论断。Krathwohl（1993）[④]认为，对任何议题的研究无论何时都会处于推理过程循环圈的某一点上，这个循环圈便是科学方法论之轮或研究之轮（见图3-1）。这个转轮可以看作是从基础结果（即事实、观察所得）经过归纳逻辑，变成普遍性推断（或理论），然后又从这些普遍性推断（或理论）经过演绎逻辑，变成待检验的假说或对特定事件和结果的预测。更为重要的是，在研究过程的某些时候，两种类型的推理和方法可能会同时得到使用。

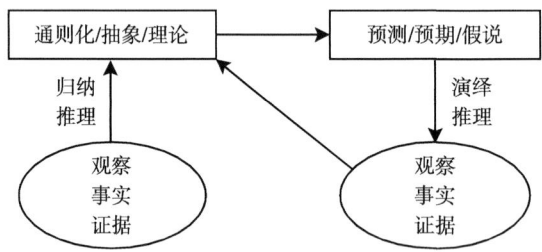

图3-1 科学方法论之轮

资料来源：Krathwohl D. Methods of educational and social science research: An integrated aroach [M]. White Plains, NY: Longman, 1993.

[①] Reichardt C. & Rallis S. Qualitative and quantitative inquiries are not incompatible: A call for a new partnership [M]. San Francisco: Jossey-Bass, 1994.

[②] Tashakkori A. & Teddlie C. Mixed methodology: Combining qualitative and quantitative approaches [M]. US, California: Sage Publications, 1998.

[③] Nielsen K. After the demise of the tradition: Rorty, critical theory, and the fate of philosophy [M]. Boulder, CO: Westview, 1991.

[④] Krathwohl D. Methods of educational and social science research: An integrated aroach [M]. White Plains, NY: Longman, 1993.

实用主义研究范式是试图包含演绎和归纳的推论逻辑,从而实现在特定研究阶段和研究议题上归纳逻辑和演绎逻辑的统一,定性研究方法和定量研究方法的结合。Creswell(2007)[①]明确地指出,研究方法设计中的框架不仅包括定性和定量的两类,还应该包括混合式的研究设计。定量方法的研究设计是指研究者主要运用实证主义(或后实证主义)知识观和价值体系建构知识,例如因果联想、研究变量、研究假设,以及研究观察、测量和理论检验,它聚焦于使用实验或调查等具体研究策略,以及其他事先设定的研究工具收集和分析数据。定性方法的研究设计是指研究者基于建构主义的视角(例如,个体经历、社会事实观察、多重意义的社会性建构或历史建构)建立知识体系,例如具体观点、推论和总结。而混合方法的研究设计则强调研究者以实用主义为基础,结合定量方法和定性方法建构知识观。Tashakkori 和 Teddlie(2010)[②]通过对社会和行为科学领域方法论路径的演变过程,详细地探讨了将定性方法和定量方法结合使用的实用主义研究范式,如表3-3所示。

表3-3 社会和行为科学领域方法论路径的演变

时期Ⅰ:单一方法或"纯粹主义者"时代(大约从19世纪到20世纪50年代)
A. 纯粹定量取向
1. 单一资料来源(定量研究)
2. 在一个范式/模型内,多个资料来源
a. 顺序的(定量研究/定量研究)
b. 平行的/共时的(定量研究+定量研究)
B. 纯粹定性取向
1. 单一资料来源(定量研究)
2. 在一个范式/方法内,多个资料来源
a. 顺序的(定性研究/定性研究)
b. 平行的/共时的(定性研究+定性研究)
时期Ⅱ:混合方法的出现(大约从1960年到1980年)
A. 同等地位设计(两种范式/方法都使用)
1. 顺序的(即两阶段的顺序研究)
a. 定性研究/定量研究
b. 定量研究/定性研究
2. 平行的/共时的
a. 定性研究+定量研究
b. 定量研究+定性研究

---

① 约翰·W·克雷斯威尔. 研究设计与写作指导:定性、定量与混合研究的路径 [M]. 崔延强译. 重庆:重庆大学出版社, 2007.

② 阿巴斯·塔沙克里,查尔斯·特德莱. 混合方法论:定性方法和定量方法的结合 [M]. 唐海华译. 重庆:重庆大学出版社, 2010.

续表

B. 主次设计（两种范式/方法都使用）
1. 顺序的
a. 定性研究为主/定量研究为次
b. 定量研究为主/定性研究为次
2. 平行的/共时的
a. 定性研究为主+定量研究为次
b. 定量研究为主+定性研究为次
C. 多层次路径设计
时期Ⅲ：混合模型研究的出现（大约在20世纪90年代）
A. 在研究阶段中单一使用 *
1. 研究的类型——定性研究或定量研究
2. 资料收集/操作——定性研究或定量研究
3. 分析/推论——定性研究或定量研究
B. 在研究阶段中多元并用 **
1. 研究的类型——定性研究并/或定量研究
2. 资料收集/操作——定性研究并/或定量研究
3. 分析/推论——定性研究并/或定量研究

注：* 必须每种方法至少在研究的一个阶段中出现。
** 必须每两种方法至少在研究的一个阶段中同时出现。
资料来源：阿巴斯·塔沙克里，查尔斯·特德莱. 混合方法论：定性方法和定量方法的结合 [M]. 唐海华译. 重庆：重庆大学出版社，2010.

从以上的研究路径演变过程可以发现，社会和行为科学领域方法论是从单一方法向混合方法，再向混合模型研究进行发展的。

二、混合方法的研究设计

实用主义研究范式的研究者们提出了"混合方法"（也称为"混合方法论"或"方法论混合"），力图同时包括定性路径和定量路径的因素（例如，Brewer 和 Hunter，1989；Greene，1989；Patton，1990）。综合运用定性方法和定量方法两种不同研究推理逻辑和数据收集形式的研究正在得到不断的发展。①

混合研究方法最早出现并运用在社会学、教育学和心理学的研究领域中，然而，在这些不同领域中最初对混合方法设计的界定都是在三角测量的名义下进行的。Creswell（1995）②曾明确地指出，混合方法设计的功能已经超出了三角测量

---

① 约翰·W.克雷斯威尔. 研究设计与写作指导：定性、定量与混合研究的路径 [M]. 崔延强译. 重庆：重庆大学出版社，2007.
② Creswell J. Research design: Qualitative and quantitative approaches [M]. US, California: Sage Publications, 1995.

法（意指对研究结果的聚合）。Greene 等（1989）[1]在分析了20世纪80年代以来57篇应用混合研究方法论的论文后，指出混合方法研究设计可以达到的五大目的：①三角测量，即寻求研究结果的聚合；②补充，即检验某一现象的相同方面和不同方面；③创造，即发现一些谬误、矛盾或新视角；④推进，即依次运用不同的方法，在第一种方法得出结果后，据此接着使用第二种方法推动研究结论的深化；⑤扩展，即采取混合方法扩大研究主题的广度和范围。

由于依据混合方法研究进行设计选择时极为复杂，因而在混合方法路径上还存在一些混乱。Ulin 等（1996）[2]根据一项跨国案例研究提出了定性和定量方法相结合的不同场景（见图3-2）；同时，Tashakkori 和 Teddlie（1998）[3]为了厘清这些不同式样的混合方法设计提出了一个类型学，他们将混合方法划分为三种基本类型：同等地位设计、主次设计和多层次路径设计，如表3-2所示。

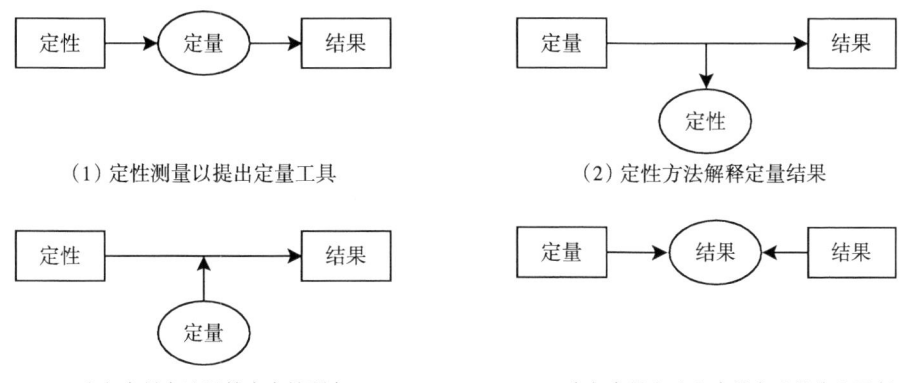

图3-2 定性方法和定量方法相结合的不同场景

资料来源：Ulin P., Waszak C. & Pfannenschmidt S. Integrating qualitative and quantitative research [C]. Family Health International's Women's Studies Project Technical Advisory Group Annual Meeting, Raleigh, NC, 1996(11)：479–503.

本研究聚焦于在动荡环境下，对企业营销动态能力的基本内涵、结构维度以及形成和作用机制进行探究及总结，并为我国企业在激烈市场竞争中获取和维持

---

[1] Greene J., Caracelli V. & Graham W. Toward a conceptual fremwork for mixed-method evaluation designs [J]. Education Evaluation and Policy Analysis, 1989, 11 (2)：255-274.

[2] Ulin P., Waszak C. & Pfannenschmidt S. Integrating qualitative and quantitative research [C]. Family Health International's Women's Studies Project Technical Advisory Group Annual Meeting, Raleigh, NC, 1996, 11.

[3] Tashakkori A. & Teddlie C. Mixed methodology：Combining qualitative and quantitative approaches [M]. US, California：Sage Publications, 1998.

竞争优势提供管理借鉴。因此，根据分析思路和研究议题，本研究选用 Ulin 等（1996）所提出的四类定性方法和定量方法相结合的场景 2，即定性方法解释定量结果；并运用 Tashakkori 和 Teddlie（1998）所提出的主次设计类型（顺序设计，定量为主/定性为次）的混合研究方法对相关议题进行分析和探讨。在具体操作方面，本研究将采用理论导向型的定量研究思路来规划和设计具体的研究过程，然后，运用定性研究方法（案例研究方法）对定量研究所得新知识和观点的现象解释和实践验证，以达到研究方法和数据的三角测量、研究结论的推进、补充和扩展，以及研究发现的创造。本研究采用混合方法的研究设计，具体理由主要包括：

首先，本研究以动态能力观研究为理论基础。这类研究文献已经非常丰富，并形成了相对完整的理论体系，这为营销动态能力基本内涵与构成维度的演绎奠定了十分坚实的基础。营销动态能力概念在 Fang 和 Zou（2009）首次提出后已经得到了研究者的重视（例如，Zhang 等，2009；韩永强等，2010；Leonidou 等，2011；许晖等，2011；纪春礼，2011；陈宁，2011；王文超，2012；Barrales-Molina 等，2014；Tsai，2015；等等），更为重要的是，营销动态能力既是企业动态能力的职能分支，又是企业营销管理活动中的特定组织能力。因而，在动态能力和现有营销动态能力研究的基础上通过理论演绎和假设检验来深化营销动态能力的研究非常合适。同时，在营销动态能力的形成和作用机制研究方面，虽然目前还没有比较系统的探索，但有关动态能力的形成和作用机制研究已经比较丰富，同时，营销动态能力的前置影响因素也得到了一定的关注。这些都为营销动态能力的形成和作用机制演绎推导提供了良好的文献基础。

其次，大多数研究者都赞同，不论是定量方法、定性方法，还是混合方法，只要适合研究就行。Creswell（2007）[1]指出，研究范式与问题的匹配是选择研究路径的重要标准，如果研究的问题是要确定影响结果的因素、干涉效果，或者理解能预示结果的征兆，定量方法是较好的选择。本研究在深入理解营销动态能力的基础上，聚焦于对营销动态能力构成维度的探究以及形成和作用机制的分析。依据 Creswell（2007）所提出的研究范式与研究议题相匹配的标准，选择以定量分析为主的研究方法。

---

[1] 约翰·W.克雷斯威尔.研究设计与写作指导：定性、定量与混合研究的路径 [M].崔延强译.重庆：重庆大学出版社，2007.

最后，定性方法的研究意图是理解一种特殊的社会状况、事件、角色、群体和相互作用。① 研究者通过对研究对象进行对比、分类、复制和编码以逐步了解并分析特定社会现象。营销动态能力作为动态能力在企业营销领域的特定形式，是较新的理论概念，在以往的研究文献中缺乏直接的理论探讨和实践描述。因此，为了进一步厘清营销动态能力的构成维度，以及其形成和作用机制。本研究还将以定性分析（案例研究）作为次要的研究方法，即运用定性方法解释与深化定量结论，从而实现研究方法和数据的三角测量、研究结论的推进、补充和扩展，以及研究发现的创造。

三、整体研究流程

按照对实用主义研究范式的选择，以及混合方法研究设计的确定，本研究将整体流程分为研究构思、研究设计、数据收集和研究报告共四个在时间和逻辑上相互衔接的发展阶段，如图3-3所示。

第一阶段的工作是在2013年6~9月进行，主要是相关文献的阅读和梳理，进行"研究构思"。为了更好的界定研究问题，将对动态能力、营销能力、营销动态能力的研究，以及营销创新研究进行了大量的文献梳理与总结工作，并将阶段性的研究成果在相关专业杂志进行发表。

第二阶段的工作主要是"研究设计"方面的内容。该项工作是在2013年10月至2014年1月展开的，主要的工作内容包括：①通过专家小组讨论、企业（营销）管理者访谈等手段，向学术界和实践界的各类专家进行探测性的调研活动，就本研究的相关议题征求意见，进一步的明晰研究议题和分析框架。②根据研究框架和核心概念建立问项库，并初步完成调研问卷设计，通过向专家和企业管理者征求意见，形成本研究的预调研问卷。③通过向MBA学员发放问卷进行预调研，然后，根据预调研结果修正调研问卷，最终形成研究所用的正式调查问卷，并根据正式调研问卷拟定案例研究的半结构化访谈提纲。

第三阶段主要是研究"数据收集"的工作，包括量化研究的问卷调查和案例研究所需的质化数据两方面工作。在2014年2~8月，开展量化研究数据收集，以及前往案例企业所在地进行管理者访谈工作。

---

① Locke L., Spirduso W. & Silverman S. Proposals that work: A guide for planning dissertations and grant proposals [M]. US: Sage Publications, 2007.

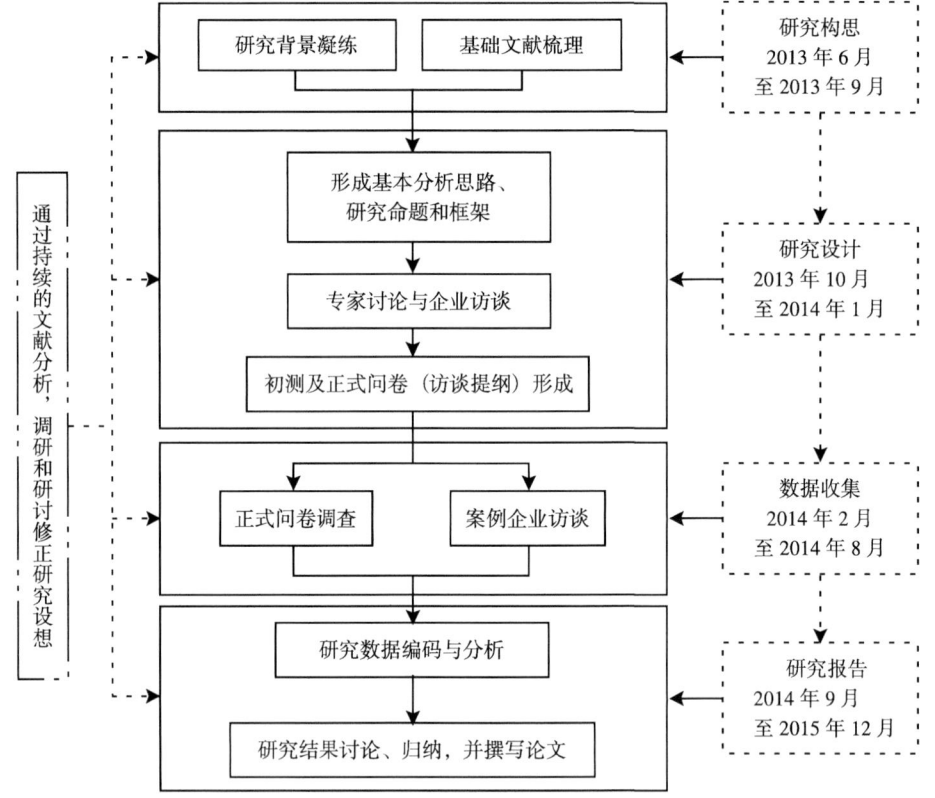

图3-3 本研究的整体研究流程

资料来源:本研究设计。

第四阶段主要是"研究报告"的工作。在2014年9月至2015年12月,进行数据编码、分析,以及研究结果的讨论,最后进行学术论文以及研究报告的撰写工作。

四、问卷开发流程

问卷开发是实证研究的重要组成部分,是保证研究过程科学性和研究结论可靠性的关键环节,因此,本研究将对此进行专门阐述。在本研究中,问卷开发流程是整体研究流程中"研究设计"部分的核心内容,它既为定量研究提供基本的研究工具,也为案例研究的访谈提纲提供了核心框架。遵循科学的问卷设计流程(或步骤)成为了决定问卷质量,从而决定研究质量的关键因素。因此,对于问卷开发工作,本研究给予特别的说明。

问卷开发依赖于研究模型中涉及的各种概念或变量属性与特征,其重点在于尽可能地采用最优问项或条目来测量研究所涉及的各类概念或变量。从本质而言，问卷开发实质上是选择、测验并确定测量条目，即问项的过程。因此，研究问项的发展是问卷开发的核心工作。Farth 等（2006）[①] 总结了在中国的管理研究中获取测量问项的四种路径（见表 3-4）。通过对四种路径的比较可以发现，在中国管理研究中的问卷开发（问项发展）应该主要考虑和权衡两个方面的问题：一方面是翻译修改国外文献中的问卷和问项，还是进行重新开发；另一方面是在特定研究议题下，中西方文化所具备的特殊性判断。考虑到直接翻译路径和情景化路径的局限性，以及本研究所涉及的主要议题存在文化差异性的问题，本研究选择修正路径进行问项形成和问卷开发，即通过对国外现有文献中的本研究目标概念测量问项进行部分修改的方式进行问卷开发。这种问项形成和问卷开发方法不仅能有效地保障新问项与目标概念和测量内容之间的对等性，还能根据本研究需要对不适合部分进行修改，比如剔除不适合的测量指标、改变问项文字表述等。[②]

表 3-4 中国管理研究中测量开发的四种路径

开发路径	关键假设	主要优点	主要局限
直接翻译路径	• 目标概念的界定和内容维度，以及内容维度的实证表现在不同文化背景下是一致的 • 对目标概念有着高质量测量，且没有文化偏差的量表容易获得	• 低水平的开发时间和成本 • 保障测量具备高水平等值性 • 可以对研究结论进行直接的跨文化比较	• 难以实现在翻译过程中语意上的对等性 • 难以在西方文献中找到完全没有文化偏差的测量
修正路径	• 对目标概念的界定和内容维度在不同文化背景下是一致的 • 对目标概念有高质量测量的量表容易获得	• 相对而言比较省时省力 • 较为容易地就研究结论进行跨文化沟通	• 难以进行跨文化研究 • 修改过多可能形成一个新量表，要求在中国情境下检验其效度
去情景路径	• 目标概念适用于多种文化背景，或者文化背景对其影响作用不显著 • 现有文献中缺乏对目标概念测量的高质量量表	• 有助于对目标概念进行更具体的测量 • 比较容易就研究结论进行跨文化沟通	• 较长的开发时间和较长的开发成本 • 量表的问项表述需要具备较高的抽象水平，从而限制其信息和实践价值

---

① Farth J., Cannella A. & Lee C. Approaches to scale development in Chinese management research [J]. Management and Organization Review, 2006, 2 (3): 301-308.
② 罗伯特·F.德威利斯. 量表编制：理论与应用（第 2 版）[M]. 魏永刚，龙长权，宋武译. 重庆：重庆大学出版社，2004.

续表

开发路径	关键假设	主要优点	主要局限
情景化路径	• 目标概念与其所在文化背景密不可分 • 现有文献中缺乏对目标概念测量的高质量、区别性量表	• 有助于发展出高度适合中国情景的量表 • 有助于为中国式管理形成具备特定情景的知识	• 较长的开发时间和较长的开发成本 • 新量表具有地域性限制 • 很难将研究结论与西方文献对接

资料来源：Farth J., Cannella A. & Lee C. Approaches to scale development in Chinese management research [J]. Management and Organization Review, 2006, 2(3): 301–308.

在确定研究问项形成路径后，开始进行问卷的设计和开发工作。科学的问卷开发步骤有利于在研究过程中避免因缺乏测量信度所带来的随机误差，以及因缺乏测量效度而引发的系统误差。对于问卷设计和开发的规范步骤，Churchill (1979)[①] 系统地归纳了问卷设计（测量问项）开发的流程。他认为问卷测量条目开发工作应遵循以下三个基本步骤：①利用文献研究明确研究建构的操作化内涵与测量条目；②与理论界和实践界的专家分别地进行焦点小组讨论；③通过探测性调研对测量条目进行优化，从而最终确定调查问卷的内容和形式。根据Churchill (1979) 的观点，本研究对问卷设计流程进行了科学和严谨的规划和设计，如图3-4所示。

从图3-4可知，本研究的问卷开发流程包括以下五个基本阶段：①依据相关文献明确研究的概念模型。2013年6~7月，阅读并梳理有关企业动态能力、营销能力、营销动态能力，以及营销创新研究等方面的文献。在系统总结和梳理文献的基础上形成研究问题，并设计概念性研究模型，进而明确了有待测量的理论框架与关键概念。②根据文献梳理归纳测量问项。2013年8月，根据前期所进行的文献梳理结论有针对性地归纳对目标概念的测量问项，并运用中英互译的方法将英文问项对等地转化中文问项，形成本研究测量所需的核心概念测量问项库，然后根据本研究的议题和思路，从问项库中筛选问项，从而形成研究问卷的初稿。③征求专家意见。2013年10~12月，借助所在学术团队的定期交流活动，以及自然科学基金项目的外部专家咨询活动，向有关6位专家就问卷的条目设计、措辞和问卷文本设计等方面的问题征求意见；同时，基于方便取样的原则，对5家企业的营销管理者进行半结构化访谈，就研究模型及问项测量的表面效

---

① Churchill G. A paradigm for developing better measures of marketing constructs [J]. Journal of Marketing Research, 1979, 16 (1): 64–73.

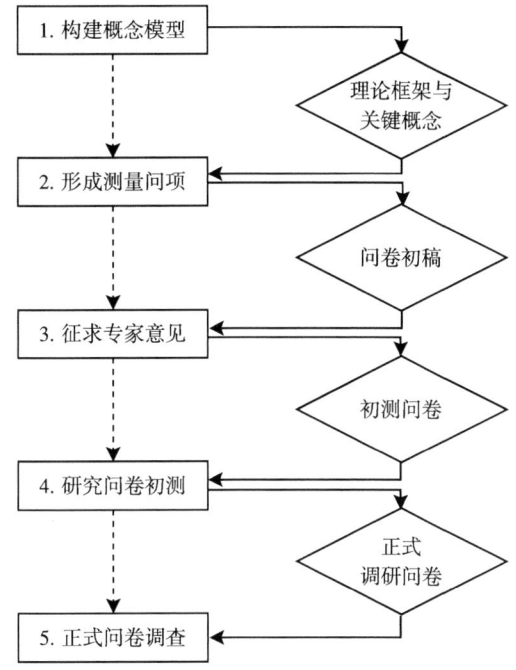

图 3-4 本研究问卷开发的基本流程

资料来源：本研究设计。

度、问卷措辞，以及本研究的关键议题征求意见。最后，在汇总理论研究者和实践工作者的相关意见后对问卷进行修改，形成预调研问卷。④问卷预调研。2014年1月，向重庆某机构举办的××大学总裁班学员（共两期）发放调研问卷150份，回收问卷138份，其中有效问卷125份，有效回收率为83.3%。根据预调研结果对问卷进行修正，最终形成本研究的正式调研问卷（附录Ⅱ）。⑤正式调研。2014年2~3月，在重庆某市场研究的协助下，运用正式调研问卷展开研究数据收集工作。

此外，根据以往研究经验，在量表编制过程中，最好是多包含一些题项，而且量表编制者应该避免编写太长的题项，因为长度往往会增加复制性而降低清晰性。[①]因此，本研究不使用一个问项去测量相关概念。

尽管运用科学的流程进行调研问卷设计和开发能够在很大程度上保障调研的准确性，但是，在实际的操作过程中仍然存在着一系列的随机干扰因素，甚至影

---

① 罗伯特·F.德威利斯. 量表编制：理论与应用 [M]. 魏勇刚等译. 重庆：重庆大学出版社，2004.

响调研的质量。Bradburn 等（2004）[①]总结了在问卷调查过程中可能导致问卷回答者对问卷问项做出非精确性回答的四种情况：①问卷回答者并没有掌握或者不清楚回答相关问项的信息；②问卷回答者不能够准确地回忆回答相关问项的信息；③由于种种原因，问卷回答者虽然知道回答相关问项的信息，但是不愿意准确地进行回答；④问卷回答者不能准确地理解相关问项的含义。虽然在实际操作过程中不可能完全地消除以上四种情况，但是采取相应的措施以有效地降低以上情况发生的可能性。

为了避免第一种情况，本研究在调研问卷的第一部分中设置甄别题项，要求填写该问卷的是样本企业的营销部经理以上（包括企业总裁，营销副总，以及掌握企业营销信息的其他高级管理者）的管理人员，其他人员禁止问卷填写。为了避免第二种情况，本研究在问卷问项设计方面尽量考察企业当期情况，或者相隔时间较短的过去信息，从而尽量避免引起后视偏见。为了防止自愿性带来的若干负面问题（第三种情况），本研究在问卷引导语和填写说明中特别强调本研究是基于纯粹的学术目的，研究内容不涉及企业的商业机密，以及企业和个人的其他任何敏感问题，调查所获取的信息也不会用于任何商业目的。

同时，本研究向被调查企业承诺，若对本项研究及相关结论感兴趣，可以通过电子邮件将研究结论反馈企业。为了防止第四种情况的出现，本研究在问卷开发和设计过程中，通过与企业管理者进行交流（见问卷设计阶段3），对问卷具体题项的表达方式、用语进行适应性修改，以便让问卷回答者准确地理解所问内容，尽量排除问项难以理解或者表达意思不够明确的多种可能性。总而言之，本研究通过科学的问卷设计能够有效地增强调查的准确性和可靠性，从而提升研究数据的信度和效度。

此外，在问卷结构设计中，本研究按照一般性的主题结构来安排问卷内容结构，未明确表述问项所测量的概念，并在实际操作中将相关概念的测量顺序打乱分布，以避免问卷回答者在填写问卷时形成自己的逻辑和价值判断，从而有损于调查数据的准确性。同时，在调查问项中设置若干的反向问项，增加对问卷回答者是否认真阅读问项并作答的判断，对不符合逻辑的问卷进行剔除，从而提高调查数据的可靠性。

[①] Bradburn N., Sudman S. & Wansink B. Asking questions: The definitive guide to questionnaire design [M]. US, John Wiley & Sons, Inc, 2004.

第二节 研究数据收集

研究数据的收集主要包括调研对象的确定、调研抽样规则的选取、具体调查样本的选择,以及问卷的发放与回收等方面的工作。研究数据收集过程对研究质量具有十分重要的作用,因此,本研究严格遵照科学的数据收集方法进行研究数据采集。本研究各子研究数据情况,除特殊说明以外,均使用本节所描述方法收集的样本数据。

一、调研对象确定

研究使用抽样调查的方式获取数据。抽样对研究结果的有效性有着重要的影响,如果没有一个可靠的抽样规则,研究结果将含糊不清或令人费解。[1] 抽样框的选定是确定抽样规则的第一步。Babbie(2007)[2] 认为,抽样框是总体要素的列表或准列表,要想保证样本对总体的代表性,抽样框要包含所有的(或接近所有的)总体成员。

在综合研究需要与经费情况,并考虑研究的可行性与有效性基础上,研究选择重庆、天津、浙江和广东四地为样本企业抽样框。以上四地是我国不同经济区域的典型代表,既有直辖市,也有经济大省,同时很好地涵盖了南北与东西部经济特征,因此能够较好平衡研究经济性、可行性和科学性。

同时,为了保证样本企业数据在样本框中比较平均的分布,而不至于出现较大偏差,研究为每个样本框设定100个有效企业数据的样本配额,即每个区域下发抽样的样本总量不超过100个。因此,整个数据调研的有效样本企业数据在400个以内。此外,对于样本企业年龄、性质、规模等样本特征数据,本研究要求尽可能保证数据的均衡性,避免缺失某类特征的样本企业数据。

---

[1] Lonner W. & Berry J. Field methods in cross-cultural research [M]. US: Sage Publications, Inc, 1986.
[2] 艾尔·巴比. 社会研究方法(第10版)[M]. 邱泽奇译. 北京: 华夏出版社, 2007.

二、正式调研

正式调研采用网络调研方法,运用电子问卷收集研究数据。网络调研(Network Research)是利用 Internet 进行调研的一种方法,它包括 E-mail 法、Web 站点法、Net-meeting 法、IRC 网络实时交谈等方法。研究之所以选择网络调研方法,主要基于以下原因:①使用邮寄问卷的方法,调研问卷可能因为种种原因不能或者延迟到达被调查者手中,从而影响调研问卷的填写质量和响应率;通过被调查者 E-mail 地址发送调研信息,并邀请其登录网页填写问卷能够有效地增强被调查者的响应水平。②通过网页设定,若被调查者在问卷填写中有未填问项,服务器将不允许其提交问卷,并指示和引导其对空白项进行填写,因此可以有效地避免问卷缺失值的问题,从而保证提交的每份样本信息都是完整的。③在网络调研方法中,被调查者完成问卷填写并提交问卷后,后台服务器将以.txt 或 .excel 文档的形式直接输出数据信息,从而减少了传统邮寄纸质问卷方法中的问卷编码和录入环节,有效地提高问卷的处理速度,极大地降低在问卷录入过程中可能出现的人为错误。

网络调研因其具备低成本和高效率的优点,已经在商业调查领域得到较为广泛的实施,但是,由于其实施过程对网络平台和计算机硬件设施要求较高,需要通过专业调研机构才能进行,因此,在学术研究领域的运用尚不多见。基于此,本研究与重庆立信市场研究公司合作,通过其网络数据平台开展研究数据收集工作。重庆立信市场调研公司为"零点之翼"单位,是我国西部地区规模最大的专业市场调研机构,拥有西部地区最大的 CATI 中心,公司在全国范围,特别是东部沿海地区有广泛的执行网络,这为本研究调研数据的收集提供了极大便利。

在网络调研的具体实施方面,本研究选择将 E-mail 法与 Web 站点法相结合的方法来进行数据收集,具体步骤如下(见图 3-5):①将调研问卷编辑为网页形式,并上传至重庆立信市场研究集团网络调研平台,① 完成网上问卷设计工作。②通过 CATI 中心联系被调查者,征询参与调查者的意愿,若被调查者同意参与调查,将其私人 E-mail 地址进行登记。③将包含问卷 URL 地址的电子邮件发送给被调查者,邀请其点击 URL 进入调研页面填写,并提交问卷。④两周后,再次向为登录网页填写问卷的被调查者发送电子邮件,提醒其参与调查。⑤两周

---

① URL: http://www.listen.net.cn/wenjuan/imdcs/Default.aspx

后，根据配额要求，补充联系被调查者参与调查，具体方式重复②和③。⑥完成网络调查，从服务器下载包含调研数据的文本信息，以用于数据核对与分析。

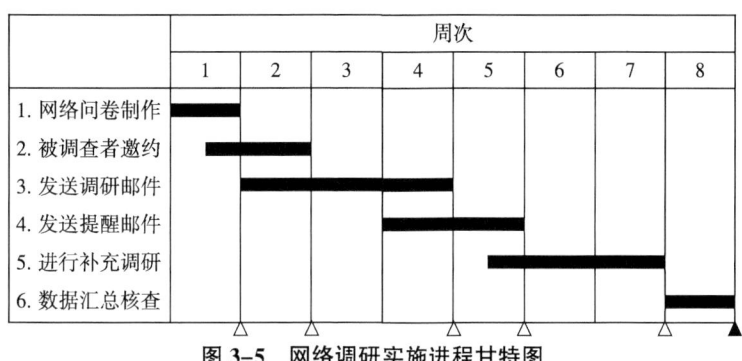

图 3-5　网络调研实施进程甘特图

资料来源：本研究设计。

三、样本企业情况

正式调研历时 45 天，发放问卷 400 份，回收问卷 369 份，其中有效问卷 327 份，有效回收率为 81.750%。数据收集是在市场调研公司协助下，通过预先询问参与意愿和方式，再发放调研问卷，因而问卷有效回收率非常理想。研究将邮寄问卷和网络调研两种方式收集的数据分组进行方差分析，结论显示不同方式所收集的数据没有显著性差异。样本企业具体情况如表 3-5 所示。

表 3-5　样本企业情况

企业年龄	3 年以下		3~7 年		8~12 年		12 年以上	
	46	14.067%	128	39.144%	80	24.465%	73	22.324%
企业规模	100 人以下		101~300 人		301~500 人		500 人以上	
	56	17.125%	71	21.713%	137	41.896%	63	19.266%
企业地域	重庆		天津		浙江		广东	
	96	29.358%	83	25.382%	88	26.911%	60	18.349%
企业性质	制造业				服务业			
	179		54.740%		148		45.260%	

资料来源：本研究整理。

总体而言，本研究样本企业在企业年龄方面分布比较平均，3~7 年比例最大，为 39.144%；企业规模方面，301~500 人规模企业占比最高，为 41.896%；在企业所在地分布方面，因是按照地区配额进行调查，企业地区分布比较平均，四个区域占比均在 20%左右；企业性质方面，制造业与服务业的比例大致为 55∶45，总体上企业性质分布还比较平均。

以上统计数据表明，样本企业指标特征总体上分布比较平均，能够有效兼顾企业在年龄、规模、地域和所在行业等方面的特点。因此，可以认为本研究样本企业数据整体情况不会对研究结论产生系统性偏差。

第三节　分析工具与数据评价

由于本研究由四个内容体系上相互独立，但逻辑关系上相互联系的子研究构成，因此，在研究数据分析方面，本节着重就数据分析的基本思路和方法进行总体性介绍。对于不同子研究所运用的特定分析方法将在子研究的研究方法介绍部分进行针对性说明。

一、数据分析工具

根据研究内容设计，基于不同的分析目的，本研究将运用不同的统计方法对研究数据进行整理和统计分析，如表 3-6 所示。

表 3-6　研究目的与分析方法

研究内容与目的	数据分析方法	分析软件	相关章节
①样本企业基本特征分析	百分比、频数分析	SPSS 15.0	第三章
②因变量、自变量和调节变量的描述性统计分析	均值、标准差等	SPSS 15.0	第四、第五、第六章
③研究数据的信效度检验、营销动态能力构成维度分析	探索性因子分析（EFA）、验证性因子分析（CFA）	SPSS 15.0	第四、第五、第六章
④营销动态能力构成维度的实证检验	结构方程模型（SEM）	AMOS 7.0	第四章
⑤营销动态能力形成机制分析、调节变量检验	结构方程模型（SEM）、多元线性回归技术（MLR）	SPSS 15.0 AMOS 7.0	第五章
⑥营销动态能力作用机制分析、调节变量检验	结构方程模型（SEM）、多元线性回归技术（MLR）	SPSS 15.0 AMOS 7.0	第六章
⑦营销动态能力的形成与作用机制	质化数据编码与分析		第七章

资料来源：本研究整理。

总体而言,研究使用定性加定量的分析方法,借助多种分析软件和研究工具,根据具体研究问题和数据情况选择适合的分析方法,以确保研究过程和结论的科学性。

二、数据质量评价

在对调研数据进行编码、录入和整理后,本研究将对数据的质量进行检验。研究数据的信度和效度是考察数据质量的关键指标,由于本研究将在以下各章中,结合各研究关键概念的测量对信效度进行系统检查。因此,本研究在此只对数据质量的综合评价策略和总体检验情况进行介绍。

(一)信度评价

管理学研究中比较常用的信度评价方法是评价测量的内部一致性,也就是评价测量指标或问项之间的同质性。常用的评价方式包括折半信度(Split-half Reliability)、库李信度(KR20,KR21),以及 Cronbach's α。本研究运用最常用的,针对 Likert 式量表开发的 Cronbach'α 评价指标。这种信度系数可以用以下的数学公式表示:

$$\alpha = \frac{k}{k-1}\left[1 - \frac{\sum \sigma_i^2}{\sum \sigma_i^2 + 2(\sum \sigma_{ij})}\right]$$

式中,$\sum \sigma_i^2$ 代表测量指标或问项的变异量。$\sum \sigma_{ij}$ 代表测量指标或问项 i 与 j 间的共同变异量,k 则指测验所包含的指标/问项数。当这些指标或问项完全不相关时,它们的共同变异量为零,测量的信度为零;测量指标或问项间相关性越高,它们的共同变异量越大,测量的信度也随之增大。

根据 Hinkin(1998)[①] 的观点,在实际研究中,Cronbach's α 值至少应该大于 0.70。为了提高测量的信度,在正式问卷形成过程中,即在预调研后,根据调研结果修正研究问卷的过程中,本研究遵循大多数研究的惯例,通过删除不合适的测量问项以提高内部一致性系数。与此同时,本研究也注意到,近年来管理学研究者已经开始对 0.7 标准提出质疑。Lance(2006)[②] 在讨论信度临界值(Reli-

---

[①] Hinkin T. A brief tutorial on the development of measures for use in survey questionnaires [J]. Organizational Research Methods, 1998, 1 (1): 104-121.

[②] Lance C., Butts M. & Michels L. The sources of four commonly reported cutoff criteria: What did they really say? [J]. Organizational Research Methods, 2006, 9 (2): 202-220.

ability Cutoff) 的问题时指出，并不是内部一致性系数，即 Cronbach's α 的值越高就越好。他们认为，当一个测量的内部一致性系数超出一定水平时，它不但不会有利于概念效度，反而会削弱测量的内容效度；在发展测量时，研究者应该注意平衡内部一致性和内容完整性之间的关系。因此，本研究通过删除不合适问项以提高一致性系数的基本前提是，预调研结论显示该概念测量的 Cronbach's α 值低于 0.7；当该值高于 0.7 时，即使通过删除问项可以显著提高 Cronbach's α 值，本研究也不对测量问项进行删除。

（二）效度评价

在统计学中，效度经常被定义为测量的准确性，或者是指量表能否测量到其所要测量的潜在概念。因此，效度系数越高，表示越能够测量到想要测量的概念。本研究主要涉及的效度指标包括表面效度、内容效度和概念效度三类。

表面效度指测量内容或测量指标与测量目标之间的适合性和逻辑相符性。表面效度是最浅层次上的效度，它指的是从表现上看，测验题目是否与测验目的一致。内容效度是指测量内容在多大程度上反映或代表了研究者所要测量的概念，它是建立测量概念效度的必要前提。依据 Haynes 等（1995）[①] 的建议，本研究首先遵循一定的理论架构，并通过专家访谈、预调研等操作手段，最终选择能够完全涵盖研究范围的测量问项，以使测量工具具备充分的内容效度。Schwab（1980）[②] 把概念的定义与测量之间的一致性程度称为概念效度。概念效度是由收敛效度（也称聚合效度）和判别效度（也称区分效度）组成。其中，收敛效度是指不同的测量问项是否可以用来测量同一概念，而判别效度则是指这些不同的潜变量是否存在显著的差异性。对测量质量的评价主要是在评估测量的概念效度，以此评价它在多大程度上测量了研究想要测量的特质或行为。

一般而言，三种情况会影响一个测量工具的概念效度：研究者的操作化定义，即概念的概念化出现了偏差、概念的概念化没有充分地反映目标概念，以及测量问卷缺乏信度（见图 3-6）。因此，本研究将着力于全面、准确地对核心概念进行操作化定义（即概念化），在测量问项设计上充分借鉴以往研究成果，并遵循科学、规范的问卷调研方法和步骤，以有效提高测量的概念效度。

[①] Haynes S. Richard D. & Kubany E. Content validity in psychological assessment: A functional approach to concepts and methods [J]. Psychological Assessment, 1995, 7 (3): 238–247.

[②] Schwab D. Construct validity in organizational behavior [J]. Research in Organizational Behavior, 1980, 2 (1): 3–43.

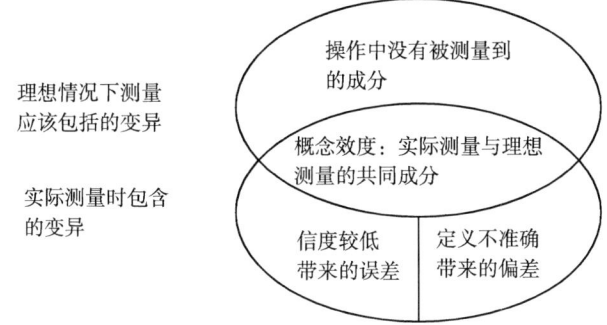

图 3-6 测量的概念效度及其影响因素

资料来源：陈晓萍，徐淑英，樊景立.组织与管理研究的实证方法 [M].北京：北京大学出版社，2008.

当进行问项设计和问卷开发时，运用特定的问项测量某一概念时，在测量问项（观测变量）与概念（潜在变量）之间的关系是有一定假设的，即假设特定的问项可以代表并测量某一概念。本研究通过验证性因子分析来判断问项与概念之间的假设关系是否与数据吻合。若证明假设是正确的，那么其收敛效度就得到相应的证明。至于区分效度，本研究通过各个概念之间的相关系数是否显著低于 1 来判断。

除此之外，共同方法偏差和非回应误差是影响数据质量的另外两个重要问题。[1] 共同方法偏差指的是因为同样的数据来源或评分者、同样的测量环境、项目语境以及项目本身特征所造成的预测变量与效标变量之间人为的共变，其控制方法分为程序控制和统计控制两类。在程序控制方面，本研究借鉴 Podsakoff 等 (2003)[2] 的建议，在问卷开发阶段运用多问项测量每一个变量，从而有效地避免由单一问项可能造成的共同方法偏差问题；其他的辅助措施还包括在问卷具体问项的设计中，恰当地保护被调查者的匿名性、减小其对测量目的的猜度，同时平衡项目的顺序效应。在统计控制方面，本研究主要借鉴周浩和龙立荣 (2004)[3] 的研究建议，运用 Harman 单因素检验方法对研究数据的共同方法偏差进行检验。数据分析结果显示，没有析出单独的一个因子，也没有一个因子能解释大部分的

---

[1] Podsakoff P. & Organ D. Self-reports in organizational research: Problems and prospects [J]. Journal of Management, 1986, 12 (4): 531-544.

[2] Podsakoff P., MacKenzie S. & Lee J. Common method biases in behavioral research: A critical review of the literature and recommended remedies [J]. Journal of Applied Psychology, 2003, 85 (5): 879-903.

[3] 周浩，龙立荣.共同方法偏差的统计检验与控制方法 [J].心理科学进展，2004 (6): 942-950.

变异量,即没有某个因子解释力特别大。因此,可以认为包括研究测量的共同方法偏差效应并不显著,对研究结论不会造成严重的影响。①

对问卷调查中非回应误差的检验,本研究采取的方法是将问卷回答者分为两组,即前期回答组和后期回答组,然后分析两组数据在均值、标准差以及其他统计变量方面的差异性。分析显示,两组数据并没有显著的差异性,因此可以认为本研究的数据收集较好地规避了非回应误差的问题。

---

① Livingstone L., Nelson D. & Barr S. Person-environment fit and creativity: An examination of supply-value and demand-ability version of fit [J]. Journal of Management, 1997, 23 (2): 119-146.

第四章 营销动态能力的内涵与构成维度

对营销动态能力内涵与构成的研究是本研究的理论基础与逻辑起点。因此，本章研究立足于回答"营销动态能力是什么？""营销动态能力由哪些维度构成？"两大基本问题。首先，对营销动态能力的理论渊源进行系统梳理，进而对营销动态能力的基本内涵进行界定，并明确营销动态能力与其他相关概念的逻辑关系；其次，通过深度访谈收集质化数据，并运用内容分析方法，对营销动态能力的构成维度进行理论与实证探究；最后，通过大样本数据，运用实证分析方法对构成维度进行检验，并最终确定营销动态能力量表，为后续实证研究提供工具基础。

第一节 营销动态能力的理论溯源

本节基于动态能力观产生及深化的分析思路，分析动态能力观产生于对资源基础观的完善与补充，并不断拓展其理论解释与分析范围，与一般管理、运营管理、研发管理等研究领域结合，着力分析与探讨动态能力观与营销研究整合的现状与趋势。

一、动态能力观的产生与拓展

资源基础观（RBV）强调企业独特的资源或能力是竞争优势的来源。其中，资源反映企业掌握的存量组织要素，而能力代表企业配置资源的技能或手段，通过组织流程影响企业绩效水平;^①只要资源或能力具备价值性与稀缺性,企业就将获取竞争优势;为了维持竞争优势,则要求资源或能力具有难以模仿和不可替代的特征。^②然而,从本质上讲,资源基础观是静态的,忽略环境演变对企业行为及绩效的影响,并不能很好地解释企业在持续变化的市场环境中如何获取和维持竞争优势。^③

动态能力观是资源基础观的有效完善和适宜补充。动态能力观关注资源或能力的演化特质,认为企业可以从现有资源或能力条件中持续发掘新的资源或能力,不断建立新的竞争优势,从而实现对长期竞争优势的获取。^④ Teece 等(1997)指出动态能力是企业整合与重构组织现有资源及能力,以应对组织外部快速变化环境的二阶组织能力。^⑤这一观点强调动态能力的二阶组织能力属性,它是通过重置资产、知识与技能等企业资源基础或能力组合实现其功效。然而,有研究则质疑将动态能力界定为"改变能力的能力",即二阶能力存在逻辑上的同义反复,且含糊不清,并不能体现出这一概念逻辑和内涵的可探测性和独立性;还指出动态能力应该是特殊的、可识别的组织流程或惯例,是企业运用现有资源满足市场需求或创造市场变化的战略性过程。^⑥同时,它还可以被视为一种学习型集体活动模式,通过组织内的有效学习和改进,系统地修正和完善组织流程,进而提高组织效能。^⑦

动态能力观起源于战略管理领域,其理论观点和框架也已经拓展至人力资源管理、运营管理等其他研究领域。但动态能力观仍存在着诸多不足,并受到一些

---

① Amit R. & Schoemaker P. Strategic assets and organizational rent [J]. Strategic Management Journal, 1993, 14 (2): 33–46.

② Barney J. Firm resources and sustained competitive advantage [J]. Journal of Management, 1991, 17 (1): 99–120.

③ Wang C. & Ahmed P. Dynamic capabilities: A review and research agenda [J]. International Journal of Management Reviews, 2007, 9 (1): 31–51.

④ Eisenhardt K. & Martin J. Dynamic capabilities: What are they [J]. Strategic Management Journal, 2000, 21 (10/11): 1105–1121.

⑤ Teece D., Pisano G. & Shuen A. Dynamic capabilities and strategic management [J]. Strategic Management Journal, 1997, 18 (7): 509–533.

⑥ 周晓东,项保华.复杂动态环境、动态能力及战略与环境的匹配关系 [J].经济管理,2003 (3): 12–18.

⑦ Zollo M. & Winter S. Deliberate learning and the evolution of dynamic capabilities [J]. Organization Science, 2002, 13 (3): 339–351.

第四章 营销动态能力的内涵与构成维度

质疑。①② Barreto (2010) 明确指出，动态能力观就像"大帐篷"，且缺乏针对性；动态能力的研究应该从目前的理论扩散阶段转向选择性保留阶段，将现有理论观点拓展和深化到更聚焦的研究领域。③

二、动态能力观的营销应用

随着顾客偏好、竞争行为与技术趋势等这些市场环境中的关键要素不断地发生变化，企业获取竞争优势的难度持续增大，维持竞争优势的市场周期却不断减少。④这无不预示着企业竞争越发激烈，生存环境严酷。企业如何在日趋动荡和不确定的环境下生存和发展，成为管理学理论与实践界共同关注的议题。

当环境复杂性与不确定性不断增强，企业必须具备快速而有效的适应能力，才能获取和维持市场竞争优势。⑤而在企业市场开发与管理方面，发展营销能力以应对市场竞争，既是动荡环境下企业回应市场环境挑战的重要举措，更是营销管理在战略层面扮演关键角色的重要体现。⑥然而，虽然我国企业在改革开放和市场化进程中组织能力日趋增长和完善，但企业在营销活动中缺乏对市场环境变化及时响应的能力，仍制约着企业将环境机会转化为市场机会。⑦同时，随着环境动荡性增强，营销管理领域的组织能力与环境需求之间差距逐步扩大。组织营销能力方面的"马太效应"则要求企业必须弥合不断加大的差距，那么企业营销能力必须从静态转向动态，注重对市场环境的关注与响应。⑧

动态能力观为企业营销能力开发提供了新的思考方向与行动路径。将动态能力观嵌入营销能力研究，是非常有价值的发展方向。⑨2009~2015年，国内外学者

---

① Newbert S. Empirical research on the resource-based view of the firm: An assessment and suggestions for future research [J]. Strategic Management Journal, 2007, 28 (2): 121-146.
② 杜建华, 田晓明, 蒋勤峰. 基于动态能力的企业社会资本与创业绩效关系研究 [J]. 中国软科学, 2009 (2): 115-126.
③ Barreto I. Dynamic capabilities: A review of past research and an agenda for the future [J]. Journal of Management, 2010, 36 (1): 256-280.
④ Wiggins R. & Ruefli T. Schumpeter's ghost: Is hyper competition making the best of times shorter [J]. Strategic Management Journal, 2005, 26 (7): 887-911.
⑤ Reeves M. & Deimler M. Adaptability: The new competitive advantage [J]. Harvard Business Review, 2011, 89 (7/8): 134-141.
⑥ Jaworski B. On managerial relevance [J]. Journal of Marketing, 2011, 75 (4): 211-224.
⑦ 陈春花. 民营企业的变化与超越 [J]. 清华管理评论, 2011 (6): 14-17.
⑧ Day G. Closing the marketing capabilities gap [J]. Journal of Marketing, 2011, 75 (4): 183-195.
⑨ 韩德昌, 韩永强. 营销能力理论研究进展评析及未来趋势展望 [J]. 外国经济与管理, 2010 (6): 52-58.

在这方面进行了大量卓有成效的探索和研究。Fang 和 Zou（2009）在对中国合资企业的研究中首先提出并界定"营销动态能力"概念，将其界定为"在应对市场变化时，企业为创造和传递顾客价值的跨部门业务流程的反应性和效率"；[1] 随后，营销动态能力概念因其符合理论趋势和实践需求得到了国内外研究的积极响应，后续研究开始不断呈现。[2] 但是，早期研究对营销动态能力内涵的探讨大都聚焦于国际营销管理这一特定情境，对营销动态能力概念的内涵也缺乏一致理解。同时，所有涉及营销动态能力构成维度的研究均是直接借鉴或延伸 Fang 和 Zou（2009）的理论观点，运用表现型维度解构营销动态能力概念，即将营销动态能力划分为产品开发管理、供应链管理和顾客关系管理等核心业务流程。[3] 这种维度划分方法聚焦于营销动态能力在营销管理中的具体表现，对研究初期理解营销动态能力具有积极意义。但是，通过对实践观察仍可以发现，对于那些实施业务外包，或者定位于产业链不同环节的企业，可能自身没有产品开发或顾客关系管理业务流程，营销动态能力的解释力便受到挑战。因而，从表现型维度解构营销动态能力存在一定缺陷，这一概念对实践的解释力受到挑战。

为增强营销动态能力的理论解释力和实践普适性，本研究试图采取混合研究方法，在梳理营销动态能力理论渊源的基础上，界定营销动态能力概念，进而从构成型维度对其结构进行分析，并开发和检验营销动态能力量表。本研究既为企业培育营销动态能力提供方向指引，也为后续实证研究提供工具基础。

第二节 营销动态能力的内涵界定

本节在现有研究对营销动态能力概念的理解和界定基础上，提出对营销动态能力内涵的理解，并着力分析营销动态能力概念与其他相关概念的联系与区别，以确立营销动态能力所探讨的理论范围和研究边界。

---

[1] Fang E. & Zou S. Antecedents and consequences of marketing dynamic capabilities in international joint ventures [J]. Journal of International Business Studies, 2009, 40 (5): 742-761.

[2] Maklan S. & Knox S. Dynamic capabilities: The missing link in CRM investments [J]. European Journal of Marketing, 2009, 43 (11/12): 1392-1410.

[3] 许晖, 李巍, 王梁. 市场知识管理与营销动态能力构建：基于天津奥的斯的案例研究 [J]. 管理学报, 2011 (3): 323-331.

第四章 营销动态能力的内涵与构成维度

一、营销动态能力概念提出

将动态能力观嵌入营销能力研究，探究营销动态能力的内涵与维度是聚焦动态能力研究的重要方向。动态能力观关注企业通过对不断变化的外部经营环境进行有效的内部组织响应，以获取和维持竞争优势；营销能力则聚焦企业运用营销资源满足市场需求，从而建立竞争优势的营销管理过程。当企业营销管理面临充满复杂性与不确定性的市场环境时，将动态能力观与营销能力研究相结合便具有理论价值与现实意义。①

在动态能力观与营销能力整合研究的基础上，② Fang 和 Zou（2009）首次提出营销动态能力概念，并将其定义为"企业为应对市场环境变化，在创造和传递顾客价值的跨部门业务流程中所具备的反应性和效率"，以此强调营销动态能力是企业在面对复杂和不确定环境时，营销管理领域的特定组织能力，它是通过跨部门业务流程的反应速度和效率体现的。对营销动态能力这一界定并没有正面回答"营销动态能力本质是什么的"这一关键问题。因此，许晖等（2011）基于流程观视角，认为营销动态能力是企业对营销相关资产和知识进行动态整合及配置，以创造和传递顾客价值，并最终获取和维持竞争优势的高反应性及高效率组织流程。在维度划分方面，继承 Fang 和 Zou（2009）的观点，认为营销动态能力由产品开发管理、供应链管理和顾客关系管理三个维度组成。然而，将营销动态能力直接与高反应性和高效率业务流程等同，目前还缺乏足够的理论与实证支持；而将营销动态能力结构维度划分为若干核心业务流程，从本质上讲，是表现型维度，即营销动态能力表现在若干核心业务流程的反应性与效率方面，并没有准确反映其本质内涵。③

二、营销动态能力的概念界定

动态能力观认为，面对持续变化的竞争环境，企业能够通过更全面地向顾客和竞争者学习，更快地优化核心业务流程，持续整合与配置现有组织资源以应对

---

① Griffith D., Noble S. & Chen Q. The performance implications of entrepreneurial proclivity: A dynamic capabilities approach [J]. Journal of Retailing, 2006, 82 (1): 51–62.
② Vorhies D., Foley L., Bush V. & Clark M. Market-based dynamic capabilities and firm performance [J]. American Marketing Association, 2007, (Winter): 282–283.
③ 陈晓萍，徐淑英，樊景立. 组织与管理研究的实证方法 [M]. 北京：北京大学出版社，2008.

新的竞争态势，比竞争对手更有效地创造和传递顾客价值，从而持续获取高水平经营绩效。[1] 营销动态能力作为动态能力在营销职能领域的特定形式，更加聚焦对市场相关资源的重置和整合，使企业更有效地应对市场环境变化，优化和提升营销活动的效率和效益，从而帮助企业获取更优的市场位势。

基于以上分析，本研究认为营销动态能力是企业建立、联结和配置市场资源，以识别、创造和传递顾客价值的整合性组织流程。对于这一界定，可以从以下几个方面进行理解：

首先，营销动态能力基本形态是组织流程，是组织整合和利用知识、技能等组织资产的综合性管理流程。营销动态能力的流程观点既体现 Eisenhardt 和 Martin（2000）认为"动态能力视为独特的、可识别的组织流程"的分析思路，[2] 也符合"能力本身不是资源，而是运用资源增加价值的管理流程"的营销能力流程观。[3]

其次，营销动态能力的本质内涵是"二阶能力"，即对市场相关资源的建立、联结和配置，它是企业基础能力的重要组成部分。这继承了 Teece 等（1997），[4] 以及 Eisenhardt 和 Martin（2000）等强调动态能力应具备的"持续改变现有资源基础，以适应竞争环境演化"的能力特质。这一内涵强调营销动态能力驱动企业绩效并不是直接发生作用，而是通过对企业配置和利用等活动的影响，达到对有助于优化组织绩效输出的正向效应。

最后，营销动态能力的核心价值是帮助企业更好地识别、创造和传递顾客价值。聚焦顾客价值既是企业营销管理活动的出发点和落脚点，又是营销管理区别于财务管理、人力资源管理、生产管理等其他重要管理职能的关键方面，更体现营销动态能力是动态能力在营销管理领域的特定形式，是动态能力观与营销能力研究的结合，有效地将营销动态能力与其他形式的动态能力（如研发动态能力、[5]

---

[1] 苏敬勤，刘静. 复杂产品系统中动态能力与创新绩效关系研究 [J] 科研管理，2013（10）：75-83.

[2] Eisenhardt K. & Martin J. Dynamic capabilities: What are they [J]. Strategic Management Journal, 2000, 21 (10/11): 1105-1121.

[3] Vorhies D. An investigation of the factors leading to the development of marketing capabilities and organizational effectiveness [J] Journal of Strategic Marketing, 1998, 6 (1): 3-23.

[4] Teece D., Pisano G. & Shuen A. Dynamic capabilities and strategic management [J]. Strategic Management Journal, 1997, 18 (7): 509-533.

[5] Li L., Wu S. & Lin B. An empirical study of dynamic capabilities measurement on R&D department [J]. International Journal of Innovation and Learning, 2008, 5 (3): 1-13.

第四章 营销动态能力的内涵与构成维度

创新动态能力①）区分开。

三、营销动态能力与其他关键概念的区别

（一）营销动态能力与营销能力

从一般意义上讲，营销动态能力不同于普通的营销能力。从营销活动的功能角度讲，营销能力是推动企业履行营销管理职能的组织能力。因而，在 Bruni 和 Verona（2009）②看来，营销能力通过满足当前顾客需求，利用现有产品和分销渠道以及宣传现有品牌，从而帮助企业在均衡状态中获得生存。例如，Day（1994）③强调渠道组合是一种营销能力，它帮助企业强化与分销商的关系；Danneels（2002）④识别出一类特殊的营销能力，即顾客能力，它能够帮助企业更好地服务特定顾客。从营销管理的内涵视角看，营销能力包含企业在产品开发、价格制定、渠道建设以及营销传播方面的资产、知识或技能，即围绕营销组合（4Ps）形成的组织能力。⑤与之相对，营销动态能力支持企业改变其固定的营销流程和资源基础，以创造和传递顾客价值。从实现机制而言，营销动态能力尤其聚焦于释放和整合市场相关资源（资产、知识和能力），从而帮助企业取得进步。

综上所述，在本研究中，作为二阶能力的营销动态能力聚焦于改变包括营销能力在内的，与营销及市场领域相关的资源和能力。由此可见，营销动态能力（一种元能力）与营销能力（一种普通能力）之间是层级关系，而非替代或者交叉关系。

（二）营销动态能力与市场导向

Narver 和 Slater（1995）⑥在对市场导向进行讨论时指出，市场导向与企业服务于顾客需求的整体价值观和经营哲学紧密联系，它主要体现在顾客导向、竞争导向和跨部门协调方面，或者体现为企业在信息收集、传播和反应过程中的各类

---

① Cheng C. & Chen J. Breakthrough innovation: The roles of dynamic innovation capabilities and open innovation activities [J]. Journal of Business and Industrial Marketing, 2013, 28 (5): 5-16.
② Bruni D. & Verona G. Dynamic marketing capabilities in science-based firms: An exploratory investigation of the pharmaceutical industry [J]. British Academy of Management, 2009, 20 (S): 101-117.
③ Day G. The capabilities of market-driven organizations [J]. Journal of Marketing, 1994, 58 (4): 37-52.
④ Danneels E. The dynamics of product innovation and firm competences [J]. Strategic Management Journal, 2002, 23 (12): 1095-1121.
⑤ 李巍, 王志章. 营销能力对企业市场战略与经营绩效的影响研究 [J]. 软科学, 2011 (1): 114-119.
⑥ Slater S. & Narver J. Market orientation and the learning organization [J]. Journal of Marketing, 1995, 59 (3): 63-74.

活动。企业对市场变化,特别是顾客变化的反应对于企业获取竞争优势尤为关键。然而,营销动态能力并不简单地等同于企业在营销管理活动中所坚持的市场导向组织哲学或管理行为。在 Fang 和 Zou (2009)[①] 看来,营销动态能力是企业在对市场变化进行反应时"营销"这一特殊功能领域的能力,它主要通过企业的跨部门业务流程的效率和反应性具体体现。一个基于市场导向理念的企业可能具备、也可能不具备营销动态能力,因为作为营销动态能力的重要表现——企业的跨部门业务流程的效率和反应性是独特的,它们很难被其他企业模仿。

由此可见,企业市场导向体现的是企业整体价值观或者经营哲学,它可能是企业与文化的背景,也可能是行为的一部分;而营销动态能力本质上是企业整合性组织流程或惯例,它可能受市场导向的驱动,并成为市场导向企业的重要表现形式。

(三) 营销动态能力与动态营销能力

虽然在以往有关营销动态能力的研究中,有的研究者使用"动态营销能力"(例如,Bruni 和 Verona,2009;韩永强和王强,2010;Barrales-Molina 等,2014;Tsai,2015),"市场基础型动态能力"(例如,Vorhies 等,2007)或者"建构型营销能力"(例如,Vorhies 等,2009)这些与营销动态能力内涵基本相类似的概念,它们本质上都是阐述的一种营销领域的"元能力",即改变营销资源基础和技能的能力。考虑到营销动态能力的动态能力实质,并和动态营销能力相区分,本研究将讨论对营销资源基础进行整合和重置的"二阶能力"均视为"营销动态能力",以强调其动态能力的本质,并认为"动态营销能力"概念与国内研究者所研究的"持续营销能力"概念(例如,王利政和许正良,2005,2007;王利政,2010)在内涵上具有一致性,即其理论基础是营销能力,它分析和讨论的焦点在于企业营销能力动态(或持续)发展的状态或者过程。

总而言之,在本研究中,营销动态能力的理论基础是动态能力理论,它强调的是对企业营销能力和资源的整合与重置,是一种"二阶能力"或者"元能力";而动态营销能力的理论基础是营销能力理论,它强调的是营销能力随着企业内外部环境变化,而动态发展和持续更新的本质特点,是一种"一阶能力"或者"普通能力"。

---

① Eric Fang. & Shaoming Zou. Antecedents and consequences of marketing dynamic capabilities in international joint ventures [J]. Journal of International Business Studies, 2009, 40 (5): 742-761.

第四章 营销动态能力的内涵与构成维度

第三节 营销动态能力的构成维度

在没有现实可参考文献的情况下,研究通过深度访谈和内容分析等质化研究方法,从构成型维度视角,对营销动态能力的结构维度进行探索。一方面明确营销动态能力的内在结构,另一方面为营销动态能力测量工具开发提供理论框架和分析路径。

一、营销动态能力构成维度的内容分析

目前,国内外研究尚无从构成型维度层面对营销动态能力的结构维度进行分析。因此,本研究将运用内容分析方法,对营销动态能力的构成维度进行研究,并据此开发营销动态能力测量工具。具体实施步骤为:首先,对企业营销管理者进行深度访谈,以获取第一质化数据和资料;其次,从质化数据中,通过内容分析的方式,经过归纳和聚类过程,发掘营销动态能力的基本维度。营销动态能力测量工具的开发也是基于运用半结构化深度访谈法获取有关营销动态能力维度的基本资料,再运用内容分析技术分析资料,离析出营销动态能力结构维度的基本类别与条目。

(一)深度访谈

在重庆某培训机构举办的××大学总裁班选择50名学员进行深度访谈。本课题负责人为该培训机构的高级顾问和培训讲师,因而在选择和接触被访对象方面具有一定优势。被访对象选择的具体标准为:

(1)被访对象担任所在企业市场部门经理(或总监)或分管副总经理以上职位;

(2)被访对象所在企业经营绩效在行业中处于中上等水平。

通过前述营销动态能力的概念分析可以发现,营销动态能力是企业内部的整合性组织流程,而非特定资源要素;它用于重置或整合市场资源,而非直接为企业带来绩效输出;它有效聚焦于顾客价值的识别、创造和传递。因此,本研究聚焦以下三个问题为切入点,展开深度访谈活动:

(1)哪些营销管理环节会影响企业对市场的反应速度?

(2) 企业怎样实现对市场资源的有效整合与配置？

(3) 企业如何能够有效且快速地为顾客创造价值？

以上三个议题能够比较全面地映射营销动态能力的本质内涵，能够切实反映企业营销管理领域在增强企业市场响应水平方面的关键环节和重要活动。通过对被访对象深度访谈所获取的质化资料对分析营销动态能力的结构维度具有重要价值。

深度访谈为"3+1"开放式交流，即课题组3名成员面对1名被访对象；深度访谈时间不低于40分钟。访谈过程由1名课题组成员进行提问，并引导和控制整个交流过程，确保被访对象谈论话题与本研究议题紧密相关，课题组2名成员进行协助提问，并主要负责进行访谈内容的书面记录。同时，为了保证记录的准确性和全面性，深度访谈在被访对象知晓和许可前提下进行全程录音。访谈结束后，课题组记录人员先单独对照录音进行访谈记录整理，形成个人访谈记录；然后再小组进行汇总和讨论，形成最终深度访谈记录。

（二）质化数据分析

在质化数据分析部分，研究将深度访谈记录进行整理和归类处理，运用内容分析方法，以陈述句为分析单元进行质化数据编码，共得到815条初始陈述句。

在对初始陈述句进行整理过程中，首先，删除与营销动态能力内涵明显不符合的陈述句47条，以及语义含糊不清的陈述句32条。其次，对剩余陈述句进行初步归类，合并表达方式不同且内容相近的陈述句；共获得95条有效陈述句。最后，对有效陈述句进行概念层次的合并，初步形成环境扫描、职能协调、渠道整合、营销传播、柔性决策和知识吸收共六大基础类别。

其中，环境扫描被定义为"企业对外部环境信息进行全方位、多层面地收集和整理"；职能协调是指"企业各职能部门在价值观念、组织原则和行为方式方面具备一致性"；渠道整合反映"企业综合利用各类渠道，降低顾客购买成本，增加顾客价值"；营销传播代表"企业及时、有效地通过多种载体，以及传播方式将营销信息传递给目标顾客"；柔性决策是指"企业决策方式与过程兼顾集权和分权，决策实施平衡贯彻与修正"；知识吸收表明"企业各职能部门，以及高层管理者充分理解和运用关键市场信息"。具体陈述语句分布，如表4-1所示。

第四章 营销动态能力的内涵与构成维度

表 4-1 营销动态能力概念的陈述句归类

类别	定义	典型陈述	频次	提及率(%)
环境扫描 ES	企业对外部环境信息进行全方位、多层面地收集和整理	ES1. 企业周期性地对顾客、竞争者的现状进行系统评估	48	96
		ES2. 市场发生重大变化时，企业能及时察觉	45	90
		ES3. 及时、准确地把握政府管理部门的方针、政策等	42	84
		ES4. 企业对本产业的现状与发展趋势有比较准确的认识	40	80
		ES5. 对竞争对手市场战略的重要变化及时察觉	33	66
		ES6. 市场部门管理者经常与大客户保持交流和沟通	28	56
职能协调 FC	企业各职能部门在价值观念、组织原则和行为方式方面具备一致性	FC1. 营销部门能够与其他关键职能部门通力合作	47	94
		FC2. 维护企业整体利益是各职能部门开展工作的首要原则	45	90
		FC3. 当市场发生变化，企业职能部门能够统一思想和行动	45	90
		FC4. 各部门管理者保持充分沟通、行动配合紧密	31	62
		FC5. 企业各职能部门都将顾客利益作为部门工作首要原则	28	57
		FC6. 财务、人力等部门能够对营销活动给予积极支持	27	54
渠道整合 CI	企业综合利用各类渠道，降低顾客购买成本，增加顾客价值	CI1. 企业的渠道设计能够有效地降低顾客购买成本	48	96
		CI2. 企业有效降低产品配送时间和成本等	45	90
		CI3. 目标顾客能够比较容易地知晓和购买到企业产品	43	86
		CI4. 企业产品从研发到上市的时间进程比较短	36	72
		CI5. 企业与渠道成员建立互惠合作关系	35	70
		CI6. 企业市场推广得到渠道成员的全力支持	32	64
		CI7. 企业综合运用多种渠道让目标顾客了解企业和产品	28	56
营销传播 MC	企业及时、有效地通过多种载体，以及传播方式将营销信息传递给目标顾客	MC1. 在广告、促销等方面进行大量的资源投入	47	94
		MC2. 企业能够灵活运用多种媒介展开营销传播活动	42	84
		MC3. 企业能够准确地向目标顾客传递产品等市场信息	38	76
		MC4. 通过广告，在市场上建立具有影响力的品牌	35	70
		MC5. 企业擅长综合使用多种手段向目标顾客进行营销推广	29	58
柔性决策 FD	企业决策方式与过程兼顾集权和分权，决策实施平衡贯彻与修正	FD1. 管理者能够针对市场重要变化快速地进行决策	45	90
		FD2. 企业营销决策能够在执行中根据环境进行调整	42	84
		FD3. 各级管理者都拥有一定的市场决策权力	40	80
		FD4. 一线员工能够对营销决策效果进行及时反馈	35	70
		FD5. 企业各个职能层级拥有相应的自主决策权力	31	62
		FD6. 一线销售人员拥有一定自主权	27	54

续表

类别	定义	典型陈述	频次	提及率(%)
知识吸收 KA	企业各职能部门，以及高层管理者充分理解和运用关键市场信息	KA1. 关键市场信息能够在企业各部门快速传播和分享	46	92
		KA2. 营销决策建立在对市场信息充分收集和利用的基础上	44	88
		KA3. 高层管理者们经常对环境变化进行分析讨论	41	82
		KA4. 各部门经理经常沟通和交流市场信息	37	74
		KA5. 重要市场信息能够快速地传递给企业高管	35	70
		KA6. 市场部门所有管理者和员工能充分了解市场现状	29	58

注：仅收录提及率超过50%的36条典型陈述句。
资料来源：本研究计算整理。

二、营销动态能力构成维度的量化检验

为检验上述归类范畴的适当性，借鉴柯江林等（2009）的研究方法，[①] 让第三方对有效陈述句进行反向归类，即让3位未参加初步归类的课题组成员首先明晰上述六大基础类别及其定义，然后将有效陈述句分别放入相对应类别中。

反向归类结果显示，71条陈述句被三位研究者正确分配到相对应类别中，占比74.736%；13条陈述句被两位研究者正确分配到相对应类别中，占比13.684%；7条陈述句仅被1位研究者正确分配到相对应类别中，占比7.368%；4条陈述句都未被研究者分配到相对应类别中，占比4.212%。删除4条没有被正确分配到相对应类别的陈述句，剩余91条陈述句归类情况如表4-1所示。

研究对上述类别的划分是建立在小样本深度访谈及内容分析的基础上，旨在增强营销动态能力概念体系的理论逻辑和内容效度，为维度研究与量表开发提供基础资料。因此，营销动态能力的实际结构维度还需通过大样本数据收集和分析的实证过程进一步检验。

[①] 柯林江，孙建敏，李永瑞. 心理资本：本土量表的开发及中西比较 [J]. 心理学报，2009（9）：875-888.

第四节 营销动态能力的量表开发

研究先通过小规模样本调研数据，对营销动态能力量表进行初步检验，净化测量问项；然后通过大样本数据，对已开发的营销动态能力量表进行科学、系统和严谨地检测，以确保营销动态能力量表开发过程和结果的科学性及有效性。

一、初始量表与预调研

研究对内容分析所得到的典型陈述条目措辞（见表 4-1）进行细微修改后，形成包含 36 个问项的营销动态能力初始量表。因已有研究发现中国人倾向于选择奇数量表上的中间值，① 因而营销动态能力量表所有测量问项均运用 Likert 六点量表来评估（1=非常不同意，6=非常同意），不设立中间值可以减少反应偏差。

初始量表预测试的研究数据来源于重庆某机构举办的××大学总裁班学员，被调查对象的选择标准与深度访谈选择标准一致，被调查对象不包含深度访谈对象。课题组共发放问卷 150 份，回收问卷 138 份，其中有效问卷 125 份，有效回收率为 83.333%，样本企业情况如表 4-2 所示。

表 4-2 样本企业情况（n=125）

企业年龄	3 年以下		3~7 年		8~12 年		12 年以上	
	21	16.800%	57	45.600%	32	25.600%	15	12.000%
企业规模	100 人以下		101~300 人		301~500 人		500 人以上	
	31	24.800%	71	56.800%	10	8.000%	13	10.400%
企业性质	制造业				服务业			
	73		58.400%		52		41.600%	

资料来源：本研究计算整理。

二、量表纯化与结构化

研究对营销动态能力初始量表的结构进行探索性因子分析。在因子分析前，

---

① Chiu C. & Yang C. Chinese subjects' dilemmas: Humility and cognitive laziness as problems in using rating scale [J]. Bulletin of the Hong Kong Psychological Society, 1987, 18 (1): 39-50.

企业营销动态能力研究

首先进行项目分析,以对测量问项进行提纯。第一步,对初始问项进行难度值检测。36 个问项的难度值为 0.49~0.93,删除难度值超过 0.90 的 5 个项目。第二步,对剩下 31 个问项进行独立样本 t 检验,以考察问项的区分度。4 个项目没有达到 0.05 显著水平,予以删除。通过以上纯化步骤形成包含 27 个问项的营销动态能力初始量表。

在探索性因子分析中,根据 Widaman (1993) 的方法建议,① 使用主轴因子法提取因子,同时考虑到各维度间可能存在相关性,运用 Promax 转轴法进行斜交旋转处理。数据结论显示,Bartlett 球形检验值为 1837.362 (p<0.001),KMO 值为 0.856,表明相关矩阵不为单位矩阵,该量表适合做因子分析。根据特征值与碎石图结果确定抽取因素的数目,并将判断是否保留一个问项的标准定为:①该测量问项在某因子上的载荷超过 0.5 水平;②该测量问项不存在交叉负荷,即在两个因子上的负荷之差大于 0.2 水平。

探索性因子分析结论显示(见表 4-3),抽取三个因子是最合理的,三因子累积方差贡献率达到 75.908%。从因子结构上看,因子 1 有 7 个问项,均为测量"环境扫描"和"知识吸收"的问项,将其命名为"市场感知";因子 2 有 8 个问项,均为测量"营销传播"和"渠道整合",被命名为"顾客响应";因子 3 有 7 个问项,均为测量"柔性决策"和"职能协调",命名为"界面协同"。因此,可以初步认为,营销动态能力由市场感知、界面协同和顾客响应三因子构成。

表 4-3 营销动态能力初始量表的探索性因子分析 (n=125)

测量问项	因子1	因子2	因子3	特征值	解释方差比例 (%)	累积解释方差比例 (%)	因子命名	α 值
ES2	0.862							
KA1	0.835							
ES1	0.771							
KA5	0.754			6.945	46.812	46.812	市场感知	0.817
ES4	0.642							
KA3	0.617							
KA2	0.595							

① Widaman F. Common factor analysis versus principal component analysis: Differential bias in representing model parameters [J]. Multivariate Behavioral Research, 1993, 28 (2): 263-311.

第四章 营销动态能力的内涵与构成维度

续表

测量问项	因子1	因子2	因子3	特征值	解释方差比例（%）	累积解释方差比例（%）	因子命名	α值
MC2		0.873						
CI3		0.867						
MC5		0.792						
MC3		0.754		3.852	19.351	66.163	顾客响应	0.853
CI7		0.719						
CI1		0.665						
CI4		0.627						
FD2			0.837					
FD1			0.791					
FC3			0.752					
FC1			0.736	2.976	9.745	75.908	界面协同	0.789
FC2			0.719					
FC5			0.682					
FD3			0.634					
FD6			0.618					

资料来源：本研究计算整理。

研究使用 Cronbach's α 值评价量表的内部一致性。数据显示（见表4-3），营销动态能力量表的整体 α 值为 0.837，三大维度的 α 值均高于 0.7 水平。结论表明，包含 22 个问项的营销动态能力量表具有很好的内部一致性水平。

三、量表的结构分析

在完成量表开发与预测试，并根据调查过程和结果中反映出的问题对量表问项措辞进行细微修改后，形成营销动态能力的正式量表。为进一步增强量表的科学性，研究通过大样本研究数据的收集和分析，对量表有效性进行检验。研究数据收集在专业市场调研公司的协助下进行，调查历时 45 天，发放问卷 400 份，回收问卷 369 份，其中有效问卷 327 份，有效回收率为 81.750%。数据收集过程及样本企业情况已在第三章进行论述。

探索性因子分析已将营销动态能力划分为市场感知、界面协同和顾客响应三大维度。营销动态能力量表开发中，这三类子能力是否可以界定为独立的维度，以及考虑到营销动态能力的三大维度存在一定相关关系，有可能存在一种两维结构，即营销动态能力中两个因子共同构成一个维度，另一个因子构成另一个维度。或者，有可能营销动态能力本身就是一个单因子结构。因此，为验证三维度结构模型结构是否是营销动态能力的最佳测量模型,研究根据 Anderson 和 Gerbing（1988）方法建议,[①] 通过验证性因素分析对三因子模型与单因子模型、双因子模型分别进行比较,以确定最佳的匹配模型。

研究运用 LISREL8.7 软件对数据进行验证性因子分析。因假设模型和备择模型是嵌套的,为比较不同模型的拟合水平,除了卡方检验,近似误差指数（RMSEA）、拟合优度指数（GFI）以及相对拟合指数（CFI）等重要指标值也进行比较。数据结论显示（见表 4-4）:三因子模型明显优于单因子和双因子模型,且三因子模型各项指标值均达到或优于标准值。因此,将营销动态能力划分为市场感知、界面协同和顾客响应三类子能力是比较理想的测量模型。

表 4-4 不同模型间的验证性因子分析（n=327）

模型	χ^2	df	χ^2/df	RMSEA	GFI	CFI
1. 单因子模型（因子 1+因子 2+因子 3）	1510.704	78	19.368	0.283	0.593	0.718
2. 双因子模型（因子 1+因子 2）	284.716	53	5.372	0.109	0.837	0.876
3. 双因子模型（因子 1+因子 3）	386.635	53	7.295	0.127	0.722	0.792
4. 双因子模型（因子 2+因子 3）	215.551	53	4.067	0.094	0.886	0.901
5. 三因子模型	85.632	48	1.784	0.052	0.942	0.957

资料来源:本研究计算整理。

四、量表的信度检验

研究除了运用 Cronbach's α 值来考察测量问项之间的同质性水平,还运用复相关平方（SMC）对每个问项的信度水平进行评估。数据结论表明（见表 4-5）,营销动态能力三大维度的 α 值位于 0.872~0.907 之间,均超过 0.7 标准值;测量问项 SMC 值均优于 0.5 水平,营销动态能力量表的信度水平比较理想。

表 4-5 营销动态能力量表的信度检验（n=327）

测量维度	问项	FL	SMC	α 值	CR	AVE
市场感知	①企业周期性地对顾客、竞争者的现状进行系统评估	0.813	0.692	0.904	0.889	0.533
	②企业对本产业的现状与发展趋势有较为准确的认识	0.725	0.654			
	③企业能够及时察觉市场需求的重要变化	0.694	0.603			

[①] Anderson C. & Gerbing W. Structural Equation Modeling in Practice: A Review and Recommended Two-step Approach [J]. Psychological Bulletin, 1988, 103 (3): 411-423.

续表

测量维度	问项	FL	SMC	α值	CR	AVE
市场感知	④关键市场信息能够在企业不同部门有效地扩散和分享	0.756	0.625	0.904	0.889	0.533
	⑤企业营销决策是建立在对市场信息充分收集和利用的基础上	0.701	0.607			
	⑥高层管理者经常对企业外部环境所发生的变化进行讨论和交流	0.683	0.589			
	⑦重要市场信息能够快速地传递到高层管理者	0.721	0.649			
界面协同	①各级管理者都拥有一定的市场决策权力	0.807	0.684	0.907	0.893	0.514
	②管理者能够针对市场重要变化快速地进行决策	0.784	0.668			
	③企业重要营销决策能够在执行中根据环境变换进行适时调整	0.782	0.663			
	④企业的一线员工拥有一定的自主决策权力	0.621	0.569			
	⑤营销部门能够其他关键职能部门有效协作	0.689	0.625			
	⑥企业各职能部门都围绕满足市场需求来开展本部门工作	0.694	0.583			
	⑦在面对市场重要变化时，企业各职能部门能够统一思想和行动	0.647	0.601			
	⑧维护企业整体利益是各职能部门开展工作的首要原则	0.685	0.627			
顾客响应	①企业能够准确地向目标顾客传递产品等市场信息	0.811	0.698	0.872	0.835	0.538
	②企业能够灵活运用多种媒介开展营销传播	0.794	0.664			
	③企业擅长综合使用多种手段向目标顾客进行营销推广	0.658	0.607			
	④企业的渠道设计能够有效地降低顾客购买成本	0.714	0.628			
	⑤企业综合运用多种渠道让目标顾客了解企业和产品	0.593	0.591			
	⑥目标顾客能够比较容易地知晓和购买到企业产品	0.607	0.573			
	⑦在本行业中，企业产品从研发到上市的时间进程比较短	0.686	0.608			

资料来源：本研究计算整理。

五、量表的效度检验

对量表收敛效度水平的检验运用验证性因子分析方法进行。在输出验证性因子分析模型中，卡方值与自由度之比为 1.725，处于 1.0~2.0 的理想区间；GFI 和 AGFI 分别为 0.918 和 0.906，均优于 0.9 指标值；RMSEA 为 0.052，小于 0.08 标准值，以上指标值表明模型拟合度达到较高水平。全部问项的标准化因子载荷（FL）均超过 0.5 水平，各维度组合信度（CR）也优于 0.7 标准值，平均提炼方差（AVE）超过 0.5 标准值水平。各项指标均达到或优于标准值（见表 4-5），表明量表的收敛效度达到理想水平。

运用验证性因子分析进行嵌套模型配对比较，以验证量表的判别效度。将营销动态能力三个维度两两配对，共进行 3 次验证。数据结论显示（见表 4-6），3 个配对值的差均达到显著水平（p<0.001），表明非限制模型与数据的拟合水平比

较理想,将营销动态能力划分为三种可区别的子能力得到数据支持。因此,营销动态能力量表的判别效度也达到较高水平。

表4-6 营销动态能力各维度的判别效度检验(n=327)

研究维度	配对维度	非限制模式		限制模式		$\triangle \chi^2$
		χ^2	df	χ^2	df	
市场感知	界面协同	174.632	51	287.879	53	113.247***
	顾客响应	195.385	51	291.953	53	96.568***
顾客响应	界面协同	126.457	47	264.938	49	138.481***

注:*** 在 p<0.001 水平具有统计显著性。
资料来源:本研究计算整理。

六、二阶验证性因子分析

一阶验证性因子分析结论表明,各因子之间存在较高相关性,可以进一步采用二阶验证性因子分析方法,以提炼出更为高阶的公因子。相对于一阶验证性因子分析,二阶验证性因子分析能够反映更深层次的潜在因素。通过对营销动态能力三大维度进行二阶因子验证,结果表明(见表4-7),验证模型的拟合水平比较理想,二阶因子联结到每个一阶因子的标准化路径系数均大于0.7水平。因此,可以认为市场感知、界面协同和顾客响应三大维度能够很好地收敛于营销动态能力这一更高层面概念。

表4-7 二阶验证性因子分析拟合度指数(n=327)

	指标	模型值	标准值		指标	模型值	标准值
绝对拟合度	χ^2/df	1.853	<2.0	增值拟合度	CFI	0.908	>0.9
	P	0.000	<0.05		NFI	0.913	>0.9
	RMSEA	0.062	<0.08		TFI	0.925	>0.9
	GFI	0.927	>0.9	简约拟合度	PGFI	0.647	>0.5
	AGFI	0.916	>0.9		PNFI	0.603	>0.5

资料来源:本研究计算整理。

第四章　营销动态能力的内涵与构成维度

第五节　本章小结

本章研究通过混合方法的研究设计，遵循结构维度研究及量表开发的科学程序，对营销动态能力进行概念界定与量表开发。通过综合运用半结构化深度访谈与内容分析，以及大样本问卷调查与实证检验方法，主要结论包括：

第一，营销动态能力是多维度概念，由市场感知能力、界面协同能力和顾客响应能力三项具备逻辑联系的子能力构成（见图4-1），这些子能力各自都包含着特殊的功能，服务于市场资源的联结、整合和配置。研究结论充分体现和继承Teece（2007）认为"动态能力应包括机会识别与把握，以及对现有资源与能力进行重构"的理论观点；[1] 符合Teece（2012）提出"动态能力应该包含感知（Sensing）、攫取（Seizing）和转化（Transforming）三个方面活动"的最新理解。[2] 研究结论有效地体现了营销动态能力是动态能力在企业营销职能领域的特定形式，是组织二阶能力在营销管理活动中的重要体现。

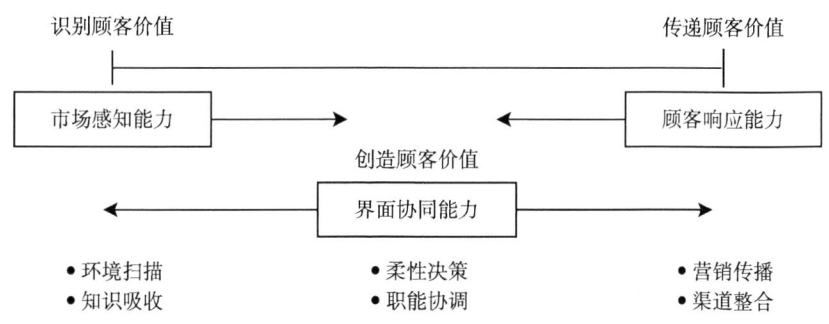

图4-1　营销动态能力的结构维度

资料来源：本研究设计。

---

[1] Teece D. Explicating dynamic capabilities: The nature and microfoundations of (sustainable) enterprise performance [J]. Strategic Management Journal 2007, 28 (13): 1319-1350.

[2] Teece D. Dynamic capabilities: Routines versus entrepreneurial action [J]. Journal of Management Studies, 2012, 49 (8): 1395-1401.

企业营销动态能力研究

其中,市场感知能力作为企业的"外→内"整合性管理流程,包含环境扫描和知识吸收两方面要素,它使企业有效识别市场机会与威胁,及时准确生成市场知识,并推动市场知识在企业内部扩散和应用。它是企业识别市场环境机会与威胁,确保企业对市场竞争现状掌握的重要能力环节。界面协同能力作为企业"内→内"整合性管理流程,由柔性决策和职能协调两个环节构成;它使企业的营销决策具备及时性和适应性,并整合营销与研发、生产及财务等其他关键职能部门,保障职能部门之间在市场决策执行环节上、理念与行动上的一致性。它是企业内部关键职能部门,是为实现顾客价值创造而进行的组织内部协调与合作,以确保响应市场需求的职能部门具有协同性。顾客响应能力是企业的"内→外"整合性管理流程,涵盖营销传播和渠道整合两方面。它的业务功能主要有建立和维护企业与顾客、渠道成员之间的关系,建立和管理进货与出货物流,提供销售支持和售后服务。企业通过这些关键子能力将市场资源有效地分配到诸如产品开发、供应链管理和顾客关系管理等营销关键业务流程,并通过跨部门资源重构实现对市场环境变化的有效回应。

第二,构成营销动态能力的各项子能力对企业识别、创造和传递顾客价值非常关键。市场感知能力聚焦于发掘与识别顾客价值,帮助企业更好地分析竞争环境,识别顾客差异化需求与偏好,并将关键市场知识在企业内有效扩散和分享。界面协同能力推动企业决策方式的分散化和决策实施适应性,强化跨职能部门的业务功能整合与行动模式协调,实现对顾客价值的有效创造。顾客响应能力强调传递顾客价值,通过在产品渠道设计、营销传播等业务环节上的突出表现,使企业提供具有差异化特征的顾客价值,并实现与主要竞争者有效区隔。

总之,市场感知能力、界面协同能力和顾客响应能力聚焦顾客价值,紧密衔接、相互作用,共同推动企业对市场变化进行及时而有效的回应。聚焦于顾客价值,体现显著的营销职能特征,充分地表明营销动态能力是动态能力在营销管理领域的特定形式,也确认营销动态能力是动态能力观在营销能力研究中进行拓展运用的产物,清晰地表达二者理论内涵的逻辑关系以及彼此的特征区别。

第三,营销动态能力量表涵盖市场感知、界面协同和顾客响应三大维度,由22个问项构成。本研究对营销动态能力量表的开发和验证遵循科学、严谨的研究方法,综合运用混合方法进行:①营销动态能力量表的全部初始问项均来源于半结构化深度访谈,以及对访谈资料的内容分析。②运用小样本数据对营销动态能力初始量表进行预测试,进一步对量表进行结构化研究。③运用大样本数据对

第四章　营销动态能力的内涵与构成维度

营销动态能力正式量表进行有效性检验，从研究程序和方法上保证量表开发过程与结果的严谨性、科学性和普适性。

营销动态能力量表的开发具有重要价值：一是为科学评价企业营销动态能力现状，并根据评价结果提出针对性改进措施，为企业营销动态能力优化提供了切实依据。二是对营销动态能力的科学测量，为针对营销动态能力进行量化实证研究提供了工具基础。三是从以往表现型维度向构成型维度过渡，提升了市场营销研究领域对营销动态能力的理论认知水平，丰富了有关营销动态能力的结构维度研究。

第五章　营销动态能力的形成机制

本章将从组织与企业家双重视角，探讨营销动态能力的形成机制。一方面，分别从组织因素和企业家因素视角，探究营销动态能力的若干关键驱动因素，同时考察环境动荡性对两类因素作用机制的调节效应；另一方面，将企业家因素与组织因素的相互作用视为重要影响条件，考察其交互效应，深化营销动态能力构建机制的探讨，以期为企业开发与培育营销动态能力提供理论指导与实践启示。

第一节　营销动态能力的关键驱动因素

本节从组织与企业家双重视角探讨营销动态能力的关键驱动因素，并通过对以上两类因素交互效应的检验，以及环境动荡性调节效应的考察，构建营销动态能力形成机制的理论模型，以深化对营销动态能力形成机制的理解。

一、营销动态能力驱动因素研究进展与不足

在明晰营销动态能力概念的基础上，对营销动态能力形成机制进行探讨，是进一步明确营销动态能力内涵及基本结构的重要努力方向。

一方面，作为动态能力在营销管理领域的特定形式，营销动态能力价值的理论探讨已经比较充分。同时，营销动态能力在影响企业竞争优势，提升企业营销绩效及出口绩效方面的积极作用已被国内外研究广泛证实：李巍（2015）在出口营销情境下，探讨了出口企业营销动态能力对出口绩效的影响机理；[1]陈宁（2014）从中介效应角色的分析视角，研究营销动态能力对企业营销绩效的促进

---

[1] 李巍. 出口企业营销动态能力提升出口绩效的机理研究 [J]. 财经论丛, 2015 (7): 92-99.

作用。① 然而，目前研究对哪些因素影响营销动态能力形成，以及企业如何培育与开发营销动态能力的理论与实证研究却略显不足。

另一方面，营销动态能力前置因素的研究已经开始逐渐得到国内外研究者的关注。现有研究已从组织行为视角对营销动态能力的前置因素进行广泛的探讨：例如，Fang 和 Zou（2009）在提出营销动态能力概念时，认为组织互补资产等对营销动态能力影响巨大；② 许晖等（2011）通过案例研究指出，企业市场知识管理活动，显著影响企业营销动态能力开发；③ 王睿智等（2014）从社会资本与组织学习的视角，运用案例研究方法探讨了营销动态能力的形成机制。④ 可见，组织学习行为及其相关资产与活动已经被视为营销动态能力重要的前置因素。

但是，现有研究仍然存在诸多不足与缺憾：在研究方法方面，有关营销动态能力前置因素的大多数研究均是基于典型案例分析的研究方法，相关研究结论与观点缺乏来自大样本数据的实证检验与支持；在理论框架方面，已有研究已经证实，包括企业家精神、管理者国际化认知在内的重要企业家因素均能够影响营销动态能力的形成与开发。⑤ 然而，这些研究焦点比较分散，对影响因素的识别与发掘缺乏比较明确的理论框架，更为重要的是，营销动态能力属于动态能力在营销管理领域的重要表现形式，其形成必然受到组织因素和企业家因素的综合影响，既不能单独地衡量和考察某一类影响作用，又不能忽视环境因素对企业营销动态能力形成的影响。

因此，本研究将基于组织和企业家因素双重视角，并充分考察上述两类因素交互效应，以及环境动荡性变量调节效应，构建营销动态能力形成的理论模型，以深入探讨营销动态能力的形成机制。

---

① 陈宁. 企业家精神对营销绩效影响实证检验：营销动态能力的中介作用 [J]. 商业时代，2014（19）：90-91.
② Fang E. & Zou S. Antecedents and consequences of marketing dynamic capabilities in international joint ventures [J]. Journal of International Business Studies, 2009, 40 (5): 742-761.
③ 许晖，李巍，王梁. 市场知识管理与营销动态能力构建：基于天津奥的斯的案例研究 [J]. 管理学报，2011（3）：323-331.
④ 王睿智，许守任. 社会资本、组织学习视角下企业营销动态能力形成机制：基于海信的案例研究 [J]. 现代管理科学，2014（2）：51-53.
⑤ 许晖，郭净，邓勇兵. 管理者国际化认知对营销动态能力演化影响的案例研究 [J]. 管理学报，2013（1）：30-40.

二、组织因素驱动效应

营销动态能力是企业动态能力的特定类型。作为组织能力的重要方面,其发展水平必定受组织因素的直接影响。组织文化、行为和结构构成了组织因素的基本框架体系。已有研究将市场知识管理与组织学习等组织行为视为营销能力重要的组织影响因素(例如,许晖等,2011;王睿智等,2014)。为了综合体现组织因素对营销动态能力的影响,并更好地完善现有研究体系和分析框架,本研究从组织文化与结构入手,并结合市场营销这一职能情景,探讨组织因素对营销动态能力的驱动效应。

(一)市场导向文化

市场导向文化是营销管理职能领域组织文化的重要内容,它推动企业形成更好发掘和利用市场机会的能力。Narver 和 Slater(1990)指出,企业创造更高顾客价值和获取持续竞争优势的动因促使组织去创造和保持一种将产生必要行为的文化,而市场导向就是这样一种组织文化。① 市场导向文化可以持续创造和传递顾客价值、长期远景、利益驱动;如果一个企业的文化是系统地和全部地承诺持续创造更高的顾客价值,那么该企业就是市场导向的。② 市场导向文化包含顾客导向、竞争者导向和内部职能协调三大组成部分,它聚焦于向顾客学习、向竞争者学习,保持内部信息传递流畅的价值观念和组织文化。以往研究已经证实,市场导向文化对建立和维持能持续创造更高顾客价值的核心能力非常必要(例如 Slater 和 Narver,1994;Grewal 和 Tansuhaj,2001;王明华和王长征,2004;等等)。

市场导向文化的核心是坚持顾客聚焦和价值创造。企业为了给顾客创造超额价值就必须深刻地理解顾客需求,并通过不断加强与顾客的联系,提高顾客的满意水平。同时,市场导向还要求企业识别和理解主要竞争对手的短期优势及劣势,以及长期能力和战略,并将有关顾客和竞争对手的信息在组织内实现跨职能部门传播。一方面,市场导向文化强调对当前和潜在市场信息的持续关注,企业倾向于在市场研究与顾客洞察领域进行持续投资,进而充分掌握市场现状及发展

---

① Narver J. & Slater S. The Effect of a market orientation on business profitability [J]. Journal of Marketing, 1990, 54(3): 20–37.
② Slater S. & Narver J. Market orientation, customer value, and superior performance [J]. Business Horizons, 1994, 2(1): 22–29.

趋势;①另一方面,市场导向文化鼓励跨部门协调,以确保重要市场信息能够在关键职能部门,如营销、研发等部门有效扩散和响应,从而保证企业有效聚焦市场需求。②总之,市场导向文化能够促使企业持续关注重要市场知识的积累与应用,并强化跨职能知识分享,通过对市场资源的有效配置,及时响应市场环境变化。

综上所述,市场导向文化通过顾客导向、竞争者导向和跨部门协调,高度强化市场环境感知能力,能够促使企业有效地获取市场需求、竞争形势等方面信息,并快速地将市场信息在关键职能部门扩散和响应,增强不同界面协调性,提升企业对市场需求的反应性,实现企业对市场环境变化的快速和有效回应。因此,提出假设:

H1a:市场导向文化对营销动态能力有积极作用。

(二) 组织结构扁平化

当前组织结构影响营销动态能力的研究尚属空白,对于二者逻辑关系的认识还非常缺乏。但是,组织结构对企业在市场竞争中的效率和反应性的影响,以及其对企业能力发展和市场知识管理的作用已得到研究关注。组织结构扁平化意味着减少层级,以及科学分权和有效授权。③首先,在快速变化市场环境下,采取具有较少管理层级,不同管理者能够充分地进行分权决策,企业将更具灵活性和敏捷性。其次,在企业能力研究的早期,有研究者注意到组织结构对企业应对外部环境和实现能力发展的影响。④ Markides 和 Williamson(1996)⑤的研究指出,使企业资源或资产得到有效分享的分散型组织结构有助于企业发展贴近市场需求的企业能力,使企业及时地应对环境变化,满足竞争需要。Vorhies(1998)⑥在对企业营销能力的实证研究中发现,企业更正式和集中化的组织结构与其营销能

---

① 杨智,邓炼金,方二. 市场导向、战略柔性与企业绩效:环境不确定性的调节效应 [J]. 中国软科学, 2010 (9): 130-139.

② Deshpande R., Farely J. & Webster J. Corporate culture, customer orientation and innovativeness in Japanese firms [J]. Journal of Marketing, 1993, 57 (1): 23-27.

③ Delacroix J. & Swaminathan A. Cosmetic, speculative, and adaptive organizational change in the wine industry: A longitudinal study [J]. Administrative Science Quarterly, 1991, 36 (4): 631-661.

④ Duncan R. What is the right organization structure? Decision tree analysis provides the answer [J]. Organizational Dynamics, 1979, 7 (2): 59-80.

⑤ Markides C. & Williamson P. Corporate diversification and organizational structure: A resource-based view [J]. The Academy of Management Journal, 1996, 39 (2): 340-367.

⑥ Vorhies D. An investigation of the factors leading to the development of marketing capabilities and organizational effectiveness [J]. Journal of Strategic Marketing, 1998, 6 (1): 3-23.

力的形成及发展水平负相关。可见,组织结构扁平化有助于企业贴近市场,及时对市场变化进行回应,对企业营销动态能力形成具有重要作用。

组织架构扁平化既可以构建较为平等的内部员工关系,又可以对外部市场环境变化进行快速反应,非常契合网络经济时代所倡导的"自由与平等、效率与价值"之精神。组织结构扁平化还有助于简化组织结构,提升运行效率,而降低组织结构复杂性是企业更快感知和响应市场环境变化的关键。①对绝大多数企业而言,组织结构扁平化仍然是精简组织机构,提升组织运营效率的重要手段。组织结构扁平化不仅意味着减少管理层级、扩大管理幅度,还要求弱化官僚等级意识,并以信息化为基础减少纵向分工和增加横向协作。②一方面,组织结构扁平化重视对市场一线管理人员进行充分授权,强调面向市场进行及时管理和决策,从而有助于对市场环境变化进行及时干预或响应,增强企业的市场反应效率;另一方面,组织结构扁平化聚焦于降低关键职能部门之间以及管理层级之间的沟通成本,提升关键市场信息在组织内部横向与纵向扩散与响应效率,从而能够增强各业务单元之间的协同意识与水平。③因此,组织结构扁平化能够从企业市场决策速度和效率两个方面提升企业响应外部环境变化的水平及能力。

总之,组织结构扁平化不仅有助于企业在激烈竞争条件下快速建立、整合和重置市场资源,而且还有助于提升对市场需求与竞争态势变化的反应性和效率,从而使企业及时有效地对外部环境变化做出有效回应。因此,研究假设如下:

H1b:组织结构扁平化对营销动态能力有积极作用。

三、企业家因素驱动效应

企业家或高层管理者在企业管理活动中扮演重要角色,影响甚至决定企业管理水平和经营绩效。对企业家因素的研究涵盖众多方面,有的研究关注企业家的人口统计学变量,如性别、年龄、受教育程度,以及专业背景等。④而另一些研

---

① Su-Chao Chang & Ming-Shing Lee. The linkage between knowledge accumulation capability and organizational innovation [J]. Journal of Knowledge Management, 2008, 12 (1): 3-20.
② 林志扬,林泉. 企业组织结构扁平化变革策略探析 [J]. 经济管理, 2008 (2): 4-9.
③ Mom T., van den Bosch. & Volberda H. Understanding variation in managers' ambidexterity: Investigating direct and interaction effects of formal structural and personal coordination mechanisms [J]. Organization Science, 2009, 20 (4): 812-828.
④ 吴家喜,吴贵生. 高层管理者特质与产品创新的关系 [J]. 科学学与科学技术管理, 2008 (3): 178-182.

究则聚焦企业家的心理因素，如风险倾向、认知能力和企业家精神等，其中，企业家精神已经被视为营销动态能力的前置因素。同时，考虑到我国市场经济正处于双重转型的发展阶段，市场环境具备"双强"特征，即"强政府+强市场"，①企业家所具备的政治关联对包括能力开发在内的组织行为具有显著效应。因此，本研究从企业家精神和企业家政治关联两方面来考察企业家因素对营销动态能力的影响机制，既有助于增强研究的中国情景，又有助于形成比较系统的分析网络。

（一）企业家精神

对企业家精神内涵的理解，目前理论界并没有形成较为一致的看法。Drucker (1985) 认为 Schumpeter 将企业家精神的本质视为创新，为理解企业家精神的内涵做出了开创性贡献。他进一步指出，变革构成了企业家精神的实质，它包含创新、责任和冒险等方面。② Drucker (1985) 的观点阐述了企业家精神包含哪些内容，具备什么样的特征等概念外延，但并没有对企业家精神的本质内涵进行界定。对企业家精神内涵的理解主要包括两类观点：过程论和特征论。过程论观点将企业家精神视为个体实施革新或者创新的特定过程；③而特征论观点则认为企业家精神是个体所具备的某种特征，例如创业与冒险精神、创新与变革精神以及品质影响力等。④总之，无论是过程论还是特征论，企业家精神的内涵理解均强调企业家、管理者个体所具备的创新或冒险等关键特质。

从个体特质上讲，企业家精神本质上是一种坚持创新与变革，善于冒险的企业家或管理者气质风格，这种气质风格对推动企业创新具有关键价值。企业家精神与产业创新程度、新产品开发质量，以及产品进入市场时间密切相关，高水平的企业家精神促使企业开发更具创新性和更高质量的产品，并且更早地实现产品商业化。⑤ Li 等 (2006)⑥ 对中国企业的研究也证实，企业家精神对新产品开发中

---

① 厉以宁. 中国经济双重转型之路 [M]. 北京：中国人民大学出版社，2013：24-25.
② Drucker P. Entrepreneurship and innovation: Practice and principles [M]. NY: Harper Business, 1985: 171-172.
③ Sharma P. & Chrisman J. Toward a reconciliation of the definitional issues in the field of corporate entrepreneurship [J]. Entrepreneurship Theory and Practice, 1999, 24 (1): 11-27.
④ 蔡华，于永彦，蒋天颖. 民营企业家精神的测量与分析 [J]. 统计与决策，2009, 25 (16): 163-165.
⑤ Atuahene-Gima K. & Ko A. An empirical investigation of the effect of market orientation and entrepreneurship orientation alignment on product innovation [J]. Organization Science, 2001, 12, 25 (1): 54-74.
⑥ Li Y., Liu Y. & Zhao Y. The role of market and entrepreneurship orientation and internal control in the new product development activities of Chinese firms [J]. Industrial Marketing Management, 2006, 35 (3): 336-347.

的创新程度有积极影响。在中小企业国际化经营活动中,企业家精神亦扮演关键角色:Knight(2000)①指出,中小企业管理者的企业家精神是企业在全球化过程中采取更为积极和主动的营销战略及策略,并以发掘和满足利基及潜在市场需求帮助企业在国际市场获得成功。Zahra等(2005)②从国际化企业家精神视角发现,企业家所具备的企业精神促使其更快速和准确地认识及把握国际市场机会,并敢于向一些充满不确定性的未知市场进行投资。可见,管理者企业家精神通过推动产品创新和积极的营销管理活动回应当前市场需求,并敢于投资充满不确定性的潜力市场以驱动市场未来需求,从而强化企业对市场变化的预见性和适应性。

总而言之,具备高度企业家精神的企业管理者或企业家,能够主动学习和掌握市场最新动态,推动其管理行为更加贴近市场需求和竞争现状。企业家具备的冒险精神和创新精神,促使企业能够在市场感知、界面协调和顾客响应方面更具主动性和创新性地组织活动,从而增强企业对市场环境变化的响应水平。因此,研究提出:

H2a:企业家精神对营销动态能力有积极作用。

(二)企业家政治关联

由于经济行动镶嵌于人际关系网络之中,企业组织或个人的社会联系作为非正式手段在协调经济和交换关系中扮演着重要角色。企业及管理者不仅需要与合作伙伴建立商业关系,而且还需要与政府官员建立政治联系,特别是在转轨经济环境下,与政府及官员建立政治联系对企业发展尤为重要。③政治关联性是指企业与各级政府(包括中央和地方政府)官员,以及各类监管机构(如工商税务部门)官员的非正式社会联系。④虽然有关政治关联性的界定大都将其视为企业所掌握的政治资源,然而这些政治关系都依赖于企业管理者的个体互动和社会网络。⑤

---

① Knight G. Entrepreneurship and marketing strategy: The SME under globalization [J]. Journal of International Marketing, 2000, 8 (2): 12-32.

② Zahra S., Korri J. & Yu J. Cognition and international entrepreneurship: Implications for research on international opportunity recognition and exploitation [J]. International Business Review, 2005, 14 (2): 129-146.

③ Peng M. & Luo Y. Managerial ties and firm performance in a transition economy: The nature of a micro-macro link [J]. Academy of Management Journal, 2000, 43 (3): 486-501.

④ Li J., Zhou K. & Shao A. Competitive position, managerial ties, and profitability of foreign firms in China: An interactive perspective [J]. Journal of International Business Studies, 2009, 40 (2): 339-352.

⑤ Sheng S., Zhou K. & Li J. The effects of business and political ties on firm performance: Evidence from China [J]. Journal of Marketing, 2011, 75 (1): 1-15.

尤其在我国转轨经济环境下,企业的政治关联性集中体现在管理者,特别是企业家的持续性政治网络和政治资源,它对企业特定组织能力的形成和发展具有重要影响。

企业家的政治关联性有利于企业获取政策支持和稀缺资源、增强企业合法性、降低行业进入壁垒。① 同时,也有研究证实,具备高水平政治关联的企业更容易获取政策资源和信息,从而更可能倾向利用政策,发掘更具发展潜力的蓝海市场,从而推动企业实施多元化发展战略。② 此外,现有研究还发现,企业家政治关联还有助于帮助企业获得更高信用水平,降低企业的融资难度,更容易获得社会资本和金融支持。③ 然而,现有研究发现,企业管理者的政治网络在转轨经济环境中,能够减少企业面临的制度不确定性,增强市场预见性,使企业在动荡市场环境中表现出对市场更好的适应能力、更快的市场响应能力,以及更强的竞争水平,从而对企业绩效带来积极效应。④ 张祥建等(2011)⑤研究指出,企业政治关联有助于强化企业竞争场能和竞争场信息熵,使企业具备特定政治竞争力,从而掌握政策动态和创造商业信息优势,增强企业市场行为的准确性和主动性。根据以上分析可知,企业家或管理者政治关联性可能使企业在市场竞争中获得政策和信息方面的优势,有效把握当前市场需求,并较好地预测市场走势,更好地预测和响应市场变化。

综上所述,企业家政治关联能够帮助企业运用政治网络和政治资源获取更多环境信息,强化企业市场感知能力,并推动关键信息在企业内的扩散、分享和应用,增强企业内部关键界面的协调和合作水平,使企业对市场需求变化和竞争态势演变做出更好的预测及应对。因此,研究提出:

H2b:企业家政治关联对营销动态能力有积极作用。

---

① 张祥健,郭岚. 政治关联的机理、渠道与策略:基于中国民营企业的研究 [J]. 财贸经济,2010 (9):99-104.

② 邓新明. 我国民营企业政治管理、多元化战略与公司绩效 [J]. 南开管理评论,2011(4):4-15.

③ 郝项超,张宏亮. 政治关联关系、官员背景及其对民营企业银行贷款的影响 [J]. 财贸经济,2011 (4):55-61.

④ Li H. & Zhang Y. The role of managers' political networking and functional experience in new venture performance—Evidence from China's transition economy [J]. Strategic Management Journal, 2007, 28 (8): 791-804.

⑤ 张祥健,徐晋,王小明. 民营企业政治竞争力的微观结构与动态演化特征——基于动力学分析框架的新视角 [J]. 中国工业经济,2011(9):98-107.

四、组织与企业家因素交互效应

为深化理解组织与企业家因素驱动营销动态能力的内在机理,本研究还将考察两类因素对营销动态能力的交互效应。营销动态能力本质上属于组织层面概念,而本研究探讨的四大驱动因素涵盖组织和个体层面。因此,从组织与个体交互的视角,探查两类因素对营销动态能力的影响效应具有重要价值。从实证分析方法上看,对组织与企业家因素交互效应的考察属于调节因素的探讨,但对于考察二者相互作用所产生的效力仍具有重要意义。

(一)企业家精神与组织因素

考虑到企业家精神属于个体层面因素,而营销动态能力属于组织层面,本研究将企业家精神视为重要的调节因素,而非决定性因素。

创业与冒险、创新与变革精神是企业家精神的核心内涵。[1] 企业家精神与组织因素的交互效应对营销动态能力的形成具有积极作用:在市场导向文化方面,当企业家具备高水平企业家精神时,企业家倡导不断追求营销管理的变化与进步,反对盲目的市场跟随和附和,希望通过积极的市场行为来响应和引领市场需求,同时愿意为此承担各种风险。[2] 因此,企业愿意在市场知识累积方面投资更大资源,并鼓励将市场知识在组织内部进行分享和应用,从而强化市场导向文化在推动营销动态能力方面的积极作用。此外,企业家精神还通过推动企业新产品开发效率和创新水平的提升,使企业能更有效地实现顾客需求响应。[3]

在组织结构扁平化方面,具备创业精神的企业家更倾向于以各种形式参与一线管理工作,从而减少管理层级,并消除企业内等级意识与官僚体制,鼓励通过降低业务流程复杂性,提升管理决策效率,以提升企业的市场适应能力。[4] 同时,扁平化组织区别于传统金字塔式结构,以业务流程为组织架构基础,缩减中间管理层,并拓展管理幅度、延伸管理深度,从而增强信息传递效率,提升决策执行

---

[1] 蔡华,于永彦,蒋天颖. 民营企业家精神的测量与分析 [J]. 统计与决策,2009,25 (16):163-165.

[2] Knight G. Entrepreneurship and marketing strategy: The SME under globalization [J]. Journal of International Marketing,2000,8 (2):12-32.

[3] Li Y., Liu Y. & Zhao Y. The role of market and entrepreneurship orientation and internal control in the new product development activities of Chinese firms [J]. Industrial Marketing Management,2006,35 (3):336-347.

[4] Su-Chao Chang & Ming-Shing Lee. The linkage between knowledge accumulation capability and organizational innovation [J]. Journal of Knowledge Management,2008,12 (1):3-20.

速率、降低管理成本。扁平化组织架构意味着决策重心下移,决策权力分散,高层管理者敢于将决策权力交给那些更接近竞争、更了解市场的管理者,甚至一线员工。组织结构扁平化是企业应对快速变化竞争环境,增强企业活力的组织变革新趋势,[①]而具备变革意识的管理者更喜欢尝试运用新的管理工具或模式来提升企业管理效率,从而更有助于发挥组织结构扁平化在推动营销动态能力构建方面的积极效应。

综上所述,高水平的企业家精神有助于发挥市场导向文化对营销动态能力形成的积极作用,同时强化组织结构扁平化在推动企业有效配置资源,快速响应环境变化方面的关键效用。据此,提出研究假设:

H3a:市场导向文化与企业家精神对营销动态能力有积极交互效应,且交互效应大于二者单独效应。

H3b:市场导向文化与企业家政治关联对营销动态能力有积极交互效应,且交互效应大于二者单独效应。

(二)企业家政治关联与组织因素

对企业家政治关联的关注是东方文化背景下企业行为研究的重要特色,特别是在新兴经济体的转型经济环境下,企业家与政府及官员形成的政治联系与网络在企业管理行为及经营发展过程中扮演关键角色。[②]因此,本研究探讨企业家政治关联在组织因素驱动营销动态能力构建过程中的交互效应,从而深化对营销动态能力形成机制的理解。

政治关联反映企业与各级政府官员,以及各类职能及行业管理机构官员建立的非正式社会网络。[③]尽管绝大多数研究都将政治关联视为企业层面的组织资源,但组织的政治资源必须通过企业家或高级管理者建立个体网络而得以存在。因此,从本质而言,政治关联是反映个体层面的政治网络和资源。[④]企业家政治关联有助于强化组织文化和结构因素在驱动营销动态能力构建方面的积极作用。企

---

① Mom T., van den Bosch. & Volberda H. Understanding variation in managers' ambidexterity: Investigating direct and interaction effects of formal structural and personal coordination mechanisms [J]. Organization Science, 2009, 20 (4): 812-828.

② Peng M. & Luo Y. Managerial ties and firm performance in a transition economy: The nature of a micro-macro link [J]. Academy of Management Journal, 2000, 43 (3): 486-501.

③ Li J., Poppo L. & Zhou K. Do managerial ties in China always produce value? Competition, uncertainty, and domestic vs. foreign firms [J]. Strategic Management Journal, 2008, 29 (4): 383-400.

④ Sheng S., Zhou K. & Li J. The effects of business and political ties on firm performance: Evidence from China [J]. Journal of Marketing, 2011, 75 (1): 1-15.

业家政治关联能够帮助企业获取关键的发展资源。企业家拥有的广泛政治网络或资源能够帮助企业获取重要的产业和市场发展情报，丰富企业市场知识积累，①从而强化企业市场导向文化在营销动态能力形成过程中的积极作用。另外，高水平企业家政治关联意味着高层管理团队拥有较强政治网络与政治资源，在一定程度上能够降低企业家对内部组织资源的使用依赖，因而具备较少管理层级和纵向分工，较强横向协作和管理幅度的扁平化组织结构能够更好地发挥自身精简、高效的价值，确保企业在应对外部市场变化时的反应性与效率水平。②因此，可以推断企业家政治关联从资源与信息角度，能够促进并优化组织因素更好地发挥其作用，推动营销动态能力形成。

总之，企业家政治关联意味着可供企业使用的政治网络或资源，它既有助于增强市场导向文化对营销动态能力培育的积极作用，又有助于增强组织结构扁平化在推动营销动态能力形成中的关键角色。因此，假设如下：

H3c：组织结构扁平化与企业家精神对营销动态能力有积极交互效应，且交互效应大于二者单独效应。

H3d：组织结构扁平化与企业家政治关联对营销动态能力有积极交互效应，且交互效应大于二者单独效应。

五、环境动荡性调节效应

权变理论一直强调，企业战略行为在不同的内外部环境和条件下具有差异化效能。③这意味着，企业镶嵌于特定环境之中，环境成为影响企业投出产出比的重要因素，因而也是管理研究中需重点关注的权变因素。在营销研究中，环境动荡性的调节效应被大多数研究重视（例如 Rose 和 Shoham，2002；Cadogan 等，2003；Sheng 等，2011）。环境动荡性一般包含市场和技术两个方面：市场动荡性主要是指市场顾客需求偏好和期望，以及竞争对手行为的不稳定性和难以预测性；技术动荡性主要是指产业内主流技术发展速率较快，且发展主导方向难以有

---

① Hillman J., Zardkoohi A. & Bierman L. Corporate political strategies and firm performance: Indications of firm-specific benefits from personal service in the U.S. government [J]. Strategic Management Journal, 1999, 20 (1): 67-81.
② 林志扬，林泉. 企业组织结构扁平化变革策略探析 [J]. 经济管理, 2008 (2): 4-9.
③ Li Chia-Ying. The influence of entrepreneurial orientation on technology commercialization: The moderating roles of technological turbulence and integration [J]. African Journal of Business Management, 2012, 6 (1): 370-387.

效预测。① 在动荡竞争环境中,市场需求高速率变化,竞争对手行为充满不确定性,行业技术发展趋势难以预测,企业理解和掌握当前市场需求面临巨大困难,从而导致绩效水平充满不确定性。② 培育和开发营销动态能力是企业在动荡环境中赢得竞争优势的必然选择。从组织和企业家因素考虑,动荡环境必定会对企业营销动态能力的形成产生影响。

在组织因素方面:市场导向文化发生作用的方式和效力与外部市场环境状况密切相关。③ 环境动荡性越高,意味着顾客需求、竞争行为以及行业技术的确定性程度越低,企业在这样的环境中竞争面临极大的挑战。在这样的环境下,企业搜集和掌握环境信息,并生成市场知识,将市场知识在组织内进行有效扩散具有更大价值。因此,当环境动荡性程度越高,坚持市场导向对企业具有更加重大的意义。同时,市场导向文化驱动营销动态能力开发的效能将更加显著。

市场环境变化要求企业组织结构形式进行相应变化,而扁平化是变化趋势之一。扁平化组织架构要求管理模式从传统的层级式转变为网络式,从自上而下的权威管理转变为以跨职能团队或关键业务网络为基础的自我管理。网络管理模式与层级管理模式最大的区别在于运行流程的去中心化,以及组织管理活动的市场驱动。网络式管理和自组织模式将有助于企业感知市场环境水平,激发跨职能部门协调与互动,提升企业响应市场需求的效率与反应性。在动荡环境条件下,更有助于发挥组织结构扁平化在降低运营成本、提升运营效率方面的优势,从而表现出对营销动态能力更显著的驱动效应。④

需要明确的是,组织结构扁平化并不简单地等于减少组织管理层次或扩大管理者的管理幅度,它还包括以弱化等级制度、削减中间管理层、减少纵向分工、增加横向协作为内核,以及以信息技术为基础进行的网络化。⑤ 组织结构扁平化

---

① Sheng S., Zhou K. & Li J. The effects of business and political ties on firm performance: Evidence from China [J]. Journal of Marketing, 2011, 75 (1): 1-15.

② Akyol A. & Akehurst G. An investigation of export performance variations related to corporate export market orientation [J]. European Business Review, 2003, 15 (1): 5-19.

③ Ralf W. & Siegfried G. The impact of dynamic capabilities on operational marketing and technological capabilities: Investigating the role of environmental turbulence [J]. Journal of the Academy of Marketing Science, 2015, 43 (2): 181-199.

④ Calantone R., Kim D., Schmidt J. & Cavusgil T. The influence of internal and external firm factors on international product adaptation strategy and export performance: A three-country comparison [J]. Journal of Business Research, 2006, 59 (2): 176-185.

⑤ 林志扬,林泉.企业组织结构扁平化变革策略探析[J].经济管理, 2008 (2): 4-9.

第五章 营销动态能力的形成机制

能够降低内部协调成本、提升信息收集和分享效率,强化职能部门及业务单元之间的协作水平,以增强企业平衡利用与探索行为的能力,从而达到有效适应环境变迁的目的。① 从高层管理者角度看,组织结构扁平化有助于决策团队快速掌握一线市场信息,增强决策针对性和有效性,从而推动企业对市场变化的反应性。②

综上所述,企业面临环境的动荡性水平越高,企业秉承市场导向文化在驱动营销动态能力方面越具有价值。同时,动荡环境有助于凸显组织结构扁平化所带来的正向效应,从而在形成和开发营销动态能力方面发挥更显著的作用。因此,研究假设如下:

H4a:环境动荡性正向调节市场导向文化与营销动态能力的积极关系。

H4b:环境动荡性正向调节组织结构扁平化与营销动态能力的积极关系。

在企业家因素方面:企业家精神意味着高层管理者具备的创新精神和冒险精神。首先,创新精神是企业家精神的核心,反映企业家积极发掘市场机遇,进行开发新产品新技术、革新组织结构、改造业务流程和开辟新市场等活动的心理倾向。③ 具备创新精神的管理者能够不断优化企业业务流程,提高科技创新投入,改进生产技术,并运用新的管理模式或工具,以提升管理与生产效率、降低经营成本。④ 其次,冒险精神是企业家在经营活动中对不确定机会的追求、敢于承担创新与变革后果的意愿。在充满不确定性的产业生态系统环境中,富于冒险精神的企业家积极地探索和识别市场风险,增强企业及合作伙伴对市场风险的应对能力,降低经营与交易风险,提高交易效率。此外,冒险精神促使企业家主动迎接外部挑战,倡导技术与管理创新,敢于尝试新经营模式,并为此承担风险;⑤ 积极拓展和挖掘新市场、新客户,建立新交易网络,为企业发展提供新动

---

① Mom T., van den Bosch. & Volberda H. Understanding variation in managers' ambidexterity: Investigating direct and interaction effects of formal structural and personal coordination mechanisms [J]. Organization Science, 2009, 20 (4): 812–828.

② Nadkarni S. & Herrmann P. CEO personality, strategic flexibility, and firm performance: The case of the Indian business process outsourcing industry [J]. Academy of Management Journal, 2010, 53 (5): 1050–1073.

③ Lumpkin T. & Dess G. Linking two dimensions of entrepreneurial orientation to firm performance: The moderation role of environment and industry Life Cycle [J]. Journal of Business Venturing, 2001 (5): 426–464.

④ Li Y., Liu Y. & Zhao Y. The role of market and entrepreneurship orientation and internal control in the new product development activities of Chinese firms [J]. Industrial Marketing Management, 2006, 35 (3): 336–347.

⑤ Knight G. Entrepreneurship and marketing strategy: The SME under globalization [J]. Journal of International-al Marketing, 2000, 8 (2): 12–32.

力。[1]因此推断：当环境动荡程度越高，企业家精神中的创新维度和冒险维度所具备的价值越明显，企业家精神对营销动态能力的积极作用亦会增强。

同时，企业家政治关联为企业在动荡竞争环境中识别与利用市场机会，规避市场风险提供了重要的资源基础。市场动荡性也称需求不确定性，它是指顾客需求偏好和期望的不稳定状态；[2] 技术动荡性反映产业内技术进步的变化速率和可预测程度。[3] 技术环境的高动荡性意味着更短的产品生命周期，更多元化的技术发展方向，以及更难预测的产品技术趋势。企业缺乏对市场需求、竞争对手行为，以及行业技术发展趋势的有效认识，而这些关键知识是企业面对激烈市场竞争时所需具备的核心资产或关键竞争力。当环境动荡程度越高，企业面临的竞争紧迫性越强，对市场响应的速度和有效性因信息不足、沟通不畅、传播无效等方面的影响而不断减弱。而企业家利用其建立或掌握的政治资源和政治网络，更好地获取稀缺资源，以支持企业的市场响应活动。特别是在我国转轨经济条件下，关键资源的配置并非完全依赖市场手段，政治资源和网络扮演重要角色，能够为企业开发和培育营销动态能力提供重要的市场资产、知识和技能，从而帮助企业增强应对市场环境变化的速率和有效性。

总之，环境动荡性越强，企业家精神和政治关联在促进和提升企业营销动态能力培育和形成过程中扮演的角色越重要。因此，提出如下假设：

H4c：环境动荡性正向调节企业家精神与营销动态能力的积极关系。

H4d：环境动荡性正向调节企业家政治关联与营销动态能力的积极关系。

上述研究假设构成营销动态能力形成机制的基本模型框架，如图5-1所示。

---

[1] Miller D. & Friesen H. Strategy making and environment: The third link [J]. Strategic Management Journal, 1983 (4): 221-235.
[2] 杨智，张茜岚，谢春燕.企业战略导向的选择：市场导向或创新导向——基于湖南省高新技术开发区企业的实证研究[J].科学学研究，2009，27 (2): 278-288.
[3] Li Chia-Ying. The influence of entrepreneurial orientation on technology commercialization: The moderating roles of technological turbulence and integration [J]. African Journal of Business Management, 2012, 6 (1): 370-387.

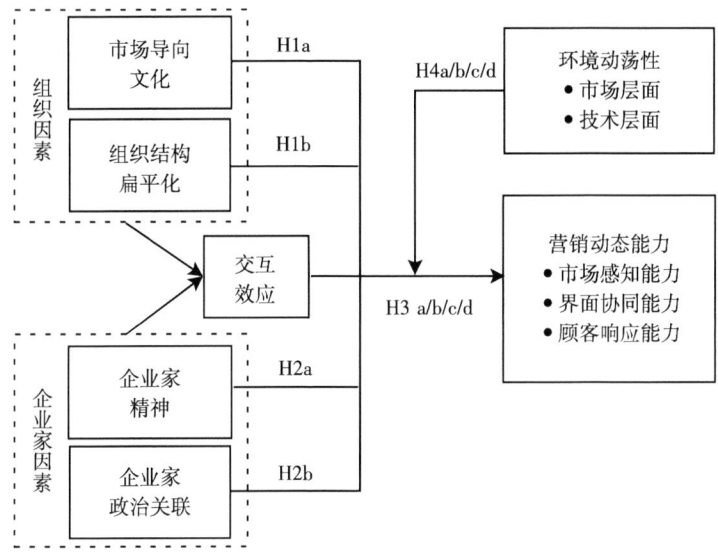

图 5-1 营销动态能力形成机制的理论模型

资料来源：本研究设计。

第二节 模型测量与问卷开发

本节聚焦于营销动态能力形成机制模型中的核心概念测量，以及根据预调研数据分析结论对测量进行评估，以完成正式研究问卷开发。而有关研究问卷设计的整体技术流程、正式调研过程及样本情况在第三章中已经详细说明，预调研过程与样本情况在第四章"营销动态能力量表开发"相关部分也已说明，此处不再赘述。

一、核心概念测量

（一）市场导向文化

在市场导向文化测量方面，Narver 和 Slater（1990）做出了开创性贡献。他们开发的市场导向测量工具成为市场导向文化的测量标杆，在后来有关市场导向的研究中得到广泛地运用。依据其对市场导向文化的概念化，他们对市场导向的测量是从顾客导向、竞争者导向和跨部门协调三个方面展开的，量表具体内容如表 5-1 所示。

表 5-1 Narver 和 Slater 等（1990）对市场导向的测量问项

问项		样本 1 (n=190)	样本 2 (n=175)
顾客导向	顾客承诺	Cronbach's α 0.8547	Cronbach's α 0.8675
	创造顾客价值		
	理解顾客需求		
	顾客满意目标		
	评价顾客满意		
	售后服务		
竞争者导向	销售人员分享竞争者信息	Cronbach's α 0.7164	Cronbach's α 0.7271
	对竞争者行为的快速反应		
	高层管理者讨论竞争者的战略		
	竞争优势的目标机会		
跨部门协调	跨部门顾客呼叫	Cronbach's α 0.7112	Cronbach's α 0.7348
	部门间信息分享		
	战略中的职能整合		
	所有部门服务于顾客价值		
	与其他业务单元分享资源		

资料来源：Narver J. & Slater S. The effect of a market orientation on business profitability [J]. Journal of Marketing, 1990, 54(3): 20-37.

Han 等（1998）在研究市场导向与企业绩效的关系时，以 Narver 和 Slater（1990）分析框架为理论基础，进行了量表开发（见表 5-2）。由于 Narver 和 Slater（1990）的研究文献中并未提供较为完善的市场导向测量问项，因此，本研究对 Han 等（1998）研究中所开发的市场导向测量工具给予特别重视。

表 5-2 Han 等（1998）对市场导向的测量问项

序号	问项（N=134）	
4	我们紧密地监控和评估我们在满足顾客需求方面的承诺水平	顾客导向 6 问项 (CA=0.83)
13	我们的管理者懂得员工如何行动更有利于顾客价值创造	
7	我们的竞争优势是建立在理解顾客需求的基础之上的	
2	顾客满意驱动着我们的业务目标	
10	我们经常评估顾客满意度	
11	我们密切关注售后服务	
1	在我们企业中，我们的销售人员分享关于竞争者的信息	竞争者导向 4 问项 (CA=0.79)
3	我们对竞争者行为进行快速的回应	
12	高层管理者经常性地讨论竞争者的优势和劣势	
14	运用竞争优势满足顾客需求是我们的首要目标	

第五章 营销动态能力的形成机制

续表

序号	问项（N=134）	
5	来自于各个业务部门的高层管理者经常性拜访顾客	跨部门协调 5问项 (CA=0.79)
6	有关顾客的信息能够在组织内进行自由的沟通	
8	企业内业务职能被充分地整合以服务于目标市场需求	
9	增加顾客价值的目标驱动着企业的业务战略	
15	我们与其他业务单元分享资源	

资料来源：Han J., Kim N. & Srivastava R. Market orientation and organizational performance: Is innovation a missing link? [J]. Journal of Marketing, 1998, 62 (4): 30-45.

Menguc 和 Auh（2006）在探讨市场导向与创新在建立企业层面动态能力的作用的研究中，借鉴 Moorman 和 Rust（1999）、Hult 和 Ketchen（2001）的观点，将市场导向视为多维构念，从顾客导向（6问项）、竞争者导向（4问项）和跨部门协调（5问项）对市场导向进行测量，如表 5-3 所示。

表 5-3 Menguc 和 Auh（2006）对市场导向的测量问项

序号	问项（N=242）	
1	我们的业务目标受顾客满意驱动	顾客导向 (α=0.84; CR=0.86; AVE=0.52)
2	我们密切关注和评估在服务顾客需求方面的承诺水平	
3	我们的竞争优势是建立在理解顾客需求的基础之上	
4	业务战略受增加顾客价值的目标驱动	
5	我们经常评估顾客满意水平	
6	我们密切关注售后服务	
7	在我们组织中，我们的销售人员分享关于竞争者的信息	竞争者导向 (α=0.79; CR=0.80; AVE=0.51)
8	我们快速地对竞争者行为进行回应	
9	我们经常讨论竞争者的优势和劣势	
10	当我们有机会建立竞争优势时，顾客是我们的首要目标	
11	我们与其他业务单元分享信息	跨部门协调 (α=0.82; CR=0.83; AVE=0.50)
12	我们的管理者理解员工怎样才有助于顾客价值创造	
13	我们来自于不同业务部门的高层管理者经常拜访顾客	
14	业务战略被增加顾客价值的目标驱动	
15	业务职能被整合，以服务于目标市场需求	

资料来源：Menguc B. & Auh S. Creating a firm-level dynamic capability through capitalizing on market orientation and innovativeness [J]. Journal of the Academy of Marketing Science, 2006, 34 (1): 63-73.

企业营销动态能力研究

此外，对市场导向文化的测量，除了 Narver 和 Slater（1990）开发的量表以外，Homburg 和 Pflesser（2000）[①] 也对作为组织文化的市场导向进行测量开发，他们从价值观、规范和可视物三个方面来概念化市场导向，并进行测量，共设计有 66 个问项。这套市场导向文化测量工具也被后来研究者的研究所借鉴（例如，Lee 等，2006；等等）。但是，由于测量过于烦琐，主要表现在测量维度和问项数量都较多，从而影响其理论实用性和操作可行性，导致应用相对比较少。此外，本研究是从顾客导向、竞争者导向和跨部门沟通三个层面探讨市场导向文化，因此，对 Homburg 和 Pflesser（2000）的测量问项不再赘述。

从以上的文献梳理可以发现，绝大多数对市场导向文化的测量工具均来自于 Narver 和 Slater（1990）所提出的理论架构。因此，本研究主要借鉴 Han 等（1998）的测量工具，围绕顾客导向、竞争者导向和跨部门协调三个层面，对市场导向文化测量问项进行开发。初步的问项设计如表 5-4 所示。

表 5-4 本研究对市场导向文化的测量问项

序号	问项
Of01	企业紧密地监控和评估在满足顾客需求方面的承诺水平
Of02	企业的管理者懂得员工如何行动更有利于顾客价值创造
Of03	顾客满意驱动着企业的业务目标
Of04	在我们企业中，销售人员分享关于竞争者的信息
Of05	企业的高层管理者经常性地讨论竞争者的优势和劣势
Of06	运用竞争优势满足顾客需求是企业的首要目标
Of07	有关顾客的信息能够在组织内进行自由的沟通
Of08	在企业中，各项职能被充分地整合以满足市场需求
Of09	企业与市场范围内其他业务单元分享资源

资料来源：本研究整理。

（二）组织结构扁平化

组织结构扁平化是与以集权化与形式化为特征的金字塔式组织结构相对应的组织结构形式，因此，对于组织结构扁平化的测量，一方面，直接来自于研究文献中对其测量的问项；另一方面，本研究也考虑将测量集中化和形式化（或官僚性）组织结构的问项作为反向问项用于组织结构扁平化测量问项开发。

[①] Homburg C. & Pflesser C. A multiple-layer model of market-oriented organizational culture: Measurement issues and performance outcomes [J]. Journal of Marketing Research, 2000, 37 (4): 449–462.

第五章 营销动态能力的形成机制

在与营销相关的组织结构测量方面，John 和 Martin（1984）做出了开创性的贡献，他们在探讨组织结构与企业营销规划能力关系的研究中，开发了组织结构的测量量表，如表 5-5 所示。

表 5-5 John 和 Martin（1984）对组织结构扁平化的测量问项

序号	问项（N=292；Coefficient α=0.70）
1	在规划形成过程中，企业设立了许多一致性要求
2	对于规划的开始、编辑阶段和完成过程有许多详细的规定
3	在企业中，营销包含许多相关的责任领域
4	在企业中，营销活动是高度部门化的

资料来源：John G. & Martin J. Effects of organizational structure of marketing planning on credibility and utilization of plan output [J]. Journal of Marketing Research, 1984, 21 (2): 170–183.

Jaworski 和 Kohli（1993）在研究市场导向时对企业组织结构的形式化和集中化问题进行了测量，这也是国外研究者较早系统地对组织结构问题进行测量与研究，如表 5-6 所示。

表 5-6 Jaworski 和 Kohli（1993）对组织结构扁平化的测量问项

序号	问项（N=230；Coefficient α=0.67）
1	我感觉在大多数事情上，我是我自己的老板
2	一个人可以做出他自己的决定，而不需要与其他任何人进行协商
3	这里的人被允许做他们高兴做的大多数事情
4	事情怎么做，由具体做事的人自己决定
5	大多数人在他们工作中行使自己的规则
6	这里的员工不断地被管理者检查是否违反规定
7	这里的员工感觉到他们一直被观察，看他们是否违反了所有的规定

资料来源：Jaworski B. & Kohli A. Market orientation: Antecedents and consequences [J]. Journal of Marketing, 1993, 57 (3): 53–72.

Jayachandran 等（2004）借鉴 Aiken 和 Hage（1968）组织结构研究对适应性组织结构进行测量，如表 5-7 所示。

表 5-7 Jayachandran 等（2005）对组织结构扁平化的测量问项

序号	问项（N=227；Cronbach's α=0.83）
1	在上级主管批准一项决定以前，我们很少事先采取行动
2	如果一个员工想做出自己的决定，他很快会被劝阻
3	即使一件小事，都需要向上级领导寻求最终意见或答案
4	我们做出的任何决定都必须经过主管的批准

资料来源：Jayachandran J., Hewett K. & Kaufman P. Customer response capability in a sense-and-respond era: The role of customer knowledge process [J]. Journal of the Academy of Marketing Science, 2004, 32 (3): 219–233.

Chen 和 Huang（2007）在探讨组织结构与知识管理关系的研究中，借鉴 Germain（1996），以及 Andrews 和 Kacmar（2001）的观点，从组织的形式化、集中化和整合三个方面对组织结构进行测量，如表 5-8 所示。

表 5-8　Chen 和 Huang（2007）对组织结构扁平化的测量问项

序号	问项（N=146）	Cronbach's α
1	企业有许多明确的工作规则和政策	形式化 α=0.791
2	员工根据企业制定的清晰工作程序展开各项工作	
3	企业依靠严格的监督来控制日常运营	
4	员工有执行他们自己工作的自主权	集中化 α=0.726
5	员工参与到企业的决策制定过程中	
6	员工从许多渠道寻求问题的解决方案	
7	企业垂直地整合在一起	整合 α=0.948
8	企业水平地整合在一起	

资料来源：Chung-Jen Chen. & Jing-Wen Huang. How organizational climate and structure affect knowledge management: The social interaction perspective [J]. International Journal of Information Management, 2007, 27 (1): 104-118.

根据以上研究者的测量工具，并结合营销动态能力研究的相关议题，本研究借鉴 Jaworski 和 Kohli（1993）、Jayachandran 等（2004），以及 Chen 和 Huang（2007）的测量工具对组织结构扁平化进行测量，具体问项如表 5-9 所示。

表 5-9　本研究对组织结构扁平化的测量问项

序号	问项
Of10	在企业中，无论什么工作都有许多明确而细致的规则和要求
Of11	企业员工必须根据企业已有的清晰工作程序展开各项工作
Of12	在完成具体工作时，企业员工拥有自主权
Of13	在企业中，如果一个员工想做出自己的决定，他很快会被同事劝阻
Of14	企业员工参与到企业的决策制定过程中
Of15	在上级主管批准一项决定以前，下级部门很少事先采取行动
Of16	下级部门做出的任何决定都必须经过上级主管的批准

资料来源：本研究整理。

（三）企业家精神

Zahra（1996）比较早地从企业层面开发企业家精神测量工具，主要包含创新、风险投资和战略更新 3 个维度，该量表包含 14 个问项（见表 5-10），该量表主要由企业全体高管团队成员（包括首席执行官）提供评价。其中，对创新的测量主要借鉴 Lumpkin 和 Dess（1996）和 Miller（1993）等的研究，着力考察企业创新承诺水平；对风险投资的测量借鉴 Block 和 Mac-Millan（1993），以及 Zahra（1993）等研究，主要对企业投资活动与开创新业务进行考察；对战略更新的测量借鉴 Sathe（1989）及 Hoskisson 和 Hitt（1994）等研究，主要衡量企业优化竞争水平，以及通过限制非盈利运营、增强内部效率来优化业务领域。

表5-10 Zahra（1996）对企业家精神的测量问项

序号	问项（N=138）		Cronbach's α
1		企业在研发方面的投入超过行业平均水平	创新 α=0.75
2		企业保持有行业一流的研发设备	
3		企业在市场新产品推出方面超过行业平均水平	
4		企业比主要竞争对手拥有更多专利	
5		企业引领了产业内的一些突破型创新	
6	过去三年	企业进入了许多新行业	风险投资 α=0.70
7		企业显著地拓展和增强国际化经营活动	
8		企业在不同行业并购了一些企业资产	
9		企业建立或者资助了一些新创企业或机构	
10		企业关注现有业务绩效提升，而不是开拓新业务	
11		企业裁撤了一些盈利不佳的业务单元	战略更新 α=0.73
12		企业针对不同业务单元改变了竞争战略	
13		企业为提升业务单元生产率采取了新措施	
14		企业重组运营体系以强化不同业务单元间的协作与交流	

资料来源：Zahra S. Goverance, ownership, and corporate entrepreneurship: The moderating impact of industry technological opportunities [J]. The Academy of Management Journal, 1996, 39 (6): 1713-1735.

国内研究者蒋春燕和赵曙明（2006）在研究社会资本和公司企业家精神与绩效的关系时，参考 He 和 Wong（2004）的测量量表，将公司企业家精神划分为渐进式与激进式两类，并通过8个问项进行测量，如表5-11所示。

表5-11 蒋春燕和赵曙明（2006）对企业家精神的测量问项

序号	问项（N = 179）	Cronbach's α
1	提高现有产品的质量	渐进式企业家精神 α=0.86
2	提高当前生产的灵活性	
3	降低现有生产成本	
4	高产品的产出和降低耗能	
5	引进全新一代的产品	激进式企业家精神 α=0.81
6	拓展全新的产品范围	
7	开发全新的市场	
8	进入全新的技术领域	

资料来源：蒋春燕，赵曙明.社会资本和公司企业家精神与绩效的关系：组织学习的中介作用——江苏与广东新兴企业的实证研究[J].管理世界，2006（10）：90-99.

陈忠卫和郝喜玲（2008）在创业团队企业家精神与公司绩效关系的实证研究中，在 Miller（1983）的研究基础上，既采纳衡量企业家精神从创新、冒险和积极进取 3 个维度切入的一般性做法，又充分考虑创业团队层次的企业家精神在上述 3 个维度的特殊性，将创业团队企业家精神的本质特征提炼为集体创新、分享认知、共担风险、协作进取 4 个维度来开发量表，如表 5-12 所示。

表 5-12　陈忠卫和郝喜玲（2008）对企业家精神的测量问项

序号	问项（N = 179）	Cronbach's α
1	比同行竞争对手率先抓住市场机会	协作进取 α=0.779
2	能对外部环境的动态变化保持敏感性	
3	比同行竞争对手更加重视市场机会的开发	
4	一致认同追求卓越的标准	
5	愿意采纳高管团队成员所提供的有价值的新观点	分享认知 α=0.696
6	拥有关于决策所需的新知识并愿意主动同大家分享	
7	对所讨论的问题有新观点并愿意积极地同大家分享	
8	项目实施出现挫折时团队成员愿意一起分析原因	共担风险 α=0.626
9	成员愿意就新项目的成本与收益进行深入讨论	
10	项目没有取得预期收益时各成员也不会相互指责	
11	多种资源获取方案的选择往往采用集体决策法	集体创新 α=0.628
12	公司喜欢以集体智慧来完善市场开发方案	

资料来源：陈忠卫, 郝喜玲. 创业团队企业家精神与公司绩效关系的实证研究 [J]. 管理科学, 2008 (1)：39-48.

蔡华等（2009）开发的测量工具，主要是围绕民营企业家的企业家精神测量展开，量表从创新精神、合作精神、敬业精神、学习精神以及责任精神五个方面进行测量，共计 29 个问项，如表 5-13 所示。

表 5-13　蔡华等（2009）对企业家精神的测量问项

序号	问项（N=412）	Cronbach's α
1	对新情况有敏锐的洞察力	创新精神 α=0.811
2	敢于做出变革	
3	有冒险精神，敢于承担风险	
4	决策果断，勇于创新	
5	善于抓住机遇	
6	主动与他人沟通、交流	合作精神 α=0.733
7	信守承诺	
8	良好的人际关系	

续表

序号	问项 (N=412)	Cronbach's α
9	尊重他人	合作精神 α=0.733
10	团队精神	
11	凝聚力强	
12	宽容员工的失败	
13	不怕困难，视挑战为机会	敬业精神 α=0.679
14	对事业锲而不舍	
15	敢于牺牲，乐于奉献	
16	胸怀大志，有明确的目标和计划	
17	旺盛的工作热情	
18	求真务实，讲求效率	
19	学习国家及地方新政策	学习精神 α=0.802
20	学习新知识，并用于指导实践	
21	独立思考	
22	带动他人一起学习知识	
23	注重市场导向，善于模仿	
24	具有民族使命感	责任精神 α=0.758
25	对员工负责	
26	具有社会责任感，回报社会	
27	注重公众利益，保护环境	
28	尊重社会文化与习俗	
29	守法经营	

资料来源：蔡华，于永彦，蒋天颖．民营企业家精神的测量与分析［J］．统计与决策，2009（16）：163-165.

Lumpkin等（2009）在研究自主性与公司企业家精神的关系时，借鉴Covin和Slevin（1989）、Lumpkin（1998）及Lumpkin和Dess（2001）的测量量表，从创新性、积极性和风险承担性对公司企业家精神进行测量。

表5-14 Lumpkin等（2009）对企业家精神的测量问项

序号	问项 (N=125)	维度
1	通常相对于强调研发、技术和创新，公司高管更加青睐于营销尝试和产品销售及服务	创新性
2	过去的5年里，公司没有建立新的产品和服务渠道	
3	公司的产品和服务渠道变化很小	
4	公司高管倾向于自己探索和尝试解决问题，而不是模仿其他公司的解决方法	
5	相对于引进别人的生产技术和方法，公司更倾向于设计自己的独特新工艺和生产方式	
6	应对竞争时，公司通常只是对竞争行为做出回应而不是发起竞争	积极性
7	面对竞争时，公司很少第一个引进新产品和服务、管理方法和操作技术	

续表

序号	问项 (N =125)	维度
8	公司通常竭力避免激烈的竞争冲突	积极性
9	公司高管倾向于跟随行业趋势进入新领域或生产新产品,而不是领先于其他竞争者来引领行业发展趋势	
10	相对于高风险项目,公司高管更倾向于低风险项目	风险承担性
11	公司高管偏好于小心谨慎地逐步探索市场环境,而不是通过大胆广泛的行为来实现公司目标	
12	面临不确定性时,公司通常采取谨慎、观望的姿态,最大限度地降低决策成本	
13	面临问题障碍时,公司倾向于仔细研究之后制订方案解决它,而不是直接采用可能的解决方案	

资料来源:Lumpkin T., Cogliser C. & Schneider R. Understanding and measuring autonomy: An entrepreneurial orientation perspective [J]. Entrepreneurship Theory & Practice, 2009, 33 (1): 47-69.

冯海燕和王方华(2015)综合 Covin 和 Slevin(1989)、Lumpkin 和 Dess(2001)、Lumkin 等(2009)的三大量表,将企业家精神分为创新、风险承担、超前行动、竞争进取和自主五个维度,并采用 10 个题项进行测量,但在探索性因子分析和信度检验后确定两个因子:创新先动性与冒险进取性,最终形成包含 10 个问项的企业家精神测量工具,如表 5-15 所示。

表 5-15 冯海燕和王方华(2015)对企业家精神的测量问项

序号	问项 (N =127)	Cronbach's α
1	企业经常率先引进新产品、服务、管理方法和生产技术等	创新先动性 α=0.717
2	高管团队高度重视研发活动、技术领先与创新	
3	最近 3 年,企业在市场上推出了很多新产品或新服务	
4	最近 3 年,企业的产品或服务进行了较大程度的更新	
5	高管团队强烈倾向先于竞争者引进新创意或新产品	
6	高管团队强烈偏好可能获得高回报的高风险项目	冒险进取性 α=0.706
7	企业采用非常具有竞争性的、"消灭竞争对手"的姿态	
8	企业经常率先发起竞争行动,然后竞争对手被迫响应	
9	面对不确定性时,企业倾向于采取大胆、进取的姿态,以最大可能开发潜在机会	
10	高管团队相信由于环境,为实现经营目标,须采取大胆行动	

资料来源:冯海燕,王方华.企业家精神何以落地:创业导向影响竞争优势的路径研究 [J].经济与管理研究,2015(7):111-118.

本研究将企业家精神视为一种赋予现有资源新价值的革新意识与行为。创新精神和冒险精神是企业家精神的重要方面,既包括企业家在创造经济价值过程中体现出的创新意识,又涵盖企业家在不确定环境进行创新性活动的冒险精神。借鉴上述成熟测量工具,开发企业家精神测量工具如表5-16所示。

表5-16 本研究对企业家精神的测量问项

序号	问项
Ef01	企业家具有开拓精神,敢于承担风险
Ef02	企业家相信风险越大,回报越高
Ef03	企业家善于学习新知识,并用于指导实践
Ef04	企业家善于运用新理论解决现有问题
Ef05	企业家集思广益,注重发挥团队力量
Ef06	企业家致力于发展新业务
Ef07	企业家不怕困难,视挑战为机会
Ef08	企业家对实现企业经营目标充满责任和使命感

资料来源:本研究整理。

(四)政治关联性

在以往研究中,对于政治关联的界定是企业高层管理者中是否有人具有政治背景,即有人正在或者曾经在政府部门或其他权力部门任职,如Li等(2015)、Zhang等(2014)则把公司高管在建立和维护政治关系时投入的时间长短作为衡量政治关联的依据;Shen等(2015)在研究台湾具有较强治理结构的企业是否还需要政治联系时,还将高管的政治倾向也作为衡量政治关联的指标。

Peng和Luo(2000)在研究管理者与其他公司及政府官员的微观人际关系时,通过Likert七点量表评估受访者与政府官员之间的关系。

表5-17 Peng和Luo(2000)对企业家政治关联的测量问项

序号	问项(N=127)
1	与各级政府领导人的关系
2	与企业相关机构(如工业局等)官员的关系
3	与监管及支持机构(如税务局、国家银行、工商行政管理局)官员的关系

资料来源:Peng M. & Luo Y. Managerial ties and firm performance in a transition economy: The nature of a micro-macro link [J]. Academy of Management Journal, 2000, 43 (3): 486-501.

Li和Zhang(2007)在探讨中国转型经济条件下,企业家政治关联和工作经验对企业风险投资绩效的影响关系研究中,借鉴Xin和Pearce(1996)的研究方法,从四个方面对政治关联进行测量,如表5-18所示。

表 5-18　Li 和 Zhang（2007）对企业家政治关联的测量问项

序号	问项（N = 184；Cronbach's α=0.70）
1	耗费许多精力来培养与政府官员及其机构的关系
2	与国有银行及其他政府机构保持良好的关系
3	投入大量资源与行政机关的官员保持良好的关系
4	在建立和维系与政府高层官员的关系时花费很多钱

资料来源：Li H, Zhang Y. The role of managers' political networking and functional experience in new venture performance: Evidence from China's transition economy [J]. Strategic Management Journal, 2007, 28 (8): 791-804.

Sheng 等（2011）对 241 家中国企业的研究中，借鉴 Xin 和 Pearce（1996）、Li 和 Zhang（200），以及 Peng 和 Luo（2000）的观点和测量工具对企业家政治关联进行测量（见表 5-19）。该量表较好地综合已有研究中测量工具的优点，并得到后续研究的大量引用。

表 5-19　Sheng 等（2011）对企业家政治关联的测量问项

序号	问项（N=241）	Cronbach's α
1	高层管理者与各级政府官员保持良好的私人关系	α=0.88
2	管理者与监管和支持部门（如税务工商、海关、银行等）建立了良好的关系	
3	企业与地方政府官员的关系状态良好	
4	企业为建立与政府官员的关系花费大量资源	

资料来源：Sheng S., Zhou K. & Li J. The effects of business and political ties on firm performance: Evidence from China [J]. Journal of Marketing, 2011, 75 (1): 1-15.

Kotabe 等（2014）在政治网络能力与吸收能力对新兴市场企业创新绩效互补效应影响的研究中，在 Gu 等（2008）、Luo（2000）以及 Peng 和 Luo（2000）的研究基础上，通过考察 2004~2006 年相对于行业排名前三的竞争者，企业获取关键资源的能力，来反映其与政府官员和立法者之间的关系，如表 5-20 所示。

表 5-20　Kotabe 等（2014）对企业政治关联的测量问项

序号	问项（N = 108；Cronbach's α=0.77）
1	财务资源（例如，税收优惠、银行贷款、长期债务等）
2	营销资源（例如，市场研究、销售和分销渠道等）
3	其他资源（例如，社会关系与其他政府机构、研究机构等）

资料来源：Kotabe M., Jiang X. & Murray Y. Examining the complementary effect of political networking capability with absorptive capacity on the innovative performance of emerging-market firms [J]. Journal of Management, 2014, 25 (11): 1-26.

第五章 营销动态能力的形成机制

通过上述分析可以发现，当前对政治关联的研究和测量主要是企业组织视角，以及管理者或企业家个人视角，而本研究主要从企业家视角探讨政治关联议题。因此，主要借鉴 Sheng 等（2011），并综合 Peng 和 Luo（2000），以及 Li 和 Zhang（2007）的测量工具对企业家政治管理进行测量，如表 5-21 所示。

表 5-21 本研究对企业家政治关联性的测量问项

序号	问项
Ef09	企业家与各级政府官员保持着良好的私人关系
Ef10	企业家与监管和支持部门（如税务工商、海关、银行等）建立了良好的关系
Ef11	企业家在各级行业协会或其他非营利性组织担任领导职务
Ef12	企业家在各级人大、政协组织中担任委员或领导职务
Ef13	企业家有在政府或行业主管部门任职经历
Ef14	企业家运用大量资源与各级政府官员建立友好关系

资料来源：本研究整理。

（五）环境动荡性

对环境动荡性的考察主要从企业外部市场环境中市场和技术两方面特征进行。对环境动荡性测量问项开发，本研究充分考察和借鉴以往营销研究者对环境动荡性的测量，主要借鉴的文献如下：

Jaworski 和 Kohli（1993）是最早系统地对环境动荡性进行研究的研究者之一，他们的测量工具被以后的研究大量地借鉴运用，如表 5-22 所示。

表 5-22 Jaworski 和 Kohli（1993）对环境动荡性的测量问项

序号	问项（N=230）	
1	在我们的业务中，顾客的产品需求偏好一直在不断地变化	市场动荡性 （CA=0.79）
2	我们的顾客总是期待新的产品	
3	我们的顾客有时候对价格非常敏感，而有时候价格则不太重要	
4	在顾客购买以前，我们能察觉他们对产品和服务的需求	
5	新顾客都具有产品相关的需求，这和我们现有的顾客不同	
6	我们为许多相同的顾客提供服务，这些顾客是我们曾经服务过的	
7	我们产业中的技术在不断地改变	技术动荡性 （CA=0.88）
8	在我们产业中，技术变革提供了大量市场机会	

资料来源：Jaworski B. & Kohli A. Market orientation: Antecedents and consequences [J]. Journal of Marketing, 1993, 57(3): 53-72.

Han 等（1998）对环境动荡性的测量是在评估和考察企业现有市场位势和环境应对能力的基础上进行的，因此，可以说是一种相对的（相对于企业控制和应对能力）环境动态性，如表 5-23 所示。

表 5-23　Han 等（1998）对环境动荡性的测量问项

序号	问项（N=134）	
1	外部环境中市场变动的程度	市场动荡性 （CA=0.68）
2	顾客偏好频繁变化的程度	
3	降低市场不确定性的能力水平	
4	对市场机会的响应能力水平	
5	外部环境中技术变动的程度	技术动荡性 （CA=0.70）
6	在产品/流程创新方面的领导水平	
7	新技术对运营的影响程度	
8	对研究与规划配置资源的水平	

资料来源：Han J., Kim N. & Srivastava R. Market orientation and organizational performance: Is innovation a missing link? [J]. Journal of Marketing, 1998, 62（4）：30-45.

Jayachandra 等（2005）在检验关系信息处理的绩效结果，以及技术在顾客关系管理活动中的作用时，将环境动荡性作为关键调节变量，并借鉴 Jaworski 和 Kohli（1993）的研究成果对环境动荡性进行测量，如表 5-24 所示。

表 5-24　Jayachandra 等（2005）对环境动荡性的测量问项

序号	问项（N=172;CA=0.89）
1	在我们的业务中，顾客的产品偏好在持续地变化
2	在顾客没有购买之前，我们能确定他们对我们产品和服务的需求
3	在本产业中，技术正在快速地变革
4	在本产业中，通过技术突破使许多新产品构思变得可行

资料来源：Jayachandra S., Sharma S. & Raman P. The role of relational information processes and technology use in customer relationship management [J]. Journal of Marketing, 2005, 69（4）：177-192.

Menguc 和 Auh（2006）对环境动荡性的测量是借鉴 Han 等（1998）量表，但并不是对态度的测量，而是通过被调查者对问项的直接打分（1~5 分）获取研究数据，如表 5-25 所示。

表 5-25　Menguc 和 Auh（2006）对环境动荡性的测量问项

序号	问项（N=242）	
1	市场动荡程度	市场动荡性 （α=0.88；CR=0.88；AVE=0.64）
2	顾客偏好变化频率	
3	降低市场不确定性的能力	
4	对市场机会做出响应的能力	

第五章 营销动态能力的形成机制

续表

序号	问项（N=242）	
5	技术动荡程度	技术动荡性 (α=0.76；CR=0.78；AVE=0.54)
6	在产品/流程创新方面的领导地位	
7	新技术对运营的影响	

资料来源：Menguc B. & Auh S. Creating a firm-level dynamic capability through capitalizing on market orientation and innovativeness [J]. Journal of the Academy of Marketing Science, 2006, 34（1）：63-73.

据以上分析归纳，本研究借鉴以往有关战略议题研究中对环境动荡性的考察维度，主要从市场和技术两个方面衡量环境动荡性。在市场方面，主要考察顾客偏好和顾客预期的变化频率和可预测性；在技术方面，主要考察在产业环境中，本产业中技术变革的频率，以及技术变革对企业的影响程度。具体问项设计如表5-26 所示。

表5-26 本研究对环境动荡性的测量问项

序号	问项
Et01	在本产业中，顾客的产品需求偏好一直在不断地变化
Et02	我们的顾客总是期待新产品
Et03	我们的顾客能够清楚地表述其需求
Et04	在顾客购买以前，企业能察觉他们对产品和服务的需求
Et05	在本产业中，通过技术突破使许多新产品构思变得可行
Et06	在本产业中，技术正在快速地变革
Et07	在本产业中，技术变革提供了在市场上的大量机会
Et08	本产业主流技术发展趋势可以被很好地研判

资料来源：本研究整理。

（六）控制变量

在控制变量方面，本研究主要涉及三类控制变量：

（1）企业规模。在企业规模的测量方面，大多数研究将企业雇员数量视为衡量企业规模的关键指标（例如，Delios 和 Henisz，2003；许晖等，2006；Flores 和 Aguilera，2007；等等）；也有少数研究将企业的销售额作为衡量指标（例如，Rathaermel 等，2006）。为了遵循大多数研究的惯例，并考虑到被调查企业一般不愿意透露营业额数据的现实情况，本研究运用企业正式员工的数量衡量企业规模。

（2）企业年龄。在企业年龄的考察方面，本研究遵循此前研究的惯例（例如，Flores 和 Aguilera，2007；纪春礼，2011；等等），用企业成立年限（截至

2013年12月)进行衡量。

(3) 行业特征,即企业所在行业。已有研究对行业分类按照服务业和制造业设置一个虚拟变量（例如,Brouthers 等,2003;Simsek 等,2007),或者按照 SIC 行业代码设计多个虚拟变量（例如,Rodriguez 等,2005;Nadkarni 和 Narayanan,2007)。考虑到以往有关企业能力的研究中,主要体现在服务业和制造业的区别上,而且如果按照行业使用多个虚拟变量则需要更大的样本,因此本研究仅设置一个区别服务业与制造业的虚拟变量:"0"表示制造业,"1"表示服务业。

根据以上对核心概念测量的问项设计,初步形成包含36个问项（其中,组织因素16问项、企业家因素13问项,环境动荡性7问项;对营销动态能力的测量及评价详见第四章)的预调研问卷。在该调查问卷中,除特别说明的问项以外,其他问项均使用 Likert 6 点量表:1=非常不同意,6=非常同意。

二、预调研与问卷修正

初步完成问卷开发后,本研究仍然通过"问卷提炼"和"预调研"两大步骤对问卷进行检测和修正,以形成本研究所用的正式调研问卷。对于以上两大步骤,本研究第四章有关"初始量表与预调研"部分已进行详细阐明,预调研样本企业分布情况如表4-2所示。

在对预调研所获数据进行整理后,本研究运用 SPSS 15.0 软件,通过信度分析和探索性因子分析对预调查问卷中的测量问项进行检验与修正。对测量工具 Cronbach's α 值的整体判断和对各测量问项的提炼与修正是信度检验的基础和关键。根据 Churchill (1979)[①] 的观点,当测量量表的 Cronbach's α 值大于 0.7 时,表示问卷具有可以接受的信度水平。同时,在问卷的修正过程中,需要先剔除影响量表信度的"垃圾测量问项"后再进行探索性因子分析,这样能够避免多维度结果的出现,从而能更好地解释每个因子的含义。

在具体标准的运用上,本研究对测量工具的信度分析采用 Cronbach's α 值作为衡量标准,按照一般研究惯例,通过删除对测量变量贡献较小或毫无贡献的问

---

① Churchill, Gilbert A., Jr. A paradigm for developing better measures of marketing constructs [J]. Journal of Marketing Research, 1979, 16(2): 64–73.

项，从而增进测量量表的信度。根据 Zaichowsky（1985）[①] 和 Bagozzi 等（1988）[②] 的观点，本研究运用以下三项指标：①修正问项总相关系数（CITC）应该等于或大于 0.4；②相关系数的平方（SMC）应该大于或等于 0.5；③删除后测量的信度系数显著增加（CAID）。根据以上标准，对预调研问卷相关指标系数统计分析。根据以上标准，对预调研问卷相关指标系数统计分析如表 5-27 所示。

表 5-27 模型核心概念测量的相关指标系数

核心概念	预调研问项编号	CITC	SMC	CAID	是否保留	正式问卷问项编号
市场导向文化 （α=0.893）	Of01	0.582	0.603	0.725	Y	Of01
	Of02	0.403	0.453	0.905	N	
	Of03	0.621	0.747	0.802	Y	Of02
	Of04	0.505	0.627	0.891	Y	Of03
	Of05	0.643	0.754	0.792	Y	Of04
	Of06	0.563	0.652	0.861	Y	Of05
	Of07	0.631	0.704	0.805	Y	Of06
	Of08	0.378	0.473	0.907	N	
	Of09	0.458	0.579	0.852	Y	Of07
组织结构扁平化 （α=0.904）	Of10	0.582	0.603	0.837	Y	Of08
	Of11	0.613	0.706	0.817	Y	Of09
	Of12	0.673	0.751	0.794	Y	Of10
	Of13	0.379	0.457	0.928	N	
	Of14	0.605	0.713	0.791	Y	Of11
	Of15	0.388	0.503	0.917	N	
	Of16	0.702	0.796	0.893	Y	Of12
企业家精神 （α=0.884）	Ef01	0.503	0.654	0.815	Y	Ef01
	Ef02	0.725	0.793	0.798	Y	Ef02
	Ef03	0.573	0.665	0.854	Y	Ef03
	Ef04	0.569	0.693	0.815	Y	Ef04
	Ef05	0.673	0.741	0.867	Y	Ef05
	Ef06	0.371	0.463	0.906	N	
	Ef07	0.493	0.574	0.875	Y	Ef06
	Ef08	0.673	0.716	0.819	Y	Ef07

---

① Zaichkowsky J. Measuring the involvement construct [J]. Journal of Consumer Research, 1985, 12 (3): 341-352.

② Bagozzi P., Baumgartner J. & Yi Y. An investigation into the role of intentions as mediators of the attitude-behavior relationship [J]. Journal of Economic Psychology, 1989, 10 (1): 35-62.

续表

核心概念	预调研问项编号	CITC	SMC	CAID	是否保留	正式问卷问项编号
企业家政治关联 (α=0.905)	Ef09	0.754	0.783	0.876	Y	Ef08
	Ef10	0.601	0.676	0.814	Y	Ef09
	Ef11	0.592	0.648	0.809	Y	Ef10
	Ef12	0.636	0.712	0.829	Y	Ef11
	Ef13	0.375	0.469	0.923	N	
	Ef14	0.503	0.627	0.894	Y	Ef12
环境动荡性 (α=0.847)	Et01	0.586	0.623	0.864	Y	Et01
	Et02	0.479	0.583	0.899	Y	Et02
	Et03	0.584	0.672	0.815	Y	Et03
	Et04	0.706	0.794	0.765	Y	Et04
	Et05	0.683	0.759	0.857	Y	Et05
	Et06	0.549	0.603	0.865	Y	Et06
	Et07	0.578	0.664	0.835	Y	Et07
	Et08	0.361	0.452	0.913	N	

资料来源：本研究整理。

在进行信度检验和问项提炼后，本研究使用探索性因子分析（EFA）检验量表的建构效度。在进行探索性因子分析之前，需要从以下两个方面检验量表和问项是否适合进行该项分析：

一方面，如果在测量中原有概念之间相互独立，则无法提取共同因子。因此，在进行探索性因子分析之前，需要对本量表中各问项之间的相关关系进行检验。本研究中，通过计算构念的相关系数矩阵，结果表明各构念间的相关系数在0.3以上，具有较显著的相关关系，因此适合进行因子分析。

另一方面，根据 Kaiser（1974）[①] 提出的标准，只有当 KMO 值介于 0.6~1.0，且 Bartlett 球形检验中的卡方近似值越大并显著时，才适合进行因子分析。在本研究中，模型各核心概念测量的检验结果显示（见表5-28）：各测量构念的 KMO 值介于 0.705~0.892，且 Bartlett 球形检验的卡方统计值及显著性水平均达到相应标准。以上结论说明对组织及企业家因素，以及环境动荡性等概念的测量数据适合进行探索性因子分析。

[①] Kaiser H. An index of factorial simplicity [J]. Psychometrika, 1974, 39(1): 31-36.

第五章 营销动态能力的形成机制

表 5-28 核心概念的 KMO 值和 Bartlett 球形检验

检验项 测量构念	KMO 值	Bartlett 球形检验		
		Approx.Chi-Square	df	sig.
市场导向文化	0.782	708.842	55	<0.001
组织结构扁平化	0.705	755.692	59	<0.001
企业家精神	0.788	674.395	51	<0.001
企业家政治关联	0.892	1265.496	66	<0.001
环境动荡性	0.793	685.297	63	<0.001

资料来源：本研究整理。

在探索性因子分析中，本研究采用主成分萃取因子法及最大变异转轴法，根据特征值大于 1 的标准，对因子分析结果中各主要测量变量进行了因子载荷提取，如表 5-29 所示。

表 5-29 核心概念探索性因子分析结果

测量构念		测量问项	因子载荷
市场导向文化	Of01	企业紧密地监控和评估在满足顾客需求方面的承诺水平	0.793
	Of02	顾客满意驱动着企业的业务目标	0.825
	Of03	在我们企业中，销售人员分享关于竞争者的信息	0.774
	Of04	企业的高层管理者经常性地讨论竞争者的优势和劣势	0.835
	Of05	运用竞争优势满足顾客需求是企业的首要目标	0.817
	Of06	有关顾客的信息能够在组织内进行自由的沟通	0.846
	Of07	企业与市场范围内其他业务单元分享资源	0.852
组织结构扁平化	Of08	在企业中，无论什么工作都有许多明确而细致的规则和要求	0.816
	Of09	企业员工必须根据企业已有的清晰工作程序展开各项工作	0.749
	Of10	在完成具体工作时，企业员工拥有自主权	0.812
	Of11	企业员工参与到企业的决策制定过程中	0.797
	Of12	下级部门做出的任何决定都必须经过上级主管的批准	0.741
企业家精神	Ef01	企业家具有开拓精神，敢于承担风险	0.805
	Ef02	企业家相信风险越大，回报越高	0.794
	Ef03	企业家善于学习新知识，并用于指导实践	0.835
	Ef04	企业家善于运用新理论解决现有问题	0.783
	Ef05	企业家集思广益，注重发挥团队力量	0.742
	Ef06	企业家不怕困难，视挑战为机会	0.809
	Ef07	企业家对实现企业经营目标充满责任和使命感	0.786
企业家政治关联	Ef08	企业家与各级政府官员保持着良好的私人关系	0.812
	Ef09	企业家与监管和支持部门（如工商、海关、银行等）建立了良好的关系	0.807
	Ef10	企业家在各级行业协会或其他非营利性组织担任领导职务	0.784

续表

测量构念		测量问项	因子载荷
企业家政治关联	Ef11	企业家在各级人大、政协组织中担任委员或领导职务	0.796
	Ef12	企业家运用大量资源与各级政府官员建立友好关系	0.806
环境动荡性	Et01	在本产业中,顾客的产品需求偏好一直在不断地变化	0.813
	Et02	我们的顾客总是期待新产品	0.765
	Et03	我们的顾客能够清楚地表述其需求	0.826
	Et04	在顾客购买以前,企业能察觉他们对产品和服务的需求	0.765
	Et05	在本产业中,通过技术突破使许多新产品构思变得可行	0.787
	Et06	在本产业中,技术正在快速地变革	0.813
	Et07	在本产业中,技术变革提供了在市场上的大量机会	0.815

资料来源:本研究整理。

探索性因子分析结果显示,在根据信度分析删除各维度中的部分问项后,其余问项的单一因子载荷都超过了0.5,且不存在明显的跨因子分布。因此,本研究根据信度分析和探索性因子分析的结果,形成对自变量(市场导向文化、组织结构扁平化、企业家精神和企业家政治关联)和调节变量(环境动荡性)测量的正式调研问卷(见附录Ⅱ)。

三、正式调研与样本情况

本研究运用正式调研问卷进行研究数据收集工作。关于正式调研基本流程、质量控制及样本企业分布情况的内容已在本书第三章中有关"研究数据收集"的议题中进行了详细阐述,便不在此赘述。正式调研的样本企业地区分布及特征如表3-6所示。

第三节 实证检验与结论

在对模型概念进行测量,并收集数据后,研究进入实证检验环节,考察基于理论推演所提出的各项研究假设。在实证分析阶段主要包括两方面的内容:一是研究测量与数据质量的检验,主要指对测量变量的描述性统计分析,以及对研究测量信度与效度的检验;二是研究假设的验证,主要指对组织因素、企业家因素及二者交互效应,以及对环境动荡性调节效应的检验。

第五章 营销动态能力的形成机制

一、测量描述性统计分析

在对正式研究数据进行整理后,研究对营销动态能力形成机制模型中的核心概念测量问项进行描述性统计分析,分析的指标主要包括均值、标准差、偏度和峰度。均值主要反映测量问项的平均得分情况,而标准差则反映各问项得分情况的离散程度,偏度和峰度主要用于检验数据的正态性,只有符合正态分布的数据才适合运用极大似然法对结构模型进行估计。同时,样本的偏度与峰度越接近于0,则表示该变量的数据分布约接近正态性;数据的偏度小于2,同时峰度小于5,即可认为样本属于正态分布。[①] 从本研究的数据结论看(见表5-30),各观测变量的偏度和峰度系数均在较为理想的范围,可以认为理论模型中核心概念测量问项的数据呈现近正态分布,不影响极大似然法估计的稳健性。

表5-30 核心概念测量的描述性统计分析

问项	Of01	Of02	Of03	Of04	Of05	Of06	Of07	Of08
均值	4.021	4.103	3.921	3.884	3.751	3.036	4.115	3.005
标准差	0.673	1.075	0.754	1.129	1.004	1.211	1.047	1.257
偏度	−0.301	0.125	0.847	−0.953	−1.164	−1.571	0.368	−0.916
峰度	−0.194	1.047	−0.571	−0.147	0.239	0.927	−0.913	1.231
问项	Of09	Of10	Of11	Of12	Ef01	Ef02	Ef03	Ef04
均值	4.152	4.203	3.794	3.995	4.256	4.152	4.063	4.127
标准差	1.127	0.885	0.853	0.857	1.135	1.006	0.832	1.075
偏度	−0.741	−0.832	−0.814	−0.803	0.971	0.732	−0.653	−1.207
峰度	−0.368	0.174	0.268	0.742	−0.574	−0.473	−0.801	−0.904
问项	Ef05	Ef06	Ef07	Ef08	Ef09	Ef10	Ef11	Ef12
均值	4.034	3.358	4.142	3.673	3.957	4.063	3.903	3.563
标准差	1.175	0.371	1.063	0.819	0.901	1.175	1.041	0.763
偏度	−0.831	−0.649	−0.742	−1.073	−0.631	−0.665	−0.853	−0.758
峰度	0.601	−1.006	−0.832	0.721	−1.226	0.462	−0.759	−0.912
问项	Et01	Et02	Et03	Et04	Et05	Et06	Et07	
均值	4.147	3.973	3.784	4.148	3.842	3.794	4.241	
标准差	1.125	1.026	0.974	0.953	1.064	0.963	1.254	
偏度	−0.905	0.857	−0.758	0.673	−0.812	0.864	0.874	
峰度	0.527	−0.784	−0.931	1.271	−1.016	−0.783	−0.923	

资料来源:本研究整理。

[①] Ding L., Velicer W. & Harlow L. Effects of estimation methods, number of indicators per factor, and improper solutions on structural equation modeling fit indices [J]. Structural Equation Modeling: A Multidisciplinary Journal, 1995, 2(2): 119-143.

二、信效度检验

变量测量的内部一致性运用 Cronbach's α 值和组合信度（CR）两项指标进行检验。结论表明（见表 5-31）：五个核心变量的 α 值介于 0.847~0.938，均大于 0.7 水平。同时，各变量 AVE 值均大于 0.5 水平，且任意变量间相关系数不为 1，变量 AVE 值平方根均大于其所在行与列相关系数绝对值。可见，测量的信度及判别效度、收敛效度均比较理想。

表 5-31 测量的信效度检验结果

变量	α系数	CR	AVE	1	2	3	4	5	6
①营销动态能力	0.847	0.815	0.595	0.771					
②市场导向文化	0.915	0.901	0.586	0.213**	0.766				
③组织结构扁平化	0.879	0.863	0.601	0.192*	0.081	0.775			
④企业家精神	0.938	0.916	0.547	0.137	0.106	0.147	0.739		
⑤企业家政治关联	0.927	0.904	0.592	−0.095	−0.035	0.021	0.085	0.769	
⑥环境动荡性	0.873	0.842	0.585	0.002	0.036	0.058	0.092	0.083	0.765

注：对角线为潜变量的 AVE 值平方根；* 表示 $p<0.05$，** 表示 $p<0.01$。
资料来源：本研究计算整理。

研究所有测量问项均借鉴或改编自成熟量表，以确保测量的内容效度达到要求。同时，运用验证性因子分析检验核心变量的结构效度。在输出的验证性因子模型中（见表 5-32），模型卡方值与自由度的比值（χ^2/df）均介于 1.0~2.0，RMSEA 均小于 0.08 水平，绝对拟合度指标 GFI 和 AGFI 均超过 0.9 水平，简约拟合度指标 PGFI 和 PNFI 均达到 0.5 水平，表明变量的结构效度在可接受范围内。

表 5-32 变量的验证性因子分析结果

变量	χ^2/df	RMSEA	P 值	GFI	AGFI	PGFI	PNFI
标准值	1.0~2.0	<0.08	<0.05	>0.9	>0.9	>0.5	>0.5
营销动态能力	1.638	0.074	0.000	0.937	0.921	0.533	0.617
市场导向文化	1.521	0.063	0.000	0.942	0.933	0.601	0.624
组织结构扁平化	1.719	0.056	0.000	0.925	0.907	0.526	0.584
企业家精神	1.416	0.042	0.000	0.917	0.911	0.613	0.529
企业家政治关联	1.553	0.059	0.000	0.936	0.924	0.537	0.571
环境动荡性	1.382	0.065	0.000	0.912	0.907	0.528	0.531

资料来源：本研究计算整理。

第五章 营销动态能力的形成机制

三、研究假设检验

研究使用回归分析技术检验研究假设。依据一般研究惯例，在回归分析以前，为确保结论可靠性须排除潜变量之间可能的多重共线性。根据一般惯例，采用方差膨胀因子指数法（VIF）检测多重共线性问题。经计算得出6个核心概念的VIF指数值介于1.303~6.258，均处于（0，10）合理区间（见表5-29）。可见，各类变量无多重共线性现象存在，可以运用回归分析方法检验研究假设。研究按所选中变量分步进入的方法来进行回归，具体步骤如表5-33所示。

第一步，将所有控制变量引入回归方程，得到模型1。结果表明，控制变量与营销动态能力无显著关系。

第二步，将所有自变量引入回归方程，得到模型2，$\triangle F$值显著。结果表明，市场导向文化（$\beta=0.315$，$p<0.001$）、组织结构扁平化（$\beta=0.294$，$p<0.001$），以及企业家精神（$\beta=0.211$，$p<0.01$）均对营销动态能力有显著正向作用，企业家政治关联对营销动态能力的影响作用是负向，即H1a、H1b和H2a得到数据支持，而H2b未通过验证。

第三步，在模型2基础上将第一组交互变量"市场导向文化×企业家精神"和"组织结构扁平化×企业家精神"引入回归方程，得到模型3，$\triangle F$值显著。结论表明，市场导向文化与企业家精神交互效应对营销动态能力有显著积极效应（$\beta=0.296$，$p<0.001$），且该效应值大于二者单独效应水平，因此，H3a得到研究支持。然而，组织结构扁平化与企业家精神的交互效应并不显著（$\beta=0.097$，$p>0.05$），即H3c未得到研究数据支持。

第四步，在模型2的基础上将第二组交互变量"市场导向文化×企业家政治关联"和"组织结构扁平化×企业家政治关联"引入回归方程，得到模型4，$\triangle F$值显著。结论表明，市场导向文化与企业家政治关联交互效应对营销动态能力的影响作用为负向，且呈显著性（$\beta=-0.218$，$p<0.01$）；而组织结构扁平化与企业家政治关联交互效应对营销动态能力的影响作用没有被发现（$\beta=0.073$，$p>0.05$），即H3b和H3d均没有被研究证实。

第五步，在模型2的基础上将环境动荡性对组织因素与营销动态能力积极关系的调节变量引入回归方程，得到模型5，$\triangle F$值显著。结论显示，环境动荡性既正向调节市场导向文化与营销动态能力的积极关系（$\beta=0.313$，$p<0.001$），也

表 5-33 营销动态能力形成机制的回归分析结果

解释变量		营销动态能力 (2.475)					
		模型 1	模型 2	模型 3	模型 4	模型 5	模型 6
控制变量	企业年龄	0.013 (0.872)	0.015 (0.963)	0.026 (1.104)	0.021 (1.053)	0.020 (1.037)	0.022 (1.073)
	企业规模	0.027 (1.096)	0.022 (1.085)	0.014 (0.927)	0.019 (0.996)	0.021 (1.063)	0.024 (1.665)
	行业特征	0.049 (1.851)	0.045 (1.746)	0.038 (1.455)	0.040 (1.513)	0.042 (1.731)	0.041 (1.688)
自变量	市场导向文化 (1.303)		0.315 (12.974)***	0.286 (9.361)***	0.269 (8.216)***	0.315 (12.974)***	0.315 (12.974)***
	组织结构扁平化 (3.557)		0.294 (10.838)***	0.217 (6.875)**	0.223 (7.369)**	0.294 (10.838)***	0.294 (10.838)***
	企业家精神 (4.262)		0.211 (6.563)**	0.197 (5.527)*	0.191 (5.563)*	0.202 (6.169)**	0.207 (6.738)**
	企业家政治关联 (6.258)		-0.206 (-5.964)**	-0.185 (-5.379)*	-0.196 (-5.643)*	-0.181 (-5.364)*	-0.201 (-5.606)**
	市场导向文化×企业家精神			0.296 (10.975)***			
	组织结构扁平化×企业家精神				-0.218 (-6.958)**		
	组织结构扁平化×企业家政治关联			0.097 (2.816)	0.073 (2.047)		
调节变量	环境动荡性 (5.384)					0.093 (1.369)	0.101 (1.742)
交互项	市场导向文化×环境动荡性					0.313 (11.915)***	
	组织结构扁平化×环境动荡性					0.307 (10.609)***	
	企业家精神×环境动荡性						0.298 (10.892)***
	企业家政治关联×环境动荡性						-0.197 (-6.097)**
统计值	R^2	0.248	0.271	0.305	0.297	0.307	0.298
	$\triangle R^2$		0.021	0.033	0.027	0.035	0.028
	F-value	10.781***	13.672***	18.912***	18.571***	18.909***	18.523***
	$\triangle F$		2.891***	5.237***	4.875***	5.218***	4.829***

注：* 表示 $p<0.05$，** 表示 $p<0.01$，*** 表示 $p<0.001$；核心概念括号中为 VIF 值。
资料来源：本研究计算整理。

第五章 营销动态能力的形成机制

正向调节组织结构扁平化与营销动态能力的积极关系（β=0.307，p<0.001），即 H4a 和 H4b 均得到实证数据支持。

第六步，在模型 2 的基础上将环境动荡性对企业家因素与营销动态能力积极关系的调节变量引入回归方程，得到模型 6，△F 值显著。结论表明，环境动荡性正向调节企业家精神与营销动态能力的积极关系（β=0.298，p<0.001），但负向调节企业家政治关联与营销动态能力的关系（β=−0.197，p<0.01），即 H4c 得到研究支持，H4d 未通过验证。

第四节 本章小结

本章研究通过实证数据对组织与企业家因素双重视角下的营销动态能力形成机制模型进行实证检验，不仅考察组织与企业家因素的主效应，还考察两类因素的交互效应；同时，环境动态性的调节效应也得到检验。主要实证结论如表 5-34 所示。

表 5-34 本章研究假设检验结果汇总

路径关系	标准化系数	t 值（p 值）	假设	结论
市场导向文化→营销动态能力	0.315	12.974***	H1a	支持
组织结构扁平化→营销动态能力	0.294	10.838***	H1b	支持
企业家精神→营销动态能力	0.211	6.563**	H2a	支持
企业家政治关联→营销动态能力	−0.206	−5.964**	H2b	未支持
市场导向文化×企业家精神→营销动态能力	0.296	10.975***	H3a	支持
市场导向文化×企业家政治关联→营销动态能力	−0.218	−6.958**	H3b	未支持
组织结构扁平化×企业家精神→营销动态能力	0.097	2.816	H3c	未支持
组织结构扁平化×企业家政治关联→营销动态能力	0.073	2.047	H3d	未支持
环境动荡性×市场导向文化→营销动态能力	0.313	11.915***	H4a	支持
环境动荡性×组织结构扁平化→营销动态能力	0.307	10.609***	H4b	支持

续表

路径关系	标准化系数	t 值（p 值）	假设	结论
环境动荡性×企业家精神→营销动态能力	0.298	10.892***	H4c	支持
环境动荡性×企业家政治关联→营销动态能力	−0.197	−6.097**	H4d	未支持

注：* 表示 p<0.05；** 表示 p<0.01；*** 表示 p<0.001。
资料来源：本研究整理。

一、组织因素对营销动态能力的驱动效应均被验证

市场导向文化对营销动态能力形成具有重要促进作用（β=0.315，p<0.001）。首先，市场导向文化鼓励企业在市场调研等外部环境感知的管理活动中给予更大的资源投入，能够更好地积累市场知识基础，从而使企业能够及时且有效地对外部环境变化进行感知。其次，市场导向文化中具备鼓励及促进核心职能部门信息交流及分享的功能，能推动关键市场知识在重要的职能部门间，如营销与研发部门，进行扩散和响应，促进关键职能部门的行动一致性水平，最大限度地实现组织不同功能界面的协同性。最后，市场导向文化聚焦于顾客导向和竞争者导向，推动企业对外部环境变化的及时回应。特别是在顾客需求和竞争者行为方面的变化，能够使企业将关键资源聚焦于响应外部变化的组织活动之中，实现对顾客需求的及时回应。可见，市场导向文化是营销动态能力形成的重要组织文化基础。

组织结构扁平化显著影响营销动态能力的形成（β=0.294，p<0.001）。首先，扁平化组织结构以减少管理层级、增加管理幅度、减少纵向分工、增加横向协作为主要特征，由此带来的弱化管理等级和强化民主决策，均有助于重要的市场知识在企业内部横向和纵向层面有效地传播，同时决策及实施的效率和有效性将大大提升，使企业从感知环境变化到回应市场需求之间的管理过程效率和针对性都增强，推动企业对市场环境变化的回应水平。其次，以信息化和网络化为基石的组织结构扁平化，强调有效分权和合理授权，赋予一线营销管理人员更大决策自主性和行动自由性，也开辟了更好的信息传达机制。当企业面临外部环境变化时，扁平化组织结构能够帮助企业在回应市场需求和竞争行为方面更具效率性和速度性。因此，扁平化组织结构能够为企业营销动态能力开发与形成提供重要的组织结构保障。

二、企业家因素在推动营销动态能力形成方面的作用具有差异性

企业家精神显著地驱动营销动态能力开发（β=0.211，p<0.01），这表明企业家精神所包含的冒险精神和创新精神有助于推动企业营销动态能力形成与开发。具体而言，冒险精神推动企业在充满不确定性的市场机会中进行大胆的投入，企业敢于承担相应风险，从而使企业在面对新的潜在市场变现时，已经具备了先动优势，能够更好地满足顾客新型需求。同时，在面对竞争行为时，冒险精神也使企业敢于比竞争对手付出极大的风险投资，使企业在竞争中处于有利地位。创新精神推动企业更好地理解顾客需求，跨职能部门分享重要市场知识，创造性开发产品或服务，并运用新型营销传播手段和渠道体系，更高效地交付顾客价值。因此，在顾客价值识别、创造和传递过程中，创新精神扮演着重要角色。

研究发现企业家政治关联对营销动态能力形成具有负向作用（β=-0.206，p<0.01）。对于这一研究结论，可能的原因包括：①企业家政治关联聚焦于企业家对政治资源和政治网络的构建、管理和利用，而营销动态能力开发则需要市场资源的持续投入。因此，二者本质上具有一定冲突。②我国市场经济特殊性决定了市场资源和政治资源并不能集中有效地服务于组织能力开发。当企业将更多的精力及资源投入到政治网络的开发与政治资源的攫取时，市场资源的投入水平必然会受到影响。营销动态能力的本质特征是面向市场、面向竞争和面向顾客，企业家政治网络在新兴经济体的市场环境下是很难为营销动态能力开发提供资源基础。

三、组织因素和企业家因素的交互效应部分被研究证实

首先，市场导向文化与企业家精神的交互效应对营销动态能力有显著正向作用（β=0.296，p<0.001）。这意味着市场导向文化与企业家精神同时发挥作用时，对营销动态能力的形成具有更为显著的驱动效应，这要求企业将组织层面的文化与企业家层面的精神特质进行有效的融合与匹配，以发挥其最大效力。

其次，市场导向文化与企业家政治关联的交互效应对营销动态能力形成具有负向影响（β=-0.218，p<0.01）。实证研究发现，市场导向文化与企业家政治关联彼此之间存在相悖的现象，一方聚焦于外部市场，一方聚焦于政治资源，二者相互作用实际上会对营销动态能力的形成产生负面效应。

再次，组织结构扁平化与企业家精神的交互效应对营销动态能力不存在显著

影响（β=0.097，p>0.05）。这表明，企业在组织结构扁平化方面所做的努力和尝试与企业家精神之间没有明显的匹配效应，它未对营销动态能力形成产生积极作用。

最后，组织结构扁平化与企业家政治关联的交互效应对营销动态能力影响作用没有被证实（β=0.073，p>0.05）。这表明，组织结构方面的创新与变革及企业家政治资源与网络水平，二者之间无法对营销动态能力的开发产生比较直接和显著的作用，这也侧面反映了企业家政治关联在营销职能领域的独特性质。

四、环境动荡性在组织和企业家因素驱动营销动态能力形成的过程中扮演着关键角色

（1）环境动荡性正向调节市场导向文化与营销动态能力的积极关系（β=0.313，p<0.001），结论表明，环境动荡性程度越高时，市场导向文化对营销动态能力的积极作用越显著。对于那些处在动荡竞争环境的企业而言，培育市场导向文化是构建营销动态能力的重要条件。

（2）环境动荡性正向调节扁平化组织结构与营销动态能力的积极关系（β=0.307，p<0.001），表明环境动荡水平越高，扁平化组织结构在驱动营销动态能力方面扮演的角色越发明显。

（3）环境动荡性正向调节企业家精神与营销动态能力的积极关系（β=0.298，p<0.001），这意味着，在较高动荡水平的竞争环境下，企业家精神对营销动态能力形成的影响作用越显著。

（4）环境动荡性负向调节企业家政治关联与营销动态能力的逻辑关系（β=-0.197，p<0.01），结论表明，当环境动荡程度越高时，企业家政治关联对营销动态能力的负面效应越明显，即市场竞争性越强，企业家政治关联越不利于营销动态能力形成。若企业还继续对政治资源和政治网络进行持续关注与投入的话，并不利于企业在市场竞争中形成能够对动荡竞争环境及时而有效回应的组织能力。

综上所述，营销动态能力的形成与企业组织层面、管理者个人层面因素密切关联，同时也与组织所处外部环境因素相关。相关研究结论对理解企业营销动态能力形成提供了理论框架，更为企业推动并形成营销动态能力提供管理启示。

第六章 营销动态能力的作用机制

本章基于营销创新视角,全面系统地分析营销动态能力的作用机制。为了深入地理解营销动态能力的绩效输出,本书不仅考察营销动态能力对市场效能的影响机制,还分析营销动态能力对经营绩效的作用机制。同时,为深化对上述关系的理解,本书也将考察环境动荡性对营销动态能力作用机制的调节效应。

第一节 营销创新的含义与类型

营销创新是企业营销管理活动创新性的重要表现,它既被视为一种组织活动,也被认为是一种组织能力。在强调"创新驱动发展"的当前市场经济环境下,营销创新是企业层面创新,特别是聚焦于营销职能领域创新的关键方面。本研究试图将营销创新与营销动态能力作用机制进行融合,以深化对营销动态能力效用的理解。

一、营销创新的含义

(一)创新的内涵

经济学家Schumpeter(1939)在《商业周期》中系统地提出了创新理论。他将创新视为"新的组合",其中包括五种基本情况:①引进一种新产品;②采用一种新的生产方式;③开辟新市场;④获得一项新的供给来源;⑤实现新的企业组织形式。此后,大量研究者对创新进行了探讨,并产生大量理论成果。[①] 时至今日,创新仍然是当今社会经济中的重要话题,也是管理学等理论研究的重要主题。

[①] Schumpeter J. Business cycles [M]. New York: McGraw-Hill Press, 1939.

国内外研究均对创新的内涵及类型进行过系统和深入的探讨,并形成一些比较经典和基础的研究结论及观点(见表6-1)。其中,Andrews和Smith(1996)基于对创新本质的认识,指出在社会科学中创新最本质的定义应该是指"在特定的领域中,某些作品(这个作品可以是一幅画,也可以是一件产品或其他的东西)或创造作品的过程,相对于传统做法而言是新颖的和有价值的,且这种价值是独特的"。[①] 创新的定义涉及创新的本质内涵:价值与新颖,因而被认为是最具开创性和权威性。

表6-1 创新的基本类型

作者	创新的基本类型
Knight(1967)	产品或服务创新、生产制造创新、组织结构创新和人员创新
Daft(1978)	管理结构创新、技术创新
Marguis(1982)	突破型创新、系统型创新、渐进型创新
Holt(1983)	技术创新、管理创新、社会组织创新、规律型创新
Gobeli和Brown(1987)	渐进型创新、技术型创新、应用型创新、激进型创新
Berz(1987)	产品创新、程序创新、服务创新
Henderson和Clark(1990)	渐进式创新、模块式创新、架构式创新、突破式创新
Frankel(1990)	连续型创新、动态连续型创新、非连续型创新
Schumann等,(1994)	产品创新、过程创新、程序创新
吴思华(1998)	制度创新、产品创新、组织创新、策略创新
Lynn和Akgun(1998)	渐进型创新、技术型创新、应用型创新、突破型创新

资料来源:本研究根据相关资料整理。

从表6-1对经典文献的总结可以发现,近20年国内外研究者对创新的探讨已经逐渐从单纯的概念、内涵及类型分析中脱离出来,进入了更加细化的结构型和关系型研究。但是,上述有关创新类型的研究文献归纳和梳理仍然清楚地表明,对营销创新的探讨还不是很充分,大都融合了有关管理创新和产品创新,以及策略创新、应用型创新等方面。营销管理作为企业管理职能的重要方面,在企业管理创新中的地位还不够突出。

(二)营销创新的含义

从本质上讲,创新的特征是采用有别于以往的行为方式,以达到更好的目的,这与用相关的行为方式更好地做事的理论逻辑存在本质差异。创新作为新思

[①] Andrews J. & Smith D. In search of the marketing imagination: Factors affecting the creativity of marketing programs for mature products [J]. Journal of Marketing Research, 1996, 33(3): 174-187.

第六章 营销动态能力的作用机制

想、流程、产品或服务的生成与实践过程，营销创新是其重要内容。① 但是，目前国内外研究对创新的探讨大都偏重技术层面的创新活动，对包括营销创新在内的非技术类创新行为和活动的关注程度还不够。② Drucker（1986）认为创新的重要特征是不仅能够有效提升社会价值内涵，还能显著增加社会的价值总额；营销创新能够为企业、顾客及其他利益相关方增加价值，是企业持续竞争优势的来源。③

在不同理论视角下，营销创新被赋予不同的含义。通过对现有文献进行梳理，以下三方面是比较主流的分析视角：①技术/产品创新视角，将营销创新界定为企业创造与设计新式产品和营销流程，满足顾客潜在需求的营销管理活动；④ ②战略/能力创新视角，认为营销创新是企业创造全新顾客价值，并削减竞争者优势，为各利益相关方增加收益的组织营销能力；⑤ ③营销组合创新视角，则将营销创新视为企业在产品、价格、渠道和促销等营销组合方面的战略性营销革新。无论是战略视角，还是营销视角，都非常强调营销创新对市场需求或顾客价值领域的关注。

从营销创新的内容看，不同研究对"什么是营销创新，营销创新关注哪些内容"的认识不尽相同。蔡明达（2001）基于创新内容，将营销创新分为产品创新和营销程序创新：产品创新聚焦为顾客提供最终价值的创新；营销程序创新聚焦于营销组织策略的优化和创意。李先江（2012）结合创新内容并根据创新性质，提出渐进式与突破式营销创新。Rust 等（2004）则在营销组合的范畴下认为营销创新包含在产品、价格和促销等策略方面的新思想和举措。⑥ 可见，从不同研究观点看，营销创新既可以是创造新的产品，也可以是革新交易流程，还可以是对营销传播活动的创意化和新颖化。

---

① 李巍，席小涛.大数据时代营销创新研究的价值、基础与方向［J］.科技管理研究，2014（18）：181-185.
② Mothe C. & Thi T. The link between non-technological innovations and technological innovation［J］. European Journal of Innovation Management，2010，13（3）：313-332.
③ Drucker P. Innovation and entrepreneurship［M］. London：Heinemann，1986，137-139.
④ 蔡明达.市场资讯处理程序与组织记忆对营销创新影响之研究［D］.台湾政治大学博士学位论文，2001.
⑤ Grewal R. & Tansuhaj P. Building organizational capabilities for managing economic crisis：The role of market orientation and strategic flexibility［J］. Journal of Marketing，2001，65（2）：67-80.
⑥ Rust T.，Ambler T.，Carpenter S.，Kumar V. & Srivastava K. Measuring marketing productivity：Current knowledge and future directions［J］. Journal of Marketing，2005，68（1）：76-89.

企业营销动态能力研究

二、营销创新的类型

大多数营销研究都认为,创新活动主要是基于产品展开的。与产品创新相联系的还有业务流程的创新、服务模式创新、技术创新等,它们共同特点是在不同类型企业价值活动环节上进行的创新,表现为改变企业做事的传统方式。但是,对营销创新类型的理解,不同研究的思路有所差异。总体而言,目前对营销创新类型的研究观点主要包括两类。

(一) 渐进式与突破式营销创新

从组织演化的"遗传"与"变异"视角讲,遗传意味着逐渐改进和演化,变异则表明组织的突变。因此,从创新的性质(即剧烈程度)看,渐进式创新和突破式创新是最重要的基本类型,也是营销创新类型划分的重要理论落脚点。

1. 渐进式营销创新

渐进式营销创新是指企业营销管理及产品开发活动仍保持原来特定的技术方案或业务模式,但对产品或服务性能特征、业务活动环节和价值的重新划定进行改良活动;其特点在于,并不改变产品或服务所采用的技术方案,只是在现有框架下进行产品特性与功能改进、业务活动方式调整优化等。[1] 在渐进式营销创新框架下,企业新产品相比以往产品或服务有比较大的改进和提升,顾客价值水平也会显著提高,但因为并没有对原有技术范式、结构模式进行比较深入的全面改进,会导致渐进式营销创新的边际收益水平越来越低。[2] 因此,渐进式营销创新可以被视为以提升顾客价值为核心,在营销活动各个领域进行的持续改进,其实施过程与方式依赖企业原有资源基础,并体现出可以预测的发展路径。

2. 突破式营销创新

突破式营销创新是指企业在产品、技术和营销管理流程等方面基本的方案与模式发生根本性变革运用新的技术方案及营销模式,差异化地创造和传递顾客价值。[3] 从营销组合策略中产品的基本层次划分角度看,企业的突破式营销创新体

---

[1] Li Chia-Ying. The influence of entrepreneurial orientation on technology commercialization: The moderating roles of technological turbulence and integration [J]. African Journal of Business Management, 2012, 6 (1): 370-387.

[2] Oke A., Burke G. & Myers A. Innovation types and performance in growing UK SMEs [J]. International Journal of Operations & Production Management, 2007, 27 (7): 735-753.

[3] Vermeulen P. Uncovering barriers to complex incremental product innovation in small and medium-sized financial services firms [J]. Journal of Small Business Management, 2005, 43 (4): 432-452.

第六章 营销动态能力的作用机制

现为核心、形式和延伸三个基本层次：核心产品要发生根本变化，将导致产品属性与功能发生革命性变革，在性能与顾客满足水平方面较以往有本质性提升，主要体现为顾客价值主张与顾客利益的根本性变化；形式产品的改变，企业产品在市场中的基本表现形式的物理特性发生了根本性变化，即产品的物理形式发生根本性变化；延伸产品的变革主要体现在对附加服务的重新设计与改变，形成新的顾客价值延伸网络。从市场营销组合中产品基本层面讲，突破性创新具有突破性的价值创造能力，只要重大创新带给顾客的利益还存在，进行重大创新的企业在市场上往往就能保持其竞争力。①

综上所述，渐进式与突破式创新具有各自的特点。渐进式创新是在原有的技术范式下进行的，很容易被竞争对手模仿，不具备资源基础观所强调的"难以模仿"特点，因而企业只能获取暂时的竞争优势。突破式创新强调革新现有的技术范式，并制定新的技术方案和规则，以专利技术等方式保护创新成果，使竞争对手难以进行模仿，从而帮助企业活动长期竞争优势和持续绩效改进。

（二）产品创新与营销方案创新

当前有关与营销创新的研究聚焦于两个方面：产品与营销方案。一方面，产品的技术方案决定产品的特性及功能价值，是企业营销创新的基础；另一方面，任何好的产品转化为企业盈利能力或竞争优势，都需要营销管理过程。这意味着，产品技术价值的最终体现，应该是营销手段和策略整合的结果。无论产品的技术方案如何，其本身并不代表成功的商业化，而是需要营销过程确保顾客利益和价值的实现。② 因此，从营销创新内容层面看，产品创新与营销方案创新是重要的类型。

1. 产品创新

产品创新是指基于顾客对产品的品种、价格、质量、服务、信誉、速度等要素的评价和满意程度，进行有针对性的增强、提高或者削弱等改良活动。③ 在产品创新过程中，除了增加顾客总价值，同时采取措施降低顾客在消费产品过程中

---

① Arnold T., Fang E. & Palmatier R. The effects of customer acquisition and retention orientations on a firm's radical and incremental innovation performance [J]. Journal of the Academy of Marketing Science, 2011, 39 (2): 234–251.

② Garcia R. & Calantone R. A critical look at technological innovation typology and innovativeness terminology: A literature review [J]. Journal of Product Innovation Management, 2002, 19 (2): 110–132.

③ 马勇. 市场导向、营销创新与组织绩效关系研究：市场驱动还是驱动市场 [D]. 复旦大学博士学位论文，2008.

涉及的资金成本、时间成本和心理成本方面的顾客总支出，使顾客从产品的消费过程中取得尽可能大的顾客感知价值。

与企业一般创新行为一样，产品创新的有效性很大程度上取决于创新的价值性与新颖性。产品创新的价值性决定了产品的差异化水平。差异化是市场营销活动追求的重要方向，有价值的产品创新为企业实现市场竞争中的差异化策略提供了物质基础和竞争工具。另外，产品创新的新颖性决定产品的独特性。拥有独特顾客价值主张的产品，能够有效地规避竞争者快速模仿和跟进，为企业带来具有极高竞争壁垒的核心竞争力。因此，产品创新的价值性与新颖性是其重要维度，为企业营销创新提供重要行动支持。

同时，产品创新与传统的渐进式、突破式创新分类方式存在交叉。① 将渐进式与突破式创新的分析范式与产品创新结合起来，仍然可以分为突破式产品创新与渐进式产品创新。突破式产品创新注重新技术的运用和产品功能价值的全面革新；渐进式产品创新关注产品功能与顾客价值的持续改进。从顾客价值视角看，二者在本质上存在差异：突破式产品创新能够带来全新顾客价值，渐进式产品创新则持续优化顾客价值。

2. 营销方案创新

当前市场营销及新产品开发研究对产品创新赋予极大热情，但却对诸如渠道创新、定价机制创新和促销手法的创新没有足够的重视。② 在非高技术领域或知识密集型行业，企业更趋向于运用传统营销策略（如渠道、价格、广告策略等）的创新来应对新的竞争环境。

营销创新不能仅局限于产品领域的创新行为与活动，忽略营销方案创新，如价格、渠道、促销、广告、定位。或者营销方案创新关注如何通过产品差异化、渠道差异化或服务差异化、品牌形象差异化等方式获取强势的市场优势。从某种意义上讲，产品创新是企业营销活动取得成果的基础和必要条件，但并不是充分条件。新产品或服务要得到市场的认可，并获取高水平竞争绩效，仍然需要营销手段和策略活动，将顾客价值有效地进行传递，才能将产品价值转化为竞争优势或经营绩效。

---

① Henderson M. & Clark K. Architectural innovation: The reconfiguration of existing product technologies and the failure of established firms [J]. Administrative Science Quarterly, 1990, 35 (1): 9–30.
② 李颖灏. 关系营销导向对营销创新的影响研究 [J]. 科研管理, 2012 (3): 42–48.

营销方案创新被视为企业新产品在导入市场时或者市场深度开发时,相对于同类产品来说,企业所采取的营销策略或方法(如渠道策略、促销策略、广告策略等)的价值性和新颖性程度。与传统的创新分析思路一样,价值性反映营销方案相对于主要竞争对手的差异性;新颖性反映营销方案相对整个行业的独特水平。营销方案创新是实现产品创新效力或价值的最终手段,它通过差异化或独特性的策略手段或组合,为企业开发新的价值主张,获取新的细分市场需求。

据以上分析可知,现有关于营销创新类型的观点和研究,大都借鉴突破型创新与渐进型创新的分析思路,将营销创新分为突破型营销创新和渐进型营销创新。[①] 从本质而言,这是一种依据创新性质对营销创新进行分类的方法。本研究将创新视为企业创造性发掘并满足顾客价值的活动及过程,并借鉴 Drucker (1986) 的供给面(Supply-side)与需求面(Demand-side)创新分类思想,[②] 从创新来源及内容角度,区分技术驱动型营销创新和市场驱动型营销创新:技术驱动型营销创新基于现有技术进步创造新的顾客价值,市场驱动型营销创新立足于选择新的细分市场,传递差异化顾客价值。[③] 两类营销创新能够从供给和需求两方面为企业、顾客以及其他利益相关方增加价值。

第二节 营销动态能力效用模型

营销动态能力作为动态能力在营销管理领域的特定形式,同样具备"二阶能力"特征,即营销动态能力对企业绩效的作用并不一定是直接发生的,更可能通过影响其他组织行为或活动实现对市场绩效的影响。因此,本研究从营销创新视角探讨营销动态能力的绩效输出议题,以此深化对营销动态能力作用机制的理解。

---

① 李先江. 营销创新对公司创业导向与组织绩效关系的中介效应研究 [J]. 研究与发展管理,2012 (4):115-125.

② Drucker P. Innovation and Entrepreneurship [M]. London:Heinemann,1986:137-139.

③ Benner J. & Tushman M. Exploitation, exploration, and process management:The productivity dilemma revisited [J]. Academy of Management Review,2003,28 (2):238-256.

企业营销动态能力研究

一、营销动态能力效应分析

(一) 营销动态能力与营销创新

营销动态能力是企业整合、重构并配置现有资源,识别、创造和传递顾客价值的整合性组织流程,[①] 其核心功能在于对资源进行跨部门整合与重组,产生新的技术或市场资源优势,并及时而有效地应对市场环境变化,进而能比竞争对手创造更高水平顾客价值。

营销动态能力通过强化市场环境感知、强化跨部门技术与市场资源配置效率和水平,进而增强技术和市场创新领域的活动及效果。在环境感知方面,营销动态能力为企业推动营销创新提供了知识基础。无论是市场驱动,还是技术驱动,营销创新作为组织的消费者响应行为,或者技术产品开发与进步,或者战略性市场进入,都必须依赖对市场需求及竞争环境的系统掌握和准确理解。[②] Sok 等 (2013) 对中小企业的研究也证实,市场导向下的组织学习显著提升技术与非技术营销创新的发生频率和成功概率。[③] 可见,持续坚持市场导向,强调对市场环境及时而有效地感知,均能够为企业开展组织层面创新活动提供知识基础。

在资源整合方面,营销动态能力有助于企业整合关键资源,提升创新活动发生概率与有效性。营销动态能力所具备的界面协同子能力,能够推动关键市场信息在企业内重要职能部门的扩散和运用。而市场与技术知识分布于不同职能部门,相关知识基础的共享与分配是企业强化技术创新市场性和市场创新技术特征的重要前提条件,因而,跨职能部门协调配置资源及信息是推动营销创新的关键。通过对中小企业的实证研究已经发现,跨部门整合营销、创新和学习三方面能力,是增强技术及营销活动新颖性的关键。[④] 可见,营销动态能力有助于打破关键职能部门之间的资源整合壁垒,加速组织知识在组织内部扩散与分享,进而提升企业产品开发或者市场开发活动的创新性。

在顾客响应方面,营销动态能力具备的快速顾客响应机制对基于技术和市场

[①] 李巍. 营销动态能力的概念与量表开发 [J]. 商业经济与管理, 2015 (2): 68-77.
[②] Hauser J., Tellis G. & Griffin A. Research on innovation: A review and agenda for marketing science [J]. Marketing Science, 2006, 25 (6): 687-717.
[③] Sok P., O'Cass A. & Sok A. Achieving superior SME performance: Overarching role of marketing, innovation, and learning capabilities [J]. Australasian Marketing Journal, 2013, 21 (1): 161-167.
[④] 许晖, 李巍, 王梁. 市场知识管理与营销动态能力构建: 基于天津奥的斯的案例研究 [J]. 管理学报, 2011 (3): 323-331.

第六章 营销动态能力的作用机制

两方面的营销创新行为产生积极影响。一是快速的顾客响应,有助于推动新概念或技术的商业化,运用最新的理念和技术,开发新的产品或服务,并有效地向目标顾客传递特殊的顾客价值。技术的快速商业化与产业化是差异化竞争的重要基础,也能为企业带来诸如技术专利等方面的竞争优势。二是基于市场的营销创新活动,例如新顾客价值主张开发、新细分市场发掘等,均依赖于企业能力较早地运用有效方式识别并满足市场需求。由于基于市场的营销创新活动具有较少的竞争壁垒,可模仿性也比较强,因而先动优势变得异常重要。[①]营销动态能力所具备的高效顾客价值传递特质,有效识别、创造和传递顾客价值,使企业更容易地采取基于市场的营销创新活动。

综上所述,营销动态能力的各个子能力环节,均为基于技术和市场营销创新活动的关键环节及重要节点带来有力的促进和支持,从知识基础和能力架构方面给予重要支持,推动企业营销创新活动开展。因此,研究提出假设:

H5a:营销动态能力对技术驱动型营销创新有积极作用;

H5b:营销动态能力对市场驱动型营销创新有积极作用。

(二)营销动态能力与市场效能

以资源与技能整合、协调为内核的建构型营销能力对市场效能具有重要促进作用。[②]市场效能涉及与市场相关的企业当期平均绩效获得水平,主要涵盖市场优势(Market Advantage)和顾客资产(Costumer Assets)两方面。

一方面,竞争优势主要基于竞争者层面,它反映企业相较于主要竞争对手,在市场占有率、顾客渗透率、顾客满意度以及产品与品牌影响力等方面取得的优势地位。从本质而言,市场优势与企业在市场领域的竞争优势是一致的。营销动态能力推动企业获取和维持竞争优势的重要价值,已经得到大量研究证实:营销动态能力使企业针对市场环境变化,通过更有效地重构和配置现有资产,发展新的资源与能力优势,从而及时响应来自顾客、竞争者等方面的持续变化,获取和维持竞争优势。作为动态能力在企业营销管理领域的具体形式,具备动态能力的二阶能力特征,即推动企业获取和维持竞争优势。

---

① Crick J. & Crick D. The first export order: a marketing innovation revisited [J]. Journal of Strategic Marketing, 2015, 23 (1): 1-13.

② Vorhies D., Morgan R. & Autry C. Product-market strategy and the marketing capabilities of the firm: Impact on market effectiveness and cash flow performance [J]. Strategic Management Journal, 2009, 30 (12): 1310-1334.

另一方面，顾客资产是企业市场基础型资产（Market-based Assets）的核心组成部分。①顾客关系是构建顾客资产的基本纽带，而顾客满意和顾客忠诚则是顾客关系形成的基石。顾客满意是指顾客对企业产品或服务所提供效用与自身期望进行比较，进而形成一种愉悦与失望的心理状态，②它是顾客忠诚最关键的影响因素。③

从组织角度看，企业只有前瞻性引领或响应性满足顾客需求，才会获得顾客资产；而营销动态能力所包含的市场感知、界面协同与顾客响应要素，有助于企业挖掘潜在需求或满足现有需求。市场感知帮助企业探察外部环境，获取市场知识，界面协同提升企业内资源整合与配置水平，④顾客响应增强企业与顾客进行营销沟通的效率，有效传递顾客价值。Tsai（2013）在探讨创新商业化议题时指出，营销能力在推动突破式创新方面具有重要价值，营销动态能力能够加速推动突破式创新中新技术的商业化速度与有效性，从而使企业优先进入潜在市场，并获取先动型竞争优势典型基础。⑤可见，营销动态能力能够从推动创新的视角为企业在竞争中建立相较于竞争对手的相对竞争优势；同时又能通过新产品和新服务率先进入市场获取顾客资源，通过顾客关系管理和顾客忠诚度塑造，构建具有持续价值的顾客群体。

总之，营销动态能力可以帮助企业更好地对市场变化与竞争行为做出反应，从而使企业在竞争中处于有利地位；同时，能更快地满足顾客现实需求，更好地预测顾客潜在需求，并及时给予满足，因而可以获得更高的顾客满意水平。基于以上分析，研究假设如下：

H6a：营销动态能力对竞争优势有积极作用；

H6b：营销动态能力对顾客资产有积极作用。

---

① Nenonen S. & Storbacka K. Driving shareholder value with customer asset management: Moving beyond customer lifetime value [J]. Industrial Marketing Management, 2016, 52 (1): 140-150.

② Oliver L. A cognitive model of the antecedents and consequences of satisfaction decisions [J]. Journal of Marketing Research, 1980, 17 (4): 460-469.

③ 郑秋莹, 姚唐, 范秀成等. 基于Meta分析的"顾客满意—顾客忠诚"关系影响因素研究 [J]. 管理评论, 2014 (2): 111-120.

④ Hauser J., Tellis G. & Griffin A. Research on innovation: A review and agenda for marketing science [J]. Marketing Science, 2006, 25 (6): 687-717.

⑤ Tsai S. Dynamic marketing capabilities and radical innovation commercialisation [J]. International Journal of Technology Management, 2015, 67 (2/3/4): 174-195.

第六章 营销动态能力的作用机制

(三) 营销动态能力与经营绩效

动态能力是企业为应对环境演变进行及时而有效回应的能力,对企业市场化水平及经营绩效有显著作用。[①] 营销动态能力则聚焦于市场资源的有效整合与配置,增强关键业务流程的协同效应与反应水平,使企业能够快速和有效地对市场机会与顾客需求进行响应。动态能力对经营绩效的积极效应已经得到大量研究的证实(例如 Teece 等,1997;Makadok,2001;葛宝山和董保宝,2009;Malik 等,2009;Arend,2014;等等),营销动态能力作为动态能力在市场营销领域的特定形式,继承和深化了动态能力特质,也必定对经营绩效产生积极影响。

营销动态能力驱动经营绩效的机理是通过营销动态能力三大子能力,即市场感知、界面协同和顾客响应三方面逻辑关系和相互作用实现的。具体表现为:

首先,市场感知能力发挥环境感知和意义建构两大功能。[②] 对面临动荡竞争环境的广大企业而言,市场感知能力有助于企业获取有关市场顾客、竞争者和产业发展,以及合作伙伴,如营销渠道等方面信息;同时还能够帮助企业依据现有经验和知识积累,对信息进行加工和整合,生成能够有效指导营销决策的市场知识资源。

其次,界面协同能力聚焦于企业对市场知识的有效运用,通过快速决策和职能协调,整合和重置市场资源,对企业经营效益产生积极影响。已有研究已经证实,企业营销和研发部门的协同效应,对于提升企业市场反应能力和绩效水平具有关键价值。[③]

最后,顾客响应能力是企业通过有效而迅速的行动服务顾客需求的能力。[④] 顾客响应能力能够帮助企业建立、维护与出口市场顾客、营销渠道成员的关系,提供销售支持和顾客服务,满足顾客需求,进而为优化企业绩效水平提供重要顾客基础。

总而言之,营销动态能力作为动态能力的特殊形式,通过市场感知、界面协

---

① Prange C. & Verdier S. Dynamic capabilities, internationalization processes and performance [J]. Journal of World Business, 2011, 46 (1): 126–133.
② Lindblom A. & Olkkonen P. Market-sensing capability and business performance of retail entrepreneurs [J]. Contemporary Management Research, 2008, 4 (3): 219–236.
③ 欧阳桃花, 蔚剑枫. 研发—营销界面市场协同机制研究:海尔案例 [J]. 管理学报, 2011 (1): 12–18.
④ Jayachandran J., Hewett K. & Kaufman P. Customer response capability in a sense-and-respond era: The role of customer knowledge process [J]. Journal of the Academy of Marketing Science, 2004, 32 (3): 219–233.

调和顾客响应等功能环境，提升企业应对市场竞争的效率与水平，增强企业对环境变化的反应性和有效性，从而提升企业绩效。因此，研究提出：

H7a：营销动态能力对市场绩效有积极作用；

H7b：营销动态能力对财务绩效有积极作用。

二、营销创新效应分析

（一）营销创新与市场效能

创新特征可以带来产品差异和新产品优势，而新产品优势可以促进顾客对新产品的采用和新产品成功。技术或市场驱动的营销创新在技术与市场维度方面存在不同。① 技术驱动型营销创新通过运用全新或改进型技术，针对现有市场顾客，提升现有产品的顾客利益或价值。通过对技术轨迹的根本性变革以强化顾客利益，因而被认为是营销管理领域的"激进式创新"。② 技术引导的营销创新，可以通过发展领先且全面的技术进步，将前沿技术运用到新产品开发、精准营销传播等领域，从而增强企业在市场中的竞争优势。

同时，技术驱动型营销创新通过及时而有效的新技术商业化活动，发掘和满足顾客现有和潜在需求，既可以通过创新产品，提供差异化价值，以刺激顾客潜在需求，也可以通过改进产品，满足顾客现实需求，响应顾客偏好，从而比竞争对手创造和传递更高水平顾客价值，增强目标顾客满意水平。此外，营销创新的重要表现形式为创新型顾客服务，而高水平的顾客价值服务也为企业获取顾客资产提供了重要支持。③ 可见，以技术为先导的营销创新活动能够使企业通过技术壁垒或新产品先发优势，获得相较于竞争对手更明显的竞争优势；同时，通过顾客满意与顾客忠诚，与重要顾客建立长期关系，获取顾客终身价值。

综上所述，以技术为原动力的营销创新活动，可以通过更优的产品设计与服务提供，最佳的顾客价值发掘、创造与传递，使企业在市场竞争中处于主导地位，同时良好顾客关系的建立与管理，可获取更高水平顾客资产。因此，提出假设：

---

① Zhou K., Yim C. & Tse D. The effects of strategic orientations on technology-and market-based breakthrough innovations [J]. Journal of Marketing, 2005, 69 (2): 42-60.

② Chandy R. & Tellis G. Organizing for radical product Innovation: The overlooked role of willingness to cannibalize [J]. Journal of Marketing Research, 1998, 34 (11): 474-478.

③ Wang E. & Juan P. Entrepreneurial Orientation and Service Innovation on Consumer Response: A B&B case [J]. Journal of Small Business Management, 2015, 18 (3): 279-293.

H8a：技术驱动型营销创新对竞争优势有积极作用；

H8b：技术驱动型营销创新对顾客资产有积极作用。

市场驱动型营销创新是指企业焦点超越现有市场范围，通过一系列新的或差异化技术在新兴市场创造边缘的或新的顾客价值，它被视为营销管理领域的"破坏性创新"。市场引导的营销创新并不一定依赖技术进步，而仅仅需要少量新技术或者一些新的商业理念。市场驱动型营销创新旨在为新兴市场开发并提供细分价值，并通过引入新的利益要素，打破或重构现有的顾客偏好结构。① 企业率先进入特定细分市场领域，能够通过先发优势，在品牌知名度、销售网络，以及排他性经营渠道等方面建立竞争优势，使竞争对手在较短时间内难以复制或模仿。② 从相对竞争优势和先动优势视角讲，市场驱动型营销创新有助于企业更有效地获取竞争优势和累积顾客资产。

同时，市场驱动型营销创新强调通过关注潜在细分市场价值，并有针对性地进行顾客价值创造和传递，更容易获取较高水平的顾客资产。Moghaddam 和 Armat（2015）研究指出，企业聚焦于特定市场领域，可以针对目标消费者在品牌化和产品差异化分配方面进行有效的创新，从而提升企业的顾客满意水平，维系和深化顾客关系。③ 同时，Griffin 等（2013）在探讨营销角色问题时指出，非技术领域的营销创新活动，同样可以为企业创造竞争优势和顾客价值，这取决于企业营销管理活动的有效性。④ 因此，从差异化价值及深化顾客关系视角看，市场驱动型营销创新有利于企业建立高价值顾客关系，获取顾客满意和顾客忠诚。

总之，新颖性和价值性被看成是产品差异化和产品优势最重要的两个方面，并被看作为企业获得经营绩效的关键。企业聚焦于细分市场及其价值主张开发、差异化品牌传播等方面的创新活动，有助于形成企业针对主要竞争对手的差异化相对竞争优势，同时对形成良好顾客关系、建立品牌忠诚具有重要价值。因此，研究假设如下：

---

① Sok P., O. Cass A. & Sok A. Achieving superior SME performance: Overarching role of marketing, innovation, and learning capabilities [J]. Australasian Marketing Journal, 2013, 21 (1): 161-167.

② Benner J. & Tushman M. Exploitation, exploration, and process management: The productivity dilemma revisited [J]. Academy of Management Review, 2003, 28 (2): 238-256.

③ Moghaddam B. & Armat P. A study on effect of innovation and branding on performance of small and medium enterprises [J]. Management Science Letters, 2015, 5 (3): 245-251.

④ Griffin A., Jpsephson B. & Lilien G. Marketing's roles in innovation in business-to-business firms: Status, issues, and research agenda [J]. Marketing Letters, 2013, 24 (4): 323-337.

H8c：市场驱动型营销创新对竞争优势有积极作用；

H8d：市场驱动型营销创新对顾客资产有积极作用。

（二）营销创新与经营绩效

以技术为基础或主导的营销创新活动聚焦于新技术的商业化和市场化，为满足顾客潜在或现有市场需求提供新技术产品或服务，具有突破式创新的本质。从产品层面讲，产品是企业市场竞争的核心和基础，产品开发领域的创新性意味着企业能够向市场提供更高功能水平或更低消费成本的顾客价值，能够显著增强企业在市场上的竞争力，从而对企业在销售份额、市场占有率的绩效表现上给予更大支撑。[①] 此外，技术驱动型营销创新在营销渠道革新、价格策略改进以及营销传播优化方面进行技术升级或改善，增强企业在市场竞争中的渗透力、影响力，进而为企业市场绩效改善提供价值基础。

技术层面革新是最具差异化，也是最难复制的创新活动。因而技术驱动型营销创新有助于企业突破红海竞争，寻求新的潜力市场或竞争空间，并获取相对竞争优势，而投资回报率、利润率方面的优秀表现有助于企业改进财务绩效水平。同时，技术进步为推动企业产品品牌化，提升品牌资产水平提供了重要支持，而品牌化与品牌资产是企业获取较高品牌溢价、增加有效收益的重要手段。[②] 此外，技术型的创新活动能够有效地提升新技术商业化和商业化的效率水平，而新技术率先运用所产生的先发优势效应，对改善企业财务绩效水平具有重要价值。[③] 因此，从产品革新、竞争差异化以及品牌化与品牌视角看，技术驱动型营销创新对企业财务绩效改善也具有重要价值。

综上所述，技术驱动型营销创新通过及时而有效的新技术商业化活动，发掘和满足顾客现有及潜在需求，既可以通过创新产品，提供差异化价值，以刺激顾客潜在需求，增强企业市场收益水平，也可以通过改进产品，树立更好品牌形象，通过技术型产品更好地满足顾客现实需求，避免同质化竞争，并获取高水平品牌溢价。据此，研究假设如下：

H9a：技术驱动型营销创新对市场绩效有积极作用；

---

① Chan H., Yee R., Dai J. & Lim M. The moderating effect of environmental dynamism on green product innovation and performance [J]. International Journal of Production Economics, 2015, 18 (1): 128-142.

② Davcik N. & Sharma P. Impact of product differentiation, marketing investments and brand equity on pricing strategies: Abrand level investigation [J]. European Journal of Marketing, 2015, 49 (5/6): 2721-2746.

③ Zhou K., Yim C. & Tse D. The effects of strategic orientations on technology-and market-based breakthrough innovations [J]. Journal of Marketing, 2005, 69 (2): 42-60.

第六章 营销动态能力的作用机制

H9b：技术驱动型营销创新对财务绩效有积极作用。

以市场为动力的营销创新从本质上体现企业的市场开发与顾客开发市场策略，它并不一定依赖技术进步，或者说并不是以技术进步为核心，而是围绕目标市场和顾客价值展开创新活动。市场驱动型营销创新旨在为新兴市场开发并提供细分价值，并通过引入新的利益要素，打破或重构现有的顾客偏好结构。①

一方面，企业可以率先界定和开发空白市场，成为细分市场领域的领导者。新细分市场中的先发优势能够帮助企业在品牌知名度、顾客群体、销售网络以及产品市场推广方面占据优势地位，能够使企业占据更高的市场份额和顾客份额，对优化市场绩效具有重要价值。② 重新定义市场，是企业营销创新的重要内容，它在逻辑顺序上优于营销方案创新，能够帮助企业脱离惨烈的"红海"竞争，进入具有较高盈利水平与增长空间的"蓝海"市场，从而在战略层面对企业经营绩效水平产生重要影响作用。

另一方面，将现有产品运用到已有细分市场，形成相对竞争优势，通过差异化方式创造更高水平的顾客价值，将有助于改善企业财务绩效。此外，通过深度关注市场潜在需求，能够使企业更快地推出新产品引导和满足新兴消费群体，从而有助于企业财务绩效改善。杨智和刘新燕（2006）对中国中东部五省市企业的实证研究发现，产品创新和营销程序创新对组织经营绩效存在积极支持作用。事实上，市场营销研究一直强调，当企业的产品与竞争品或替代品的差异性达到一定程度，而且这种差异性被消费者有效识别，并认为是有价值时，产品在市场上就会有良好的表现。

总之，市场驱动型营销创新关注产品的市场开发与顾客开发，以市场需求和顾客价值为先导，进行市场细分和目标市场选择；无论是开创全新细分市场，还是差异化进入现有细分市场，都有助于企业通过相对竞争优势和蓝海竞争策略获取更高水平的经营绩效。因此，提出如下假设：

H9c：市场驱动型营销创新对市场绩效有积极作用；

H9d：市场驱动型营销创新对财务绩效有积极作用。

---

① 杨智，刘新燕. 市场导向与企业绩效：一个基于中介效应的整合模型——以中东部五省市企业为实证样本 [J]. 中国软科学，2006（11）：88-98.

② Voss G. & Voss Z. Strategic ambidexterity in small and medium-sized enterprises: Implementing exploration and exploitation in product and market domains [J]. Organization Science, 2012, 30 (11): 1459-1477.

三、环境动荡性调节效应

权变理论一直强调，企业战略行为在不同的内外部环境和条件下具有差异化效能，[1]这意味着，企业镶嵌于特定环境之中，环境成为影响企业投出产出比的重要因素，因而也是管理研究中需重点关注的权变因素。在营销研究中，环境动荡性的调节效应被大多数研究所重视（例如 Rose 和 Shoham，2002；Cadogan 等，2003；Sheng 等，2011）。环境动荡性一般包含市场和技术两个方面：市场动荡性主要指市场顾客需求偏好和期望，以及竞争对手行为的不稳定性和难以预测性；技术动荡性主要指产业内主流技术发展速率较快，且发展主导方向难以有效预测。[2]

环境动荡性对企业包括营销动态能力在内的组织能力效用发挥水平有着重要的影响。有关动态能力的最新研究已经证实，环境动荡性或竞争强度是动态能力发挥其作用的重要外部因素（例如 Wilden，2013；董保宝和葛宝山，2012；Schilke，2014）。其中，Wilden 和 Gudergan（2015）探讨环境动荡性在动态能力驱动营销与技术创新中所扮演的角色时指出，动态能力作为应对环境动荡性的重要组织能力，其能力效力的发挥很大程度上与环境变化程度及方向水平存在联系。[3]在动荡竞争环境中，市场需求高速率变化，竞争对手行为充满不确定性，行业技术发展趋势难以预测，企业理解和掌握当前市场需求面临巨大困难，从而导致绩效水平充满不确定性。[4]因此，面对竞争者行为和顾客需求持续变化，企业要取得与竞争者的相对竞争优势，以及对顾客关系及顾客忠诚的有效构建，培育和开发营销动态能力是企业在动荡环境中的必然选择。

由此可见，营销动态能力与市场效能的逻辑关系、强度水平与企业所处的市场环境，以及竞争者与顾客等方面的因素密切关联。环境动荡水平越高，营销动

---

[1] Li Chia-Ying. The influence of entrepreneurial orientation on technology commercialization: The moderating roles of technological turbulence and integration [J]. African Journal of Business Management, 2012, 6 (1): 370-387.

[2] Sheng S., Zhou K. & Li J. The effects of business and political ties on firm performance: Evidence from China [J]. Journal of Marketing, 2011, 75 (1): 1-15.

[3] Wilden R. & Gudergan S. The impact of dynamic capabilities on operational marketing and technological capabilities: investigating the role of environmental turbulence [J]. Journal of the Academy of Marketing Science, 2015, 43 (2): 181-199.

[4] Akyol A. & Akehurst G. An investigation of export performance variations related to corporate export market orientation [J]. European Business Review, 2003, 15 (1): 5-19.

第六章 营销动态能力的作用机制

态能力在优化企业竞争态势,获取和维持顾客资产水平方面扮演的角色越明显。基于此,研究假设如下:

H10a:环境动荡性正向调节营销动态能力与竞争优势的积极关系;

H10b:环境动荡性正向调节营销动态能力与顾客资产的积极关系。

企业运营的外部环境在许多层面上都给组织带来影响。早期学者的研究已经发现,环境的稳定性会影响组织的结构(例如 Miles 和 Snow,1978)和管理工作感知不确定性的程度(例如 Duncan,1972)。同时,环境的变化也会影响组织战略的设计以及实施(例如 Duncan,1972;Hrebiniak 和 Joyce,1985;韩顺平等,2006;等等)。可见,环境对企业具有总体性的影响,环境的变化也必然会影响包括营销在内的各个企业职能部门。企业经营绩效在很大程度上都依赖于企业自身所具备的特定资源与能力,以及将这些资源与能力有效地配置在关键环节。同时,行为与环境的匹配是企业能力能够有效改善经营绩效的重要外部条件。

当环境呈动荡状态,市场需求不断变化,产业技术的不断升级会增加企业市场战略制定和实施的难度和效果,从而对企业的经营绩效产生影响。Tsai 和 Yang(2014)在探讨组织创新性与经营绩效的关系时明确指出,企业在组织层面等方面的创造行为,包括能力开发、文化更新和结构变革等方面,其作用效果与环境动荡性以及竞争强度紧密关联。[①] 因此,研究可以认为,营销动态能力作为组织能力发展及创新的重要方面,在驱动经营绩效的环节中,其作用效力受外界环境动荡性的调节。

总之,企业营销动态能力驱动经营绩效的作用效果依赖于企业所处的市场环境。当环境动荡程度越高,企业面临的环境挑战越大时,营销动态能力在提升企业经营绩效方面发挥的作用越发明显。因此,研究假设:

H10c:环境动荡性正向调节营销动态能力与市场绩效的积极关系;

H10d:环境动荡性正向调节营销动态能力与财务绩效的积极关系。

根据以上假设形成营销动态能力作用机制的理论模型,即营销动态能力效用模型,如图 6-1 所示。

---

① Tsai K. & Yang S. Firm innovativeness and business performance: The joint moderating effects of market turbulence and competition [J]. Industrial Marketing Management, 2013, 42 (8): 1279–1294.

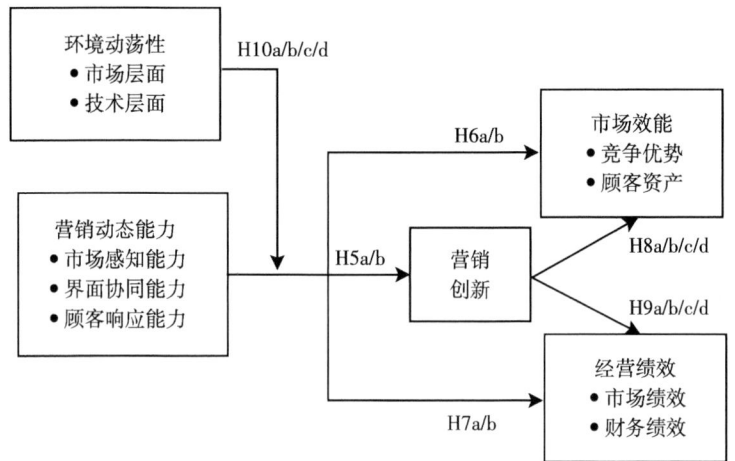

图 6-1 营销动态能力效用模型

资料来源：本研究设计。

第三节 模型测量与问卷开发

本节聚焦于营销动态能力作用机制模型中核心概念的测量，以及根据预调研数据分析结论对测量进行评估，以完成正式研究问卷开发。有关研究问卷设计的整体技术流程、正式调研过程及样本情况在第三章中已经详细说明，预调研过程与样本情况在第四章第四节相关部分也已说明，此处不再赘述。

一、核心概念测量

（一）营销创新

营销创新的测量最早来自于对企业营销管理领域创新性的考察。Hurley 和 Hult（1998）基于市场导向与组织学习的视角，对组织内市场营销领域的创新性进行考察，量表包含 5 个问项，如表 6-2 所示。

杨智和刘新燕（2006）在 Subin 和 Workman（2004）研究的基础上设计营销创新量表，将营销创新分为产品（服务）创新和营销过程创新两个维度进行考察。其中，产品创新 5 个问项，营销过程创新 6 个问项，如表 6-3 所示。

第六章 营销动态能力的作用机制

表 6-2 Hurley 和 Hult（1998）对营销创新的测量问项

序号	问项（N=9648；Coefficient α=0.82）
1	基于研究成果的技术创新很容易被接受
2	管理者主动地寻求创新理念和思想
3	项目管理中的创新很容易被接受
4	员工会因为无效的新想法而受到惩罚
5	营销理念被视为太具风险而被拒绝

资料来源：Hurley R. & Hult T. Innovation, market orientation and organizational learning: An integration and empirical examination1 [J]. Journal of Marketing, 1998, 62（1）: 42-54.

表 6-3 杨智和刘新燕（2006）对营销创新的测量问项

序号	问项（N=110；α=0.8）	
1	公司很少推出和目前产品（服务）截然不同的新产品（新服务）	产品（服务）创新（α=0.829）
2	公司在产品（服务）创新方面是相当有名的	
3	公司总是率先在本行业推出新产品（服务）	
4	与竞争对手相比较，公司的产品（服务）具有相当的创新性	
5	公司在推出新产品（服务）的步伐上落后于主要竞争对手	
6	公司推出的广告总是采用颠覆传统的手法	营销程序创新（α=0.828）
7	公司很少推出和业界截然不同的营销手段	
8	公司在广告创新方面相当有名	
9	公司总是率先在市场上推出崭新的促销活动	
10	与竞争对手相比较，公司的营销活动具有相当的创新性	
11	公司在拓展新渠道上落后于主要竞争对手	

资料来源：杨智, 刘新燕. 市场导向与企业绩效:一个基于中介效应的整合模型——以中东部五省市企业为实证样本 [J]. 中国软科学, 2006（11）: 88-98.

Sethi 等（2001）在 Andrews 和 Smith（1996）、Besemer 和 Quin（1986）研究基础上，从产品创新与营销方案创新两个层面对营销创新进行测量。每个量表都采用了李克特量表，以测量创新的两个重要维度：新颖性和价值性，即运用相同创新性评价指标（新颖性和价值性）对产品创新与营销方案创新进行评价（相较于主要竞争对手），如表 6-4 所示。

表 6-4 Sethi 等（2001）对营销创新的测量问项

	问项（N=141；α=0.80）		
新颖性	可预测的	1 2 3 4 5 6 7	新奇的
	普通的	1 2 3 4 5 6 7	原创的
价值性	有用的	1 2 3 4 5 6 7	无用的
	适当的	1 2 3 4 5 6 7	不适当的

资料来源：Sethi R., Smith D. & Park C. Cross-functional product development teams, creativity, and the innovativeness of new consumer products [J]. Journal of Marketing Research, 2001, 38（1）: 73-85.

企业营销动态能力研究

Naidoo（2010）在对中小企业竞争优势的研究中将营销创新视为一种组织能力，借鉴 Hurley 和 Hult（1998）的测量工具，围绕营销组合开发了营销创新测量工具，涵盖7个问项，如表6-5所示。

表6-5 Naidoo（2010）对营销创新的测量问项

序号	问项（N=184；Coefficient α=0.83）
1	管理者积极地寻求创新型营销理念
2	在产品开发方面的改进能够很容易被组织接受
3	在产品渠道方面的改进能够很容易被组织接受
4	在产品定价方面的改进能够很容易被组织接受
5	在产品促销活动方面的改进能够很容易被组织接受
6	员工会因为采取新营销措施的无效而被惩罚
7	新颖的营销理念被视为太冒险，进而被延迟运用

资料来源：Naidoo V. Firm survival through a crisis: The influence of market orientation, marketing innovation and business strategy [J]. Industrial Marketing Management, 2010, 39（8）: 1311-1320.

李先江（2012）在借鉴杨智和刘新燕（2006）的营销测量工具基础上，综合对营销创新的测量通过区分渐进式与突破式创新两类，再进一步分解为产品创新和营销程序创新两方面，即形成相互交叉的四种营销创新活动。具体测量问项如表6-6所示。

表6-6 李先江（2012）对营销创新的测量问项

序号	问项（N=184；Coefficient α=0.83）		
IMI1	我们的产品（服务）在技术上或概念上不断创新，但没有取代其他可供选择的同类产品（服务）	产品创新（α=0.716）	
IMI2	本产品（服务）解决（解答）了重要的顾客问题		
IMI3	本产品（服务）可轻易升级以满足顾客额外（或未来）的需求		
IMI4	本产品（服务）的设计具弹性，可适应顾客个别需求		
IMI5	公司内各部门逐渐进行产品（服务）流程调整以建立反映技术改进或概念更新的新的价值传递网络，较好地向顾客传递服务价值	营销程序创新（α=0.784）	渐进式
IMI6	公司总是在市场上推出反映产品（服务）技术改进或概念更新的崭新的促销活动		
IMI7	公司总是在拓展新营销渠道以使产品（服务）技术改进或概念更新的效应最大化		
IMI8	公司经常推出新的广告以宣传所取得的产品（服务）技术改进或概念更新		
IMI9	公司推出的新营销活动是在以前基础上发展起来的，且新营销活动反映了公司所取得的产品（服务）技术改进或概念更新		

第六章 营销动态能力的作用机制

续表

序号	问项（N=184；Coefficient α=0.83）		
BMI1	我们的产品（服务）在技术上或概念上具有高度的创新性并取代了其他可供选择的同类服务	产品创新（α=0.873）	突破式
BMI2	我们的产品（服务）要么在技术上具体表现了新的科技知识，要么在概念上让主流顾客难以评价和理解并让主流顾客支付较高的转换成本		
BMI3	我们的产品（服务）要么在技术上与主要竞争对手是相似的，要么在概念上需主流顾客学习以后才能使用我们的产品（服务）		
BMI4	我们的产品（服务）要么在技术应用上是完全不同于主要竞争对手，要么在概念上主流顾客需要长时间才能了解其提供的全部益处		
BMI5	公司内各部门进行了产品（服务）流程重组并建立起全新的反映技术或概念突破创新的价值传递网络，能以较低的成本准确地向顾客传递服务价值	营销程序创新（α=0.742）	
BMI6	公司总是率先在市场上推出反映了产品（服务）技术或概念突破创新的崭新的促销活动		
BMI7	公司在拓展新渠道上领先于主要竞争对手，以使技术或概念突破的效应最大化		
BMI8	公司在广告创新方面相当有名，以宣传所取得的产品（服务）技术或概念改进		
BMI9	公司策划的新营销活动与以前的营销活动相比具有很大的不同，且新营销活动反映了公司所取得的技术或概念突破性创新		

资料来源：李先江.营销创新对公司创业导向与组织绩效关系的中介效应研究[J].研究与发展管理，2012（4）：115-125.

从以上的文献梳理可以发现，对营销创新的测量总体上比较笼统，缺乏确定的内在逻辑框架。因此，本研究主要从市场驱动和技术驱动两方面探讨营销创新，即营销创新的动力与焦点视角。初步的问项设计如表6-7所示。

表6-7 本研究对营销创新的测量问项

序号	问项	
Mi01	企业倾向于率先将新技术运用于新产品开发	技术驱动型营销创新
Mi02	企业产品与主要竞争对手产品非常类似	
Mi03	企业在产品交付过程中运用新技术，以优化顾客体验	
Mi04	技术领先是企业产品的重要优势	
Mi05	企业经常尝试在营销传播中运用新的技术手段	
Mi06	企业根据顾客需求进行产品研发或改进	市场驱动型营销创新
Mi07	企业在产品促销活动中的改进很容易被顾客接受	
Mi08	企业经常为市场需求定制产品	
Mi09	对主要顾客而言，企业产品有较高转换成本	
Mi10	企业在产品定价方面的调整很容易被顾客接受	

资料来源：本研究整理。

(二) 市场效能

在营销管理研究中,Vorhies 等 (2009) 最早提出和界定市场效能这一概念,并借鉴 Clark (2000) 的观点开发量表进行测量,主要用市场份额、销售量以及市场地位三方面对市场效能进行测量,如表 6-8 所示。

表 6-8　Vorhies 等 (2009) 对市场效能的测量问项

序号	问项 (N=270)
1	市场份额增长
2	销售量增长
3	预期市场地位获取

资料来源:Vorhies D., Morgan R. & Autry C. Product–market strategy and the marketing capabilities of the firm: Impact on market effectiveness and cash flow performance [J]. Strategic Management Journal, 2009, 30 (12): 1310–1334.

目前,对市场效能概念的直接测量和研究非常少,因而本研究除了借鉴有限的现有量表以外,更多的是需要自行开发和设计量表。本研究对市场效能的测量主要从竞争优势 (Competition Advantage) 和顾客资产 (Customer Assets) 两方面进行测量。竞争优势是对竞争者层面的企业绩效输出水平衡量,顾客资产是对企业顾客层面绩效输出的评价,主要涵盖顾客关系、顾客满意和顾客忠诚三方面。[①] 初步的问项设计如表 6-9 所示。

表 6-9　本研究对市场效能的测量问项

序号	问项	
Me1	企业市场份额优于主要竞争对手	竞争优势
Me2	企业销售增长水平优于主要竞争对手	
Me3	企业品牌影响力高于主要竞争对手	
Me4	企业产品在市场中处于优势地位	
Me5	企业产品或服务处于引领市场的位置	
Me6	相较于主要竞争对手,企业的顾客投诉率比较低	顾客资产
Me7	相较于主要竞争对手,企业的顾客流失率比较低	
Me8	企业拥有很多长期顾客	
Me9	顾客常常为企业产品说好话	
Me10	企业新顾客中很大部分是老顾客推荐的	

资料来源:本研究整理。

[①] Nenonen S. & Storbacka K. Driving shareholder value with customer asset management: Moving beyond customer lifetime value [J]. Industrial Marketing Management, 2016, 52 (1): 140–150.

(三) 经营绩效

在经营绩效测量方面，绝对绩效数字（如销售利润率、投资回报率、资产回报率以及销售量、市场份额、销售增长率等）对于比较那些不同规模、市场和行业，不同财务标准和市场界定方法的企业是非常困难的。例如，在高成长行业与低成长行业，不同企业绝对绩效数字的比较则缺乏有效性和准确性。

但是，企业高管对绩效的认知和判断已经在诸多研究中被使用，并显示出与客观测量高度的一致性。[①] 因此，本研究通过对比主要行业竞争者进行主观绩效的测量。经营绩效主要通过对近三年市场绩效（销售量和市场份额），财务绩效（投资回报率和利润水平）两类指标进行判断（见表6-10）。被访者被要求在量表上判断每项的结果是否优于或者差于其主要的竞争对手，这类绩效测量方式，在基于问卷调查数据的实证研究中已经非常普遍（例如，Akyol 和 Akehurst，2003；Zhou 等，2005；Vorhies 等，2007；李先江，2009、2012；Morgan 等，2009；李巍等，2010、2013；等等）。

表 6-10 本研究对经营绩效的测量问项

序号	问项	
Bp01	企业产品销售量优于主要竞争对手	市场绩效
Bp02	企业市场销售增长率优于主要竞争对手	
Bp03	企业产品市场份额优于主要竞争对手	
Bp04	企业市场份额增长率优于主要竞争对手	
Bp05	企业新顾客增长水平优于主要竞争对手	
Bp06	企业投资回报率优于主要竞争对手	财务绩效
Bp07	企业投资回报率增长水平优于主要竞争对手	
Bp08	企业利润率优于主要竞争对手	
Bp09	企业利润率增长水平优于主要竞争对手	
Bp10	企业顾客流失率低于主要竞争对手	

资料来源：本研究整理。

(四) 控制变量

从已有研究文献看，企业规模和年龄，以及行业特征对企业的市场效率和盈利能力存在影响（例如，Gatignon 和 Anderson，1988；Zahra 等，2000），因此研

[①] Hooley G., Broderick A. & Möller K. Competitive positioning and the resource-based view of the firm [J]. Journal of Strategic Marketing, 1998 (6): 97-115.

究主要涉及上述三类控制变量:

(1) 企业规模。在企业规模的测量方面,大多数研究是将企业雇员数量视为衡量企业规模的关键指标(例如,Delios 和 Henisz,2003;许晖等,2006;Flores 和 Aguilera,2007;等等);也有少数研究将企业的销售额作为衡量指标(例如,Rathaermel 等,2006)。为了遵循大多数研究的惯例,并考虑到被调查企业一般不愿意透露营业额的现实情况,本研究运用企业正式员工的数量来衡量企业规模。

(2) 企业年龄。在企业年龄的考察方面,本研究遵循此前研究的惯例(例如,Flores 和 Aguilera,2007;纪春礼,2011;等等),用企业成立年限(截至2013 年 12 月)进行衡量。

(3) 行业特征,即企业所在行业。已有研究对行业分类按照服务业和制造业设置一个虚拟变量(例如,Brouthers 等,2003;Simsek 等,2007),或者按照 SIC 行业代码设计多个虚拟变量(例如,Rodriguez 等,2005;Nadkarni 和 Narayanan,2007)。考虑到以往有关企业能力的研究中,差异主要体现在服务业和制造业的区别上,如果按照行业使用多个虚拟变量则需要更大的样本,因此本研究仅设置一个区别服务业与制造业的虚拟变量:"0"表示制造业,"1"表示服务业。

根据以上对核心概念测量的问项设计,初步形成包含 36 个问项(其中,营销创新 11 个问项、市场效能 13 个问项、经营绩效 10 个问项;对营销动态能力测量及评价详见第四章,对环境动荡性的测量及评价详见第五章)的预调研问卷。在该调查问卷中,除特别说明的问项以外,其他问项均使用 Likert 6 点量表:1=非常不同意,6=非常同意。

二、预调研与问卷修正

初步完成问卷开发后,本研究仍然通过"问卷提炼"和"预调研"两大步骤对问卷进行检测和修正,以形成本研究所用的正式调研问卷。对于以上两大步骤,本研究在第四章第四节已进行详细阐明,预调研样本企业分布情况如表 4-2 所示。

在对预调研所获数据进行整理后,本研究运用 SPSS 15.0 软件,通过信度分析和探索性因子分析对预调查问卷中的测量问项进行检验与修正。对测量工具 Cronbach's α 值的整体判断和对各测量问项的提炼与修正是信度检验的基础和关键。根据 Churchill（1979）[①] 的观点，当测量量表的 Cronbach's α 值大于 0.7 时，表示问卷具有可以接受的信度水平；同时，在问卷的修正过程中，需要先剔除影响量表信度的"垃圾测量问项"后再进行探索性因子分析，这样能够避免多维度结果的出现，从而能更好地解释每个因子的含义。

在具体标准的运用上，本研究对测量工具的信度分析采用 Cronbach's α 值作为衡量标准；按照一般研究惯例，通过删除对测量变量贡献较小或毫无贡献的问项，从而增进测量量表的信度。根据 Zaichowsky（1985）[②] 和 Bagozzi 等（1988）[③] 的观点，本研究运用以下三项指标：①修正问项总相关系数（CITC）应该等于或大于 0.4；②相关系数的平方（SMC）应该大于或等于 0.5；③删除后测量的信度系数显著增加（CAID）。根据以上标准，对预调研问卷相关指标系数统计分析如表 6-11 所示。

表 6-11 模型核心概念测量的相关指标系数

核心概念	预调研问项编号	CITC	SMC	CAID	是否保留	正式问卷问项编号
技术驱动型营销创新（α=0.903）	Mi01	0.602	0.653	0.802	Y	Mi01
	Mi02	0.492	0.594	0.899	Y	Mi02
	Mi03	0.641	0.706	0.841	Y	Mi03
	Mi04	0.379	0.442	0.912	N	
	Mi05	0.636	0.702	0.801	Y	Mi04
市场驱动型营销创新（α=0.857）	Mi06	0.672	0.715	0.807	Y	Mi05
	Mi07	0.583	0.664	0.793	Y	Mi06
	Mi08	0.596	0.684	0.751	Y	Mi07
	Mi09	0.368	0.471	0.894	N	
	Mi10	0.711	0.774	0.825	Y	Mi08
竞争优势（α=0.912）	Me1	0.674	0.729	0.831	Y	Me1
	Me2	0.653	0.721	0.743	Y	Me2
	Me3	0.548	0.607	0.854	Y	Me3
	Me4	0.565	0.612	0.884	Y	Me4
	Me5	0.369	0.416	0.923	N	

---

① Churchill., Gilbert A., Jr. A paradigm for developing better measures of marketing constructs [J]. Journal of Marketing Research, 1979, 16（2）: 64-73.

② Zaichkowsky J. Measuring the involvement construct [J]. Journal of Consumer Research, 1985, 12（3）: 341-352.

③ Bagozzi P., Baumgartner J. & Yi Y. An investigation into the role of intentions as mediators of the attitude-behavior relationship [J]. Journal of Economic Psychology, 1989, 10（1）: 35-62.

续表

核心概念	预调研问项编号	CITC	SMC	CAID	是否保留	正式问卷问项编号
顾客资产 (α=0.892)	Me6	0.703	0.792	0.851	Y	Me5
	Me7	0.645	0.671	0.866	Y	Me6
	Me8	0.506	0.625	0.815	Y	Me7
	Me9	0.674	0.784	0.815	Y	Me8
	Me10	0.315	0.406	0.925	N	
市场绩效 (α=0.911)	Bp01	0.672	0.715	0.838		Bp01
	Bp02	0.317	0.479	0.924	N	
	Bp03	0.562	0.603	0.841		Bp02
	Bp04	0.335	0.418	0.924	N	
	Bp05	0.581	0.626	0.883		Bp03
财务绩效 (α=0.916)	Bp06	0.635	0.772	0.837	Y	Bp04
	Bp07	0.369	0.493	0.921	N	
	Bp08	0.565	0.673	0.858	Y	Bp05
	Bp09	0.304	0.462	0.924	N	
	Bp10	0.580	0.694	0.815	Y	Bp06

资料来源：本研究整理。

在进行信度检验和问项提炼后，本研究使用探索性因子分析（EFA）检验量表的建构效度。在进行探索性因子分析之前，需要从以下两个方面检验量表和问项是否适合进行该项分析：

一方面，如果测量中原有概念之间相互独立，则无法提取共同因子。因此，在进行探索性因子分析之前，需要对本量表中各问项之间的相关关系进行检验。在研究中，通过计算构念的相关系数矩阵，结果表明各构念间的相关系数在0.3以上，具有较显著的相关关系，因此适合进行因子分析。

另一方面，根据 Kaiser（1974）[①] 提出的标准，只有当 KMO 值介于0.6~1.0，且 Bartlett 球形检验中的卡方近似值越大并显著时，才适合进行因子分析。在本研究中，模型各核心概念测量的检验结果显示（见表6-12）：各测量构念的 KMO 值介于0.716~0.875，且 Bartlett 球形检验的卡方统计值及显著性水平均达到相应标准。以上结论说明对组织及企业家因素，以及环境动荡性等概念的测量数据适合进行探索性因子分析。

[①] Kaiser H. An index of factorial simplicity [J]. Psychometrika, 1974, 39（1）: 31-36.

第六章 营销动态能力的作用机制

表 6-12 核心概念的 KMO 值和 Bartlett 球形检验

检验项 测量构念	KMO 值	Bartlett 球形检验		
		Approx.Chi-Square	df	sig
技术驱动型营销创新	0.782	743.894	52	<0.001
市场驱动型营销创新	0.825	1056.753	55	<0.001
竞争优势	0.774	725.376	58	<0.001
顾客资产	0.875	1258.405	63	<0.001
市场绩效	0.843	1139.617	62	<0.001
财务绩效	0.716	698.482	54	<0.001

资料来源：本研究整理。

在探索性因子分析中，研究采用主成分萃取因子法及最大变异转轴法，根据特征值大于 1 的标准，对因子分析结果中各主要测量变量进行因子载荷提取，如表 6-13 所示。

表 6-13 核心概念探索性因子分析结果

测量构念		测量问项	因子载荷
技术驱动型 营销创新	Mi01	企业倾向于率先将新技术运用于新产品开发	0.786
	Mi02	企业产品与主要竞争对手产品非常类似	0.792
	Mi03	企业在产品交付过程中运用新技术，以优化顾客体验	0.803
	Mi04	企业经常尝试在营销传播中运用新的技术手段	0.815
市场驱动型 营销创新	Mi05	企业根据顾客需求进行产品研发或改进	0.809
	Mi06	企业在产品促销活动中的改进很容易被顾客接受	0.802
	Mi07	对主要顾客而言，企业产品有较高转换成本	0.779
	Mi08	企业在产品定价方面的调整很容易被顾客接受	0.708
竞争优势	Me01	企业市场份额优于主要竞争对手	0.792
	Me02	企业销售增长水平优于主要竞争对手	0.769
	Me03	企业品牌影响力高于主要竞争对手	0.814
	Me04	企业产品在市场中处于优势地位	0.726
顾客资产	Me05	相较于主要竞争对手，企业的顾客投诉率比较低	0.819
	Me06	相较于主要竞争对手，企业的顾客流失率比较低	0.825
	Me07	企业拥有很多长期顾客	0.776
	Me08	顾客常常为企业产品说好话	0.783
市场绩效	Bp01	企业产品销售量优于主要竞争对手	0.806
	Bp02	企业产品市场份额优于主要竞争对手	0.793
	Bp03	企业新顾客增长水平优于主要竞争对手	0.805
财务绩效	Bp04	企业投资回报率优于主要竞争对手	0.796
	Bp05	企业利润率优于主要竞争对手	0.812
	Bp06	企业顾客流失率低于主要竞争对手	0.806

资料来源：本研究整理。

探索性因子分析结果显示，在根据信度分析删除各维度中的部分问项后，其余问项的单一因子载荷都超过了 0.5，且不存在明显的跨因子分布。因此，本研究根据信度分析和探索性因子分析的结果，形成对中介变量（营销创新）、因变量（竞争优势、顾客资产、市场绩效和财务绩效）测量的正式调研问卷（见附录Ⅱ）。

三、正式调研与样本情况

本研究运用正式调研问卷进行研究数据收集工作。关于正式调研基本流程、质量控制及样本企业分布情况的内容已在本书第三章中有关"研究数据收集"的议题中进行了详细阐述，在此不再赘述。正式调研的样本企业地区分布及特征详如表 3-6 所示。

第四节 实证检验与结论

在对模型概念进行测量，并收集数据后，开始进入实证检验环节。实证分析阶段主要包括两方面的内容：一是研究测量与数据质量的检验，主要指对测量变量的描述性统计分析，以及对研究测量信度与效度的检验；二是研究假设的验证，主要指对营销动态能力与市场效能，以及营销动态能力与经营绩效两组机制进行考察，同时对环境动荡性调节效应的检验。

一、测量描述性统计分析

在对正式研究数据进行整理后，研究对营销动态能力形成机制模型中的核心概念测量问项进行描述性统计分析；分析的指标主要包括均值、标准差、偏度和峰度。均值主要反映测量问项的平均得分情况；标准差主要反映各问项得分情况的离散程度；偏度和峰度主要用于检验数据的正态性；只有符合正态分布的数据才适合运用极大似然法对结构模型进行估计。同时，样本的偏度与峰度越接近 0，则表示该变量的数据分布越接近正态性；数据的偏度小于 2，同时峰度小于 5，即可认为样本属于正态分布。[①] 从本研究的数据结论看（见表6-14），各观测变量的偏度和峰度系数均在较为理想的范围，可以认为理论模型中核心概念测量问项的数据呈现近正态分布，不影响极大似然法估计的稳健性。

表6-14 核心概念测量的描述性统计分析

问项	Mi01	Mi02	Mi03	Mi04	Mi05	Mi06	Mi07	Mi08
均值	3.963	4.037	3.857	3.947	3.861	4.011	4.032	3.961
标准差	0.917	1.158	0.915	1.073	0.985	1.035	1.136	0.781
偏度	-0.693	0.691	-0.792	0.868	-1.269	-1.592	-0.863	-0.271
峰度	-0.108	-1.159	0.817	-0.924	0.751	0.783	0.747	-1.852
问项	Me01	Me02	Me03	Me04	Me05	Me06	Me07	Me08
均值	3.978	4.137	3.964	4.014	4.158	3.975	4.148	4.006
标准差	1.025	0.984	0.783	0.956	1.007	1.018	1.215	0.962
偏度	0.846	0.931	-0.258	0.913	-0.851	-0.651	-0.873	-1.008
峰度	-1.015	-0.974	-0.373	-0.858	0.159	-0.932	0.961	-0.864
问项	Bp01	Bp01	Bp01	Bp01	Bp01	Bp01		
均值	4.137	3.92	4.085	3.982	3.873	4.157		
标准差	1.084	0.843	1.164	0.757	0.847	1.252		
偏度	0.981	-0.759	0.297	1.159	0.915	-0.753		
峰度	-0.601	1.058	-0.638	0.773	-1.053	-0.681		

资料来源：本研究整理。

二、信效度检验

（一）信度检验

在信度检验方面，使用Cronbach's α值和组合信度（CR）两项指标来检验测量的信度水平。数据结论表明（见表6-15），所有潜变量的α值介于0.847~0.913，组合信度介于0.787~0.847，均优于0.7标准值。结论表明测量问项的内部一致性水平较高，测量信度比较理想。

[①] Ding L., Velicer W. & Harlow L. Effects of estimation methods, number of indicators per factor, and improper solutions on structural equation modeling fit indices [J]. Structural equation modeling: A Multidisciplinary Journal, 1995, 2 (2): 119-143.

表 6-15 测量信度与判别效度检验

核心概念	α值	CR	AVE	1	2	3	4	5	6	7
1.营销动态能力	0.847	0.815	0.595	0.771						
2.技术驱动型营销创新	0.894	0.835	0.561	0.206**	0.749					
3.市场驱动型营销创新	0.857	0.813	0.522	0.218**	−0.024	0.723				
4.竞争优势	0.913	0.833	0.557	0.185	0.197*	0.112	0.746			
5.顾客资产	0.862	0.787	0.554	0.092	0.103	0.181*	0.183*	0.744		
6.市场绩效	0.893	0.847	0.594	0.196*	0.137	0.204**	0.215**	0.182*	0.770	
7.财务绩效	0.851	0.819	0.522	0.173*	0.145	0.094	0.193*	0.142	0.198*	0.722

注：对角线为变量 AVE 值平方根；* 表示 p<0.05，** 表示 p<0.01。
资料来源：本研究计算整理。

（二）效度检验

效度检验方面，研究所涉及变量的测量问项均改编自成熟量表，并通过小范围预测试对问项进行纯化，对措辞进行完善，因而测量的内容效度能够得到保证。对测量收敛效度和判别效度的检验，使用 AMOS 7.0 软件通过探索性因子分析进行。

理论模型中核心概念技术驱动型与市场驱动型营销创新，以及竞争优势、顾客资产等变量的收敛效度检验，通过一阶验证性因子分析来进行。在输出的测量模型中，χ^2/df 为 1.748，处于 1.0~2.0 标准区间，GFI 为 0.924，AGFI 为 0.912，优于 0.9 标准值；RMSEA 达到 0.068，小于 0.08 标准值，以上关键指标值表明测量模型的拟合度较好。全部测量问项标准化因子载荷大于 0.5，且呈显著性；各潜变量的平均提炼方差（AVE）值均大于 0.5（见表 6-16）。表明测量收敛效度达到理想水平。

表 6-16 核心概念测量的效度检验

核心概念	测量问项	因子载荷	t 值
技术驱动型营销创新	企业倾向于率先将新技术运用于新产品开发	0.774	12.845
	企业产品与主要竞争对手产品非常类似	0.753	12.406
	企业在产品交付过程中运用新技术，以优化顾客体验	0.798	13.273
	企业经常尝试在营销传播中运用新的技术手段	0.662	9.853
市场驱动型营销创新	企业根据顾客需求进行产品研发或改进	0.813	13.521
	企业在产品促销活动中的改进很容易被顾客接受	0.698	10.986
	企业在产品定价方面的调整很容易被顾客接受	0.715	11.528
	对主要顾客而言，企业产品有较高转换成本	0.654	9.177

第六章 营销动态能力的作用机制

续表

核心概念	测量问项	因子载荷	t 值
竞争优势	企业市场份额优于主要竞争对手	0.782	13.038
	企业销售增长水平优于主要竞争对手	0.675	9.836
	企业品牌影响力高于主要竞争对手	0.811	13.413
	企业产品在市场中处于优势地位	0.708	11.303
顾客资产	相较于主要竞争对手，企业的顾客投诉率比较低	0.817	13.579
	相较于主要竞争对手，企业的顾客流失率比较低	0.659	9.582
	企业拥有很多长期顾客	0.731	10.389
	顾客常常为企业产品说好话	0.748	12.281
市场绩效	企业产品销售量优于主要竞争对手	0.629	9.473
	企业产品市场份额优于主要竞争对手	0.837	12.965
	企业新顾客增长水平优于主要竞争对手	0.715	11.316
财务绩效	企业投资回报率优于主要竞争对手	0.821	13.675
	企业利润率优于主要竞争对手	0.663	9.773
	企业顾客流失率低于主要竞争对手	0.721	10.294

资料来源：本研究计算整理。

测量判别效度的检验综合运用 Pearson 相关系数和 AVE 值平方根来进行。数据结论表明：在 95%置信区间，潜变量之间相关系数不为 1，且所测变量 AVE 值平方根均大于其所在行与列相关系数的绝对值，说明测量的判别效度也达到理想水平。

三、营销动态能力与市场效能关系检验

根据前述营销动态能力作用机制的理论模型（见图 6-1），营销动态能力作用机制可以分为两大部分：市场效能、经营绩效。在对理论模型中核心概念的判别效度分析时已经发现（见表 6-14），模型中一些核心概念之间存在较高的关联度，即多重共线性问题，例如竞争优势与市场绩效、顾客资产与市场绩效等。为了避免在分析中出现概念之间相互包含的问题，并深化对营销动态能力作用机制的理解，研究将理论模型拆分为两个较为独立的研究模型进行实证检验。

对营销动态能力与市场效能关系模型的检验（见图 6-2），综合运用结构方程模型与回归分析两种方法。其中，营销动态能力主效应检验运用结构方程模型进行，环境动荡性检验运用回归分析方法进行。对两种方法的综合运用，既能够很好地完善规模单一方法存在的缺陷，又能够很好地运用两种检验方法在统计方面的优势。

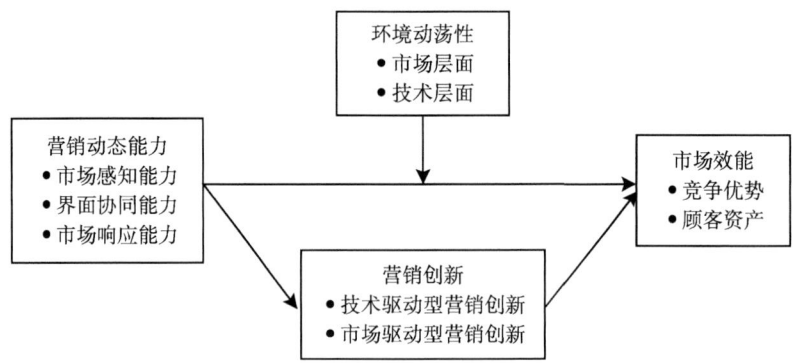

图 6-2　营销动态能力与市场效能关系的概念模型

资料来源：本研究设计。

（一）主效应检验

研究运用 Amos7.0 软件对概念框架及研究假设进行结构方程分析。模型的拟合结果显示（表6-17）：在绝对拟合度指标、增值拟合度指标和简约拟合度指标三个方面，模型值均优于标准值，[①]说明模型的整体拟合度良好，可以用于研究假设检验。

表 6-17　结构方程模型的拟合度评估

指标		模型值	标准值	指标		模型值	标准值
绝对拟合度	χ^2/df	1.576	<2.0	增值拟合度	CFI	0.912	>0.9
	P	0.000	<0.05		NFI	0.919	>0.9
	RMSEA	0.054	<0.08		TFI	0.925	>0.9
	GFI	0.924	>0.9	简约拟合度	PGFI	0.614	>0.5
	AGFI	0.917	>0.9		PNFI	0.603	>0.5

资料来源：本研究计算整理。

预设模型中路径数据表明（见图6-3）：首先，营销动态能力显著影响技术驱动型营销创新（$\gamma=0.225$，$p<0.01$）和市场驱动型营销创新（$\gamma=0.284$，$p<0.01$），对竞争优势（$\gamma=0.174$，$p<0.05$）也有直接影响作用，但对顾客资产（$\gamma=0.093$，$p>0.05$）的影响效应不显著，H5a、H5b 和 H6a 得到证实，H6b 未通过检验。其次，技术驱动型营销创新对竞争优势（$\gamma=0.303$，$p<0.001$）有积极影响，

[①] Fornell L. Evaluating structural equation models with unobservable variables and measurement error [J]. Journal of Marketing Research, 1981, 18 (2): 39-50.

而对顾客资产（γ=0.103，p>0.05）的影响并不显著，即 H8a 通过验证，H8b 未被数据支持。最后，市场驱动型营销创新对顾客资产（γ=0.314，p<0.001）影响显著，而对竞争优势（γ=0.127，p>0.05）却没有显著效应，即 H8d 通过验证，H8c 未得到证实。

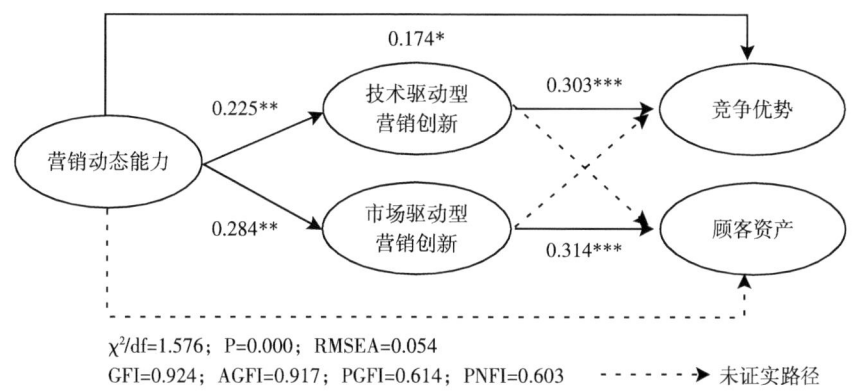

$\chi^2/df=1.576$；P=0.000；RMSEA=0.054
GFI=0.924；AGFI=0.917；PGFI=0.614；PNFI=0.603　------→ 未证实路径

图 6-3　营销动态能力与市场效能关系模型

资料来源：本研究计算整理。

（二）调节效应检验

为进一步厘清营销动态能力与市场效能逻辑关系，研究采用多元线性回归技术就环境动荡性对营销动态能力与市场效能积极关系的调节效应进行检验。在进行回归分析以前，为确保分析结果的准确性与可靠性须满足不存在多重共线性问题。根据一般惯例，研究采用方差膨胀因子指数法（VIF）检测多重共线性问题。经过计算得出，因变量竞争优势与顾客资产的 VIFmax 分别为 5.631 和 5.274，调节变量环境动荡性的 VIFmax 为 2.373，均处于（0，10）合理区间。可见，各类变量无多重共线性现象存在，可以运用多元回归分析以检验调节效应。

本研究具体采用多元线性回归分析中的按所选变量（交互项）分别进入的方法进行。将控制变量、自变量和调节变量全部纳入回归方程中，对竞争优势和顾客资产进行线性回归，分别得到主效应模型，即模型 1 和模型 2，随后将营销动态能力与环境动荡性的乘积项分别纳入回归方程中，得到两项个别效应模型，即模型 3 和模型 4。

在回归分析中（见表 6-18），模型 1~模型 3 的 F 统计值的显著性概率均小于 0.001，说明各个回归模型均通过了检验；模型 1~模型 4 的常数项对应的 t 检验统计值显著性概率均小于 0.01，说明常数项显著异于 0，回归方程及其系数适宜采用非标准化值。[①] 数据结论显示：在模型3中，营销动态能力与环境动荡性乘积项的非标准化回归系数 β=0.293（p<0.001），表明环境动荡性对营销动态能力与竞争优势积极关系有显著的正向调节作用，即 H10a 得到证实；在模型4中，营销动态能力与环境动荡性乘积项的非标准化回归系数 β=0.157（p>0.05），表明环境动荡性对营销动态能力与顾客资产的调节效应并不显著，即 H10b 未通过验证。

表 6-18 环境动荡性调节效应的回归分析结果

解释变量		竞争优势 (5.631)		顾客资产 (5.274)	
		模型 1	模型 3	模型 2	模型 4
控制变量	企业规模	0.047 (2.259)	0.044 (2.056)	0.046 (1.038)	0.049 (1.926)
	企业年龄	0.061 (1.107)	0.059 (1.073)	0.054 (1.973)	0.066 (2.837)
	行业性质	0.007 (0.258)	0.011 (0.925)	0.009 (0.731)	0.013 (2.074)
自变量	营销动态能力	0.285 (10.335)**	0.257 (9.384)**	0.175 (7.304)*	0.155 (6.307)
调节变量	环境动荡性 (2.373)	0.044 (0.981)	0.041 (0.872)	0.031 (0.091)	0.028 (0.221)
交互项	营销动态能力×环境动荡性		0.293 (12.861)***		0.157 (6.414)
模型统计量	R^2	0.315	0.344	0.319	0.343
	调整后 R^2		0.328		0.336
	F	18.392***	19.951***	18.437***	19.754***
	ΔR^2		0.013		0.017
	F for ΔR^2		8.275***		9.591***

注：* 表示 p<0.05，** 表示 p<0.01，*** 表示 p<0.001；核心概念括号中为 VIF 值。
资料来源：本研究计算整理。

四、营销动态能力与经营绩效关系检验

对营销动态能力与经营关系模型的检验（见图6-4）同样运用结构方程模型与回归分析两种方法。既运用结构方程模型考察营销动态能力的主效应，又运用回归分析方法检验环境动荡性的调节效应。

（一）主效应检验

运用 Amos 7.0 软件对营销动态能力与经营绩效理论框架及相关研究假设，进行结构方程分析。模型的拟合结果显示（见表6-19）：在绝对拟合度指标、增

[①] Hair J. & Anderson R. Multivariate data analysis [M]. US, NJ: Prentice hall, 2006: 149-151.

第六章 营销动态能力的作用机制

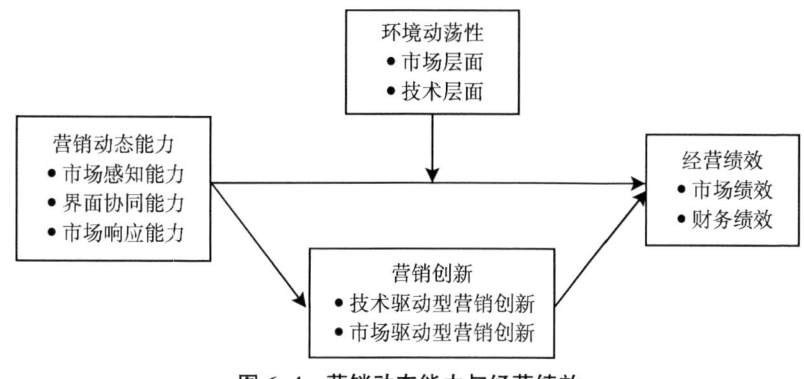

图 6-4 营销动态能力与经营绩效

资料来源：本研究设计。

值拟合度指标和简约拟合度指标三个方面，模型值均优于标准值，[1] 说明模型的整体拟合度达到相关要求，可以用于研究假设检验。

表 6-19 结构方程模型的拟合度评估

指标		模型值	标准值	指标		模型值	标准值
绝对拟合度	χ^2/df	1.631	<2.0	增值拟合度	CFI	0.914	>0.9
	P	0.000	<0.05		NFI	0.911	>0.9
	RMSEA	0.067	<0.08		TFI	0.919	>0.9
	GFI	0.919	>0.9	简约拟合度	PGFI	0.606	>0.5
	AGFI	0.908	>0.9		PNFI	0.584	>0.5

资料来源：本研究计算整理。

预设模型中路径数据表明（见图 6-5）：营销动态能力显著影响技术驱动型营销创新（γ=0.219，$p<0.01$）和市场驱动型营销创新（γ=0.275，$p<0.01$），对市场绩效（γ=0.179，$p<0.05$）也有直接影响作用，但对财务绩效（γ=0.106，$p>0.05$）的影响效应不显著，意味着 H7a 被证实，H7b 被数据拒绝。在营销创新与经营绩效关系检验中，技术驱动型营销创新对市场绩效（γ=0.281，$p<0.01$）和财务绩效（γ=0.319，$p<0.001$）均有积极显著作用，即 H9a 和 H9b 均得到数据支持。市场驱动型营销创新只对市场绩效（γ=0.328，$p<0.001$）有积极影响效应，而对财务绩效（γ=0.113，$p>0.05$）影响作用并不显著，即 H9c 通过验证，H9d

---

[1] Fornell L. Evaluating structural equation models with unobservable variables and measurement error [J]. Journal of Marketing Research, 1981, 18 (2): 39-50.

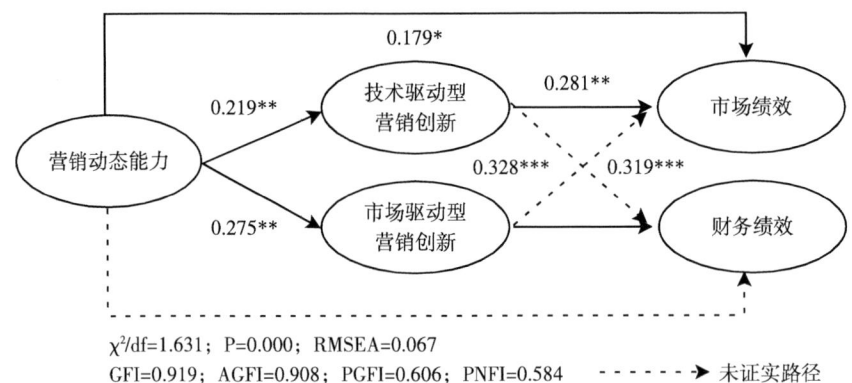

图 6-5 营销动态能力与经营绩效关系模型

资料来源：本研究计算整理。

没有得到研究支持。

（二）调节效应检验

为深化对营销动态能力与经营绩效逻辑关系的理解，研究仍然采用多元线性回归技术就环境动荡性对营销动态能力与经营绩效积极关系的调节效应进行检验。在进行回归分析以前，为了确保分析结果的准确性与可靠性须满足不存在多重共线性问题。本书采用方差膨胀因子指数法（VIF）来检测多重共线性问题。经过计算得出因变量竞争优势与顾客资产的 VIF_{max} 分别为 2.647 和 2.038，均处于（0, 10）合理区间。可见，各类变量无多重共线性现象存在，可以运用多元回归分析以检验调节效应。

本研究具体采用多元线性回归分析中的按所选变量（交互项）分别进入的方法进行。将控制变量、自变量和调节变量全部纳入回归方程中对市场绩效、财务绩效进行线性回归，分别得到主效应模型，即模型 5 和模型 6；随后将营销动态能力与环境动荡性的乘积项分别纳入回归方程中，得到两项个别效应模型，即模型 7 和模型 8。

在回归分析中（见表 6-20），模型 1~模型 3 的 F 统计值的显著性概率均小于 0.001，说明各个回归模型均通过了检验；模型 1~模型 4 的常数项对应的 t 检验统计值显著性概率均小于 0.01，说明常数项显著地异于 0，回归方程及其系数适宜采用非标准化值。[①] 数据结论显示：在模型 2 中，营销动态能力与环境动荡性乘积项的非标准化回归系数 $\beta=0.304$（$p<0.001$），表明环境动荡性对营销动态能

---

① Hair J. & Anderson R. Multivariate data analysis [M]. US, NJ: Prentice hall, 2006. 149–151.

第六章 营销动态能力的作用机制

力与市场绩效积极关系有显著的正向调节作用，即 H10c 得到数据支持；在模型 4 中，营销动态能力与环境动荡性乘积项的非标准化回归系数 β=0.163（p>0.05），表明环境动荡性对营销动态能力与财务绩效的调节效应并不显著，即 H10d 未得到研究验证。

表 6-20 环境动荡性调节效应的回归分析结果

解释变量		市场绩效（2.647）		财务绩效（2.038）	
		模型 1	模型 2	模型 3	模型 4
控制变量	企业规模	0.076（1.532）	0.059（1.261）	0.046（1.028）	0.051（1.967）
	企业年龄	0.045（1.065）	0.048（1.239）	0.055（1.772）	0.058（1.228）
	行业性质	0.012（0.983）	0.011（0.525）	0.009（0.731）	0.013（0.153）
自变量	营销动态能力	0.312（14.275）***	0.297（12.349）***	0.195（9.377）*	0.178（7.936）
调节变量	环境动荡性	0.041（0.984）	0.038（0.857）	0.023（0.553）	0.019（0.385）
交互项	营销动态能力×环境动荡性		0.304（14.615）***		0.163（7.465）
模型统计量	R^2	0.332	0.363	0.329	0.358
	调整后 R^2		0.355		0.341
	F	19.563***	20.137***	18.874***	19.947***
	ΔR^2		0.013		0.012
	F for ΔR^2		8.364***		8.173***

注：* 表示 $p<0.05$，** 表示 $p<0.01$，*** 表示 $p<0.001$；核心概念括号中为 VIF 值。
资料来源：本研究计算整理。

第五节　本章小结

本章研究通过实证分析对营销创新视阈下的营销动态能力作用机制模型进行检验。运用两个独立的实证测量模型，在以营销创新为中介变量的条件下，对营销动态能力与市场效能，以及营销动态能力与经营绩效的逻辑关系进行考察，同时对环境动荡性的调节效应进行检验。主要实证结论如表 6-21 所示。

表 6-21 本章研究假设检验结果汇总

路径关系	标准化系数	p 值	假设	结论
营销动态能力→技术驱动型营销创新	0.225	p<0.01	H5a	支持
营销动态能力→市场驱动型营销创新	0.284	p<0.01	H5b	支持

续表

路径关系	标准化系数	p值	假设	结论
营销动态能力→竞争优势	0.174	p<0.05	H6a	支持
营销动态能力→顾客资产	0.093	p>0.05	H6b	未支持
营销动态能力→市场绩效	0.179	p<0.05	H7a	支持
营销动态能力→财务绩效	0.106	p>0.05	H7b	未支持
技术驱动型营销创新→竞争优势	0.303	p<0.001	H8a	支持
技术驱动型营销创新→顾客资产	0.103	p>0.05	H8b	未支持
市场驱动型营销创新→竞争优势	0.127	p>0.05	H8c	未支持
市场驱动型营销创新→顾客资产	0.314	p<0.001	H8d	支持
技术驱动型营销创新→市场绩效	0.281	p<0.01	H9a	支持
技术驱动型营销创新→财务绩效	0.319	p<0.001	H9b	支持
市场驱动型营销创新→市场绩效	0.328	p<0.001	H9c	支持
市场驱动型营销创新→财务绩效	0.113	p>0.05	H9d	未支持
环境动荡性×营销动态能力→竞争优势	0.293	p<0.001	H10a	支持
环境动荡性×营销动态能力→顾客资产	0.157	p>0.05	H10b	未支持
环境动荡性×营销动态能力→市场绩效	0.304	p<0.001	H10c	支持
环境动荡性×营销动态能力→财务绩效	0.163	p>0.05	H10d	未支持

资料来源：本研究整理。

第一，营销动态能力对营销创新活动有显著正向作用。一方面，营销动态能力积极影响技术驱动型营销创新（$\beta=0.225$，$p<0.01$）。营销动态能力通过对市场环境的有效感知，内部界面的一致性协调，以及对顾客需求的快速响应，可以推动将最新技术产业化和商业化，以新产品或服务开创全新顾客价值主张，创造性满足新需求，或者开发新市场，最终实现企业在市场领域的技术驱动型营销创新。营销动态能力无论从市场环境感知，还是界面协同，抑或是顾客响应视角，都有助于企业将最新技术运用于潜在或未来市场竞争，推动企业基于技术的营销创新活动。另一方面，营销动态能力对市场驱动型营销创新有显著正向作用（$\beta=0.284$，$p<0.01$）。营销动态能力能够帮助企业更好地理解和发掘现有市场需求，通过市场管理活动创新（如销售渠道、营销传播等）以及其他差异化竞争的手段，使企业在不革新产品或服务前提下，通过新的管理方式和运营体系，满足已有市场需求，创造差异化价值。可见，营销动态能力有助于企业更好地理解当前市场，并基于企业现有产品技术方案，通过营销管理环节的创新行动，提升企业营销活动的效率和有效性。

第二，营销动态能力对市场效能与经营绩效的影响作用具有差异性。在市场效能方面,营销动态能力对竞争优势有积极影响(β=0.174,p<0.05),而对顾客资产的积极效应并没有被证实(β=0.093,p>0.05)。这表明,营销动态能力对市场竞争优势产生直接影响作用,但对顾客资产的积累和构建作用,可能是通过营销创新活动等中间环节体现的。这间接地证明了营销动态能力具有的"二阶能力"属性,即它的绩效输出是通过改善企业活动、组织行为及市场竞争位势等,并不能直接带来财务方面的收益。

在经营绩效方面,营销动态能力对市场绩效有积极影响(β=0.179,p<0.05);对财务绩效的影响作用没有被证实(β=0.106,p>0.05)。结论表明,营销动态能力作为市场层面的高阶组织能力,对市场绩效有直接作用,而对财务表现等方面的作用通过其他方式得以体现。研究结论也可以证实,营销动态能力的绩效输出还受到一些中介变量的影响。在本书中,营销动态能力可能通过差异化营销创新活动对市场效能和经营绩效发生作用,进一步增强现有研究对营销动态能力所具备的动态能力属性的理解和认知。

第三,营销创新对市场效能与经营绩效的影响作用也具有差异性。在技术驱动型营销创新活动中:一方面,技术驱动型营销创新对竞争优势有积极影响作用(β=0.303,p<0.001),但对顾客资产的作用没有被证实(β=0.103,p>0.05);另一方面,技术驱动型营销创新对市场绩效(β=0.281,p<0.01)和财务绩效(β=0.319,p<0.001)均有显著正向作用。这表明,技术驱动型营销创新具有基础性作用,既对市场方面的绩效输出有积极作用,又对财务方面的表现产生直接影响,同时还对竞争优势等重要的市场竞争位势产生正向影响。

在市场驱动型营销创新活动中:一是市场驱动型营销创新对竞争优势的影响效应没有被证实(β=0.127,p>0.05),但对顾客资产的积极作用得到研究验证(β=0.314,p<0.001),这意味着企业对市场领域的革新,有助于企业改善顾客关系,增强顾客满意水平,并获取高水平的顾客忠诚,实现对顾客资产的正向影响,但对具有一定长远性特征的竞争优势影响并不是非常显著。可见,市场驱动型营销创新更有助于企业改善短期的市场表现,但对中长期竞争优势的影响并不明显。二是市场驱动型营销创新对市场绩效有显著的正向作用(β=0.328,p<0.001),但对经营绩效的积极影响并没有被发现(β=0.113,p>0.05)。结论表明,市场驱动型营销创新有助于改善企业在市场指标方面的绩效表现,如市场份额、销售额等,但对企业财务指标,如投资回报率、利润率等指标方面表现的正向影响作用并不显著。

第四,环境动荡性对营销动态能力的作用机制发挥重要的调节效应。一是环境动荡性正向调节营销动态能力与竞争优势之间的积极关系（β=0.293，p<0.001）；环境动荡性越强,营销动态能力对竞争优势的驱动作用越明显,尤其对处于动荡竞争环境的企业而言,开发营销动态能力是其获取竞争优势的重要努力方向。二是环境动荡性对营销动态能力与顾客资产之间关系的调节效应没有被证实（β=0.157，p>0.05）,这意味着,环境动荡水平的差异,并未改变营销动态能力与顾客资产原有的逻辑关系。从本研究模型看,营销创新作为中介变量的效用明显大于环境动荡性作为调节效应的角色。三是环境动荡性对营销动态能力与市场绩效之间积极关系的调节效应得到数据验证（β=0.304，p<0.001）,表明企业所处环境的动荡程度越高,企业越需要开发营销动态能力以提升市场绩效。营销动态能力发挥对市场绩效驱动作用的大小,在一定程度上依赖外部环境。四是环境动荡性对营销动态能力与财务绩效之间逻辑关系的调节作用没有被研究证实（β=0.163，p>0.05）,意味着营销动态能力与财务绩效之间的关联,与企业外部环境动荡程度没有直接关系。

上述研究结论表明,营销动态能力既直接对市场效能和经营绩效产生部分影响作用,还通过两类营销创新发挥作用,即营销动态能力能否发挥积极作用,不仅与企业自身管理活动密切相关,而且与外部环境条件相互关联。相关研究结论进一步厘清营销动态能力较为复杂的作用机制,增强对营销动态能力概念的理论认知。

第七章 案例研究

本章运用案例研究方法,针对冷酸灵品牌的营销创新活动及实现方式典型案例进行分析,以实现对前述理论推导和实证检验所获得的理论模型进行解释、拓展和深化。这种研究设计旨在运用定性方法解释定量结论,从而实现研究方法和数据的三角测量、研究结论的推进、补充和扩展,以及研究发现的创造。

第一节 案例对象与过程

对于单一案例研究方法的使用缘由及效用,在本书第一章第三节中已经进行阐述。本节主要就案例企业背景,以及案例研究的基本过程与质量控制进行介绍。案例的分析框架运用本研究前述理论推导和实证分析所构建的理论模型,本部分不再赘述。

一、案例企业背景

重庆登康口腔护理用品股份有限公司[①](以下简称"重庆登康")是中国极具影响力的专业口腔护理用品公司。其前身为重庆牙膏厂,始建于1956年,2001年通过股份制改造成立,公司隶属于重庆轻纺控股(集团)公司,在重庆市属重点国有企业。

重庆登康地处交通便利的重庆市江北区港城工业园区,公司拥有现代化的花

---

① 以本案例企业为对象撰写的教学案例《冷酸灵:本土牙膏品牌探寻弥新之路》,受邀参加由清华大学经济管理学院、中国工商管理案例中心主办的"2015中国管理案例年会"(2015年10月,北京),并做主题汇报,感谢与会专家提供的有益建议和意见。

园式观光工厂，厂区占地156亩，是中国西部最大的、以牙膏为主的口腔护理用品生产基地，是中国口腔清洁护理用品工业协会理事长单位。重庆登康曾被时任国务院副总理吴邦国赞誉为重庆轻工业"五朵金花"之一，曾连续15年雄居重庆市"工业企业五十强"排行榜；多次被评为"中国工业企业综合评价最优500家"，和"轻工业卓越绩效模式先进企业"，是重庆市首批通过标准化企业之一，是重庆市首批通过清洁生产企业之一，是重庆市最早同时获得"中国名牌产品"和"中国驰名商标"的企业之一，是最早获得重庆市市长质量奖的企业之一，也是行业内最先通过ISO9001、ISO14001、ISO18001三标一体化认证的企业。

重庆登康以"汇聚英才、创造精品"为企业发展观；以"成为世界一流口腔护理产品专家，为消费者带来健康自信的笑容"为愿景；以"致力于为大众口腔健康提供整体解决方案，不断改善大众口腔健康"为使命；以"变革创新、诚信实干、至善关爱、大同和谐"为企业价值观；正立足市场变化，整合全球资源，着力打造中国乃至亚洲最专业的口腔护理公司。

50多年来，重庆登康致力于牙齿抗敏感领域的研究。目前公司拥有全国唯一的抗牙齿敏感研究中心，拥有行业领先的GMP生产车间，拥有双重抗敏感牙膏的国家发明专利和多项行业领先技术。公司现有的主要产品有冷酸灵系列牙膏、牙刷，"登康"三面牙刷及冷酸灵漱口水。其中，冷酸灵品牌为重庆登康的

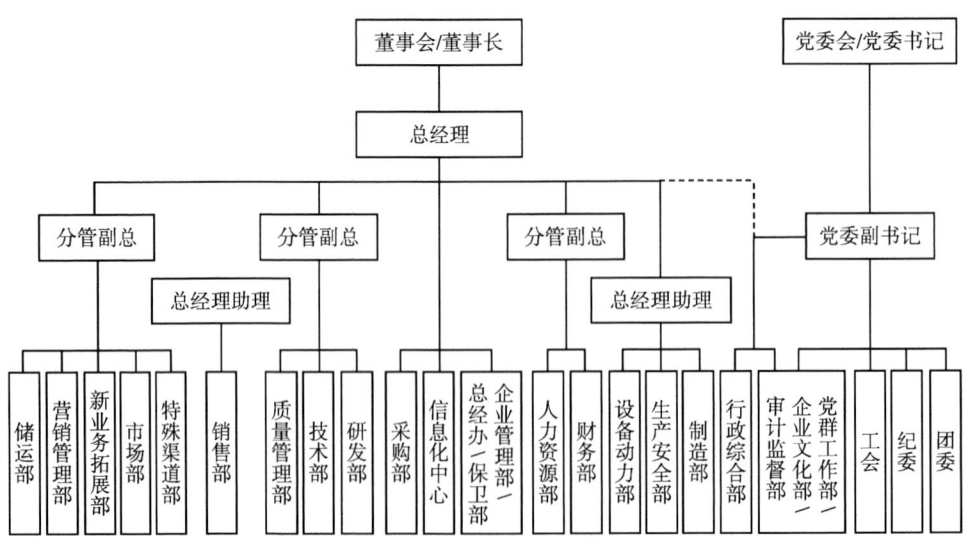

图7-1 重庆登康组织结构图

资料来源：重庆登康企业管理部提供。

第七章 案例研究

核心市场资产,也是最重要的市场品牌。冷酸灵牙膏自1987年投放市场以来,累计销量已超过45亿支,在抗牙齿敏感领域拥有60%以上的市场份额,是中国抗牙齿敏感市场的绝对领导者,是中国13亿人民的"牙齿抗敏感专家"。

二、案例研究质量控制

(一) 案例研究信度与效度

案例研究结论的真实性和可行性需要在研究过程进行规范性和严谨性控制,最终实现相应的信度和效度;其评价指标一般包括信度、构念效度、内在效度和外在效度。[①] 本研究借鉴许晖和李巍(2011)[②]的研究策略在案例研究全过程确保信度与效度,如表7-1所示。

表7-1 案例研究信效度保证的策略

信效度指标	保证策略	应用阶段
信度:研究的可复制性	采用案例研究草案:实现制订详细的研究计划	研究设计
	建立质化数据库:建立编码数据库,确保他人研究会得到相同结论	数据收集
构念效度:证据对研究结论的支持程度	多元证据来源:深度一手数据(对高/中/低层员工进行结构化访谈)和充分的二手资料,形成三角验证	数据收集
	证据链:原始数据—语句鉴别—专业术语—研究命题—理论模型	数据收集
	成果核实:论文初稿交予案例企业进行认可和核实	报告撰写
内在效度:对构念观察和测量的有效性	理论推演:以理论为基础,推出研究命题	数据分析
	指标体系:建立以研究主题为核心的二级、三级指标体系,并在此基础上设计结构化访谈提纲	数据分析
	模式匹配:分析框架与研究结论模型相匹配,基本符合	数据分析
外在效度:研究结论的普适性	分析框架:在理论基础上建立分析框架指导案例研究,并对研究结论进行提炼和分析	数据分析

资料来源:许晖,李巍.员工导向与客户关系管理的整合机制研究——基于华泰证券的案例分析[J].科学学与科学技术管理,2011(8):130-138.

(二) 数据整理与编码

重庆登康下属有多个品牌和产品线,本研究仅针对其核心品牌冷酸灵进行分析。因此,相关资料收集也是针对冷酸灵这一分析单元展开。本研究的数据收集包含一手资料和二手资料两种。一手资料来源于对企业高层、中层管理人员和一

[①] 罗伯特·K.殷.案例研究:设计与方法(第3版)[M].周海涛译.重庆:重庆大学出版社,2004.
[②] 许晖,李巍.员工导向与客户关系管理的整合机制研究——基于华泰证券的案例分析[J].科学学与科学技术管理,2011(8):130-138.

线员工进行的结构化的深度访谈。访谈对象包括重庆登康副总经理1名，市场部经理1名，区域市场经理2名，一般职员2名。每次访谈为多对一的形式，平均时间为90分钟。访谈由研究者主持，由1名小组成员负责记录，其他成员负责补充提问。二手资料包括：①公开发表的有关重庆登康及冷酸灵的报刊文章、新闻评论、采访记录、专业论文等；②重庆登康内部档案材料，如部门会议记录、部门或个人年度工作总结报告，第三方机构（如Nielsen、央视市场研究、索福瑞媒介研究等专业市调机构）提供的市场评价及研究报告等。

表7-2 质化数据归类整理汇总

核心概念	二级指标	三级指标	代码	条目数
营销动态能力	市场感知能力	环境扫描	Es	36
		知识吸收	Ks	24
	界面协同能力	柔性决策	Fd	19
		职能协调	Fc	27
	顾客响应能力	营销传播	Mc	42
		渠道整合	Ct	34
营销创新	技术驱动型营销创新	技术研发	Tr	19
		产品开发	Pr	17
	市场驱动型营销创新	顾客价值	Cv	31
		细分市场	Ms	28
组织因素	市场导向文化	顾客导向	Co	27
		竞争导向	Ci	31
		跨部门协调	Cf	18
	扁平化组织结构	网络化	Nw	17
		去层级化	Le	19
		授权分权	Ps	33
企业家因素	企业家精神	创新精神	Is	37
		冒险精神	Rs	32
	企业家政治关联	政治网络	Pn	13
		政治资源	Pr	11
市场效能	竞争优势	—	Cs	16
	顾客资产	—	Ca	19
经营绩效	市场绩效	—	Mp	26
	财务绩效	—	Fp	21

资料来源：本研究整理。

在数据的归纳与分析方面，本研究主要采用数据编码和归类的方法对资料进行分析及整理，其目的在于从大量的定性资料中提炼主题，进而论证本书所提出的若干研究命题。首先，按照数据来源对资料进行编码，对于一手资料，把2位高层受访者分别编码为T1和T2，2位业务经理人员分别编码为M1和M2，一般员工统一编码为E1、E2、E3；对于二手资料，考虑到其来源的多样性，统一编码为SH。其次，对已进行来源编码的文献进行提炼，找出与研究主题和要点相关的语句，并按照事先确定的研究命题与分析框架，将质化数据按照研究指标体系进行归类整理，并计算条目数（见表7-2）。最后，总结研究发现。

第二节 案例分析

本节从冷酸灵品牌面临的市场挑战切入，进而对当前我国牙膏市场现状进行系统分析。然后针对冷酸灵运用社会化媒介进行营销创新的活动进行基本阐述，充分呈现案例现状，为后续案例分析提供资料基础。

一、我国牙膏市场及消费需求现状

（一）我国牙膏市场现状

口腔护理用品是日化行业第三大品类，2014年销售额超过280亿元，市场规模仅次于护肤品和头发护理用品。其中，牙膏是口腔护理用品第一大品类，销售额占比约为80%。我国牙膏市场当前呈现如下特点：

1. 市场容量迅速扩张

目前，我国市场年产牙膏逾100亿支，并以30%的增长速度成为全球增长率最高的市场。截至2014年底，我国牙膏行业现有生产企业93家，其中45家牙膏生产企业产品销售收入达181.2亿元，同比增长8.98%；利润总额达31.3亿元，同比增长21.51%；应交增值税8亿元，同比减少18.6%；管理费用增加6.8%，财务费用减少1.31%，亏损额减少42.9%。[①] 调查数据显示，我国牙膏市场处于循序扩容的发展态势，上规模企业经营状况良好。

2. 各细分市场呈离散化趋势

无论从牙膏功效，还是产品价格，或者市场区域上看，我国牙膏市场由诸多

---

① 中国口腔清洁护理用品工业协会网站，http://www.cocia.org/second/tj/.

零散的细分市场构成。行业统计报告显示：2014年行业零售额增长5%，超高端产品市场份额为20%，高端产品市场份额为8%，中端产品市场份额为52%，低端产品市场份额为20%。① 其中，在一二线城市大型超市中，超高端和高端产品份额更多；小型城市和乡镇超市、小型超市和杂货店中，中低端产品的销售额增幅要高一些。从地域看，中西部地区比东部地区要高出2~3个百分点。从功效看，中草药产品略为走高，占市场份额的19%左右，清新产品占10.7%、美白产品占29.9%、防龋产品占16.3%、抗敏感产品占8.4%、多功能产品占9.8%，其中，美白、清新和防龋产品比2013年各下降1%左右，抗敏感产品连续5年稳步上升。②

3. 市场竞争强度持续增大

从单一品牌看，牙膏市场缺乏绝对领导者，中外品牌基本势均力敌，市场处于"混战"状态。统计数据显示，2014年行业前10名销售品牌为黑人、佳洁士、云南白药、高露洁、中华、冷酸灵、纳爱斯、舒客、舒适达、竹盐，其中黑人品牌占市场销售额的21%左右，本土品牌云南白药稳居第三，总量接近或在某个区域已超过位于第二的佳洁士品牌。2014年，本土企业市场份额提高3个百分点，达到42%。冷酸灵、舒客、两面针、舒爽、好易康等品牌年销售收入增长40%，其中，云南白药销售收入净增4亿元，上海美加净公司在保持国内市场份额的同时，出口增长10%以上，继续保持本土最大出口企业的地位。③

此外，牙膏作为介于快速消费品与大健康产业之间的产品，除了传统的快速消费品及化妆品行业持续在此行业持续发力外，一些药品制造企业纷纷加入牙膏行业，进而加剧了行业内部竞争。

（二）我国牙膏消费市场现状

消费者要获得良好的口腔健康，平时的口腔护理方式与方法显得非常重要。在选择合适的牙膏牙刷、药物治疗、看口腔医生等主要口腔保健措施中，消费者最为常见的口腔护理方式是选择适合的牙膏进行日常护理。

功效、价格、味道、口感、牌子是消费者选购牙膏时最多考虑的因素。研究结论显示，功效仍然是我国消费者购买牙膏产品时的首要影响因素（见图7-2）。另外，从消费者年龄结构看，青少年选购牙膏时更多在意使用习惯和包装，而成

---

① 中国口腔清洁护理用品行业2014年生产经营情况分析报告[R].中国口腔清洁护理用品工业协会，2015（3）.
② Nielsen 市场研究报告（2014）[R].
③ 中国口腔清洁护理用品工业协会网站，http：//www.cocia.org/second/tj/.

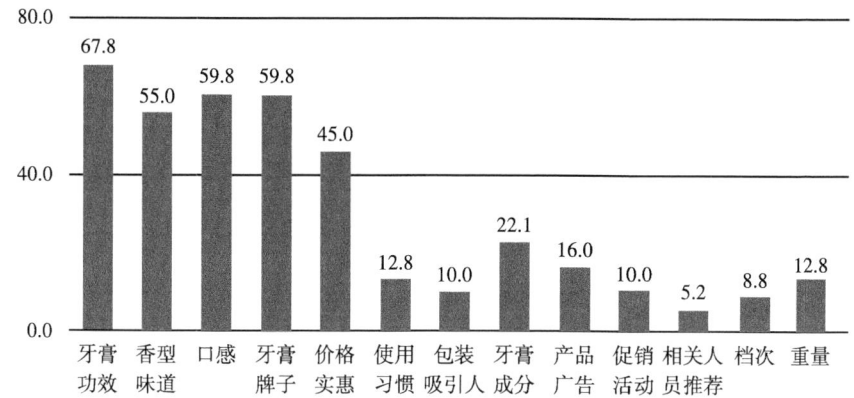

图 7-2 消费者购买口腔护理用品时主要考虑的因素
资料来源：蒋玮.中国消费者的口腔护理用品消费习惯[J].口腔护理用品工业，2013(2)：47-50.

年人更在意牙膏成分和重量。①

此外，随着消费者生活水平提高，以及对口腔健康重要性认识的增加，高附加值的牙膏产品逐步得到消费者的认可，超高端或高端牙膏产品的市场份额逐步增加。统计数据显示（见图 7-3）：3.5 元以下的牙膏产品，仅占有不足 25% 的市场份额，而 3.5~8 元的牙膏产品，占有 30% 的市场份额，8~20 元的牙膏产品占有 35% 的市场份额。② 这表明我国消费者的口腔护理产品消费呈现升级态势。

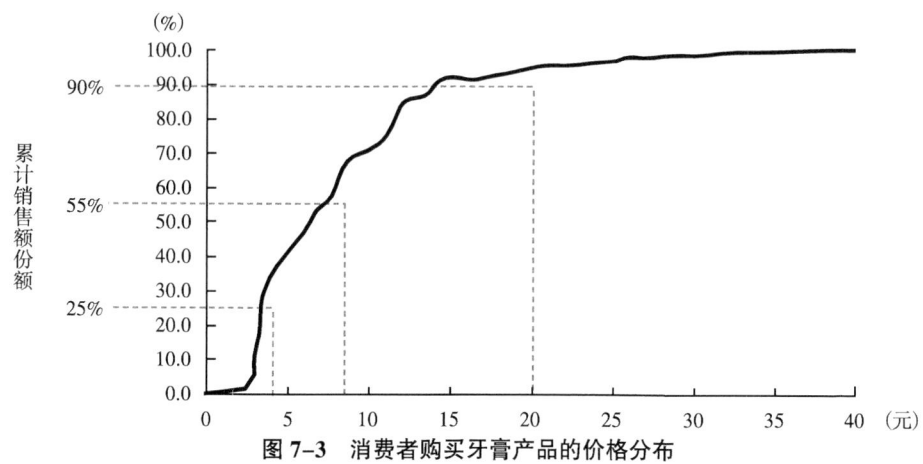

图 7-3 消费者购买牙膏产品的价格分布
资料来源：Nielsen 市场研究报告（2014）。

---

① 蒋玮.中国消费者的口腔护理用品消费习惯[J].口腔护理用品工业，2013（2）：47-50.
② Nielsen 市场研究报告（2014）[R].

企业营销动态能力研究

二、冷酸灵的主要营销挑战

(一) 冷酸灵的市场竞争态势

"牙膏市场是一个竞争惨烈的'战场',是典型的'小产品、大竞争'。"重庆登康董事长兼总经理邓嵘先生认为。2014年,全国牙膏市场总规模仅为180亿元左右,比不上一家大型企业的销售收入。但是,这个行业的竞争者——佳洁士、高露洁、联合利华、黑人以及云南白药,个个不容小觑。重庆登康旗下拳头品牌——冷酸灵牙膏曾连续10年市场份额排名本土品牌第一位。在面对宝洁、高露洁、联合利华等跨国巨头的激烈市场竞争中,冷酸灵牙膏专注抗敏感细分市场,通过"冷热酸甜、想吃就吃"的经典传诵,坚定地扛起本土品牌大旗。

然而,同处西部的云南白药后发先至,2004年开始以跨界者的身份闯入口腔护理行业,聚焦"止血"细分市场,推出高端牙膏产品,用10年的时间成功跻身国内牙膏市场第一集团,成为本土牙膏品牌的新旗手。同时,舒适达作为抗敏感牙膏国际品牌于2008年进入中国市场,以"口腔专家"形象向中国消费者推荐舒适达抗敏感牙膏。冷酸灵和舒适达在共同做大抗敏感牙膏细分市场的同时,市场势力也在此消彼长。在抗敏感牙膏细分市场中,舒适达牙膏市场份额从零开始,已经逐步升至30%左右,不断地缩小与品类领导品牌冷酸灵的市场差距。

如果说市场数据更多是代表过去与现在,那么前期的牙膏市场消费者研究报告则反映冷酸灵品牌严峻的未来竞争环境:冷酸灵牙膏在70后、80后消费者市场中拥有极高知名度和认同度,但90后消费者认为冷酸灵牙膏过于"传统"与"陈旧","那是父辈们用的产品"。在面对残酷的市场竞争与挑剔的"新兴"消费者时,冷酸灵,这个走过半个多世纪,曾被国家领导人誉为"金花"的本土牙膏品牌,如何才能让自己"历久弥新"?

(二) 冷酸灵的主要营销问题

冷酸灵牙膏自1987年投放市场以来,以"冷热酸甜,想吃就吃"为消费者价值诉求,以抗敏感功效为核心细分市场。经过近30年的市场开拓,目前在我国抗过敏牙膏细分市场占据领导地位,成为牙膏行业为数不多的本土知名品牌。然而,在新经济环境与竞争条件下,冷酸灵仍然面临一些营销问题。

1. 消费者对牙齿敏感问题存在认知偏差

数据显示,我国约有30%的成年人患有牙本质敏感,牙齿敏感正由人们印象中的小毛病,演变成给健康生活带来巨大困扰的难题,并逐渐成为消费者越来越重视的口腔问题之一，也是整个口腔问题中重视度增长最快的领域。但是，消费者对牙敏感症状的认识仍然存在偏差，如表7-3所示。

表7-3 消费者对牙本质敏感症状认知的差异

消费者认为的牙敏感的症状	牙齿遇冷或遇热感到刺痛
	牙齿时常感到酸软
	牙齿遇冷时感到发浸
	牙齿遇酸或遇甜感到酸软无力
	牙齿咀嚼坚硬物时感到没力、倒牙
容易混淆，且被相当多的消费者混淆为牙敏感的牙齿症状	牙龈出血
	牙龈发炎
	牙龈肿痛
消费者明确认为不是牙敏感的症状	牙龈萎缩/牙龈暴露
	牙菌斑
	牙结石
	蛀牙
	口气不清新/口腔有异味

资料来源：重庆登康内部分析报告。

2. 抗过敏牙膏品类扩张缓慢且竞争加剧

从产品功效上看，牙膏市场被细分为防蛀、美白、清新口气、止血、抗过敏等若干产品品类。目前，以中草药为卖点的防蛀、美白等品类产品占据市场主导地位，抗过敏产品是所有品类中增长最快的部分。然而，抗过敏牙膏产品品类仍只占到8.5%左右。在美国市场，这一数字近30%。

自冷酸灵产品上市以来，便成为抗过敏牙膏品类的缔造者和领跑者。2008年9月，葛兰素史克旗下的知名抗过敏牙膏品牌——舒适达登陆我国市场，以"口腔专家"的形象向中国消费者推荐抗过敏牙膏，品类市场份额从零逐年增至逾30%。舒适达强势进入中国市场，联合冷酸灵共同拓展了抗过敏牙膏品类的市场营销力和销售份额，客观上对冷酸灵在品类中的领导地位构成了极大的挑战。

3. 冷酸灵牙膏产品价格偏低

目前，冷酸灵向市场投放30余款产品，以超市为主要销售渠道（占据总销售量的65%），产品售价在3~28元；主力产品售价在5~8元，占据整个产品总类的50%左右。而在美国市场，抗过敏牙膏Plus White单支产品最高售价超过人民币90元。

我国中低端牙膏市场中，消费者普遍对价格敏感，且缺乏品牌忠诚度。因此，企业经常推出品牌广告和产品促销，价格成为重要的竞争手段。冷酸灵绝大部分产品都将面对这样的"红海"竞争，既限制企业盈利能力，同时又使品牌形象处于较为弱势地位。

三、冷酸灵的营销创新

（一）技术驱动营销创新

1. 累积关键技术资源

冷酸灵一直以来聚焦抗过敏牙膏这一细分市场，并通过持续地累积相关资源和能力巩固企业在细分领域中的优势地位。2009年12月，重庆登康联合中华口腔医学会、中国口腔清洁护理用品工业协会，在重庆成立了我国首家牙齿抗敏感研究中心——冷酸灵牙齿抗敏感研究中心，该中心前身为重庆登康成立于2003年2月的重庆市市级技术研发中心，拥有由中华口腔医学会、全国各大口腔医学院的多名国内外知名口腔专家组成的"专家顾问团"和"技术评价委员会"。

通过多年努力，冷酸灵牙齿抗敏感研究中心已拥有多项产品和标准的自主知识产权，研发的产品拥有国家发明专利3项，外观设计专利10项（见表7-4）。其中，2003年，中心在国内首次提出了"锶盐和钾盐双重功效成分抗牙本质敏感"的机理并进行了深入研究，采用硝酸钾和氯化锶两种脱敏剂，根据氯化锶堵塞开放的牙小管，硝酸钾舒缓牙髓神经，增强牙齿对敏感的耐受力的机理，形成了既封闭牙小管又调节牙神经活性的最佳抗牙敏感的功效组合。经过持续深入研究，牙齿抗敏感研究中心成功研制出锶盐+钾盐的"双重抗敏感牙膏"，并于2009年获得国家发明专利。以双重抗牙本质敏感技术为平台搭建的冷酸灵双重抗敏感系列牙膏产品，突破了国内外抗牙本质敏感牙膏以单一的锶盐或钾盐作为抗敏感剂的技术难题，达到国际领先水平。双重抗过敏冷酸灵牙膏系列产品连续

表7-4 冷酸灵目前拥有的行业领先技术

分类	内容	技术水平比较
1	氯化锶抗敏感技术	国内第一家、行业领先
2	氯化锶和硝酸钾双重抗敏感技术	国家发明专利、行业领先
3	5%硝酸钾的高浓度配方技术	国内领先、国际先进水平
4	中药抗敏感技术	国内首创、行业领先

资料来源：冷酸灵牙齿抗敏感研究中心提供。

三年荣获重庆市优秀新产品二等奖。

2. 创新型产品开发

冷酸灵精准地找到社会"痛点"：敏感，是一种时代病，正困扰着年轻的群体。"80后"、"90后"面临着各种严苛和冷酷的现实——史上最难就业季，一年年高攀的房价，爱情婚姻看脸更看存款单……一方面标榜自我的独特个性，另一方面又对外部世界的评价杯弓蛇影，变得焦虑和迷茫。冷酸灵敏锐地嗅到了跟年轻人对话的机会——将产品与情怀结合，把功能层面的牙齿抗敏上升为精神层面的生活抗敏感，提出了"做抗敏感青年"的号召。

冷酸灵这场"年轻人派对"的核心，正是一款"抗敏感青年特别版套装"（见图7-4）。吴秀波、蒋方舟、罗晓韵、张小盒、伟大的安妮5位在年轻群体中颇具影响力，把他们各自人生的抗敏感感悟写在了牙膏管上，连同他们的亲笔签名照"上管"。而这些抗敏感感悟，如吴秀波的"一切非议和挫折，只是说明人生未到收获期而已"，蒋方舟的"自己搭建世界观，为自己遮风挡雨"，张小盒的"经常看不透这世界，但不妨碍我找到自己的路"，让一支普通的牙膏瞬间有了正

图7-4 冷酸灵"抗敏感青年"特别版套装

资料来源：重庆登康官方网站。

能量灵魂。情感价值和功能价值如此完美地汇聚在"抗敏感"这一诉求上，并落地于产品上。

(二) 市场驱动型营销创新

1. 网络化营销渠道

随着互联网与移动互联网的飞速发展，电子商务已成为各大商家必争之地，各行各业也都纷纷试水电商领域，并取得良好业绩。为抓住市场机遇，快速占领电子商务市场，冷酸灵于2012年2月开始在亚马逊、当当网、拉手网、京东网等电商平台进行网络销售。

2012年11月18日，重庆登康召开"电子商务项目启动会"，宣布与国内领先电子商务解决方案及服务提供商杭州熙浪信息技术公司进行强强联手，标志着重庆登康正式进军电子商务市场。公司邓总亲自担任电商项目组领导组组长，他强调"电子商务以惊人的速度发展，电子商务是未来社会购物的必然趋势，是企业发展的必然选择，登康要快速开辟第二战场，关注网络营销，努力打造互联网口腔护理第一品牌"。2012年12月12日，冷酸灵天猫官方旗舰店在"双十二"的购物狂欢盛宴中盛装开业，见图7-5所示。

图7-5 冷酸灵天猫旗舰店

资料来源：http://lengsuanling.tmall.com/。

进军网络渠道是重庆登康的营销新举措，电商不仅是一种销售渠道，更是品牌塑造的平台。重庆登康的电子商务战略围绕新渠道的拓展与抗敏感专家品牌的塑造共同进行，希望通过加强与年青一代消费者的沟通与互动，唤醒70后、80后的冷酸灵记忆，点燃80后、90后的民族热情，激发90年代的体验兴趣，树立冷酸灵"品牌专业化、专业生活化"的抗牙齿敏感专家形象，以快速应对市场需求变化，确保冷酸灵在互联网销售的快速成长。

2. 创新型公关传播

为了让消费者深入理解有关牙齿敏感等牙健康知识，并传播冷酸灵品牌，梳理抗敏感专家的品牌形象，重庆登康运用诸多"新"方法开展消费者教育，并实现品牌传播。

针对年轻人具备的"互联网"特质，以及社群效应，2014年9月20日，在第27个"国际爱牙日"，冷酸灵在果壳网建立热点讨论组"吃货研究所"，发布以"#想吃就吃#"为话题的网络讨论，迄今共有超过88万网友参与到话题讨论中。同时，冷酸灵和果壳网还联合制作了时长2分钟左右，以"只有牙医知道"为主题的手绘熊猫卡通系列微电影：《爱牙日特辑》、《牙刷进化史》、《牙膏进化史》……《牙齿为啥这么敏感》、《如何正确的选择牙膏》、《如何正确的摩擦摩擦（刷牙）》共九辑，在腾讯和优酷两大视频平台进行传播（见图7-6）。"只有牙医知道"系列微电影充满各类时髦网络词语，以诙谐搞怪的语调介绍有关牙齿、牙膏、牙刷，以及牙齿敏感的科普知识，得到了广大网友热烈响应。其中，腾讯视频网上单辑点播量超过120万人次。

图7-6 "只有牙医知道"系列微电影

资料来源：腾讯视频。

3. 持续品牌形象传播

在快速消费品行业，广告是重要的市场拓展工具。冷酸灵对此有深刻的认识,它是最早在电视媒体投放广告的公司之一。20年来,虽然冷酸灵广告的形式与内容持续不断变化,但"冷热酸甜,想吃就吃"的广告诉求始终如一。

冷酸灵通过各种形式开展活动,举办论坛讲座,参与各种类型的展会,与各大口腔医院一起举办"爱牙日"活动宣传,通过大众媒体宣传抗牙本质敏感的基础知识,传播正确的爱牙护牙理念和正确的牙齿保健方法,为国人的口腔健康贡献自己的力量。2009~2013年,连续在北京、四川、重庆、湖北、湖南、广东等30个省市的重点媒体发布了近80万字的抗牙齿质敏感知识文章。同时,通过新浪、网易等大型的互联网网站,传播了近60万字的抗牙齿敏感知识。

同时,从2006年的"长征行——冷酸灵",到2007~2008年的冷酸灵"健康护牙万里行",2008年,在全国6大城市举办"美食中国汇"系列活动,冷酸灵不断地变换与创新营销传播方式,持续传播有关牙齿健康及牙齿抗敏感的信息和知识,树立冷酸灵品牌在抗敏感领域的专业和实力形象。

4. 精准化O2O营销

在网络经济环境下,众多传统企业已开始自我洗脑、拥抱互联网,但牙膏行业却反应相对迟钝。冷酸灵成为第一个吃螃蟹的人,率先跳入社会化营销浪潮,与年轻人走心对话。

2014年11月11日,重庆地标、中国第三大CBD解放碑的金鹰财富中心,面积达354平方米的高清超大户外LED上,赫然写着:"单身节,谁说单身就是卢瑟?!我只对真爱敏感!"几行大字。随后的一段视频中,国民大叔吴秀波鼓励在等爱的单身族"只对内心最初的声音敏感",上下绝妙呼应(见图7-7)。屏幕下方巨大的淘码让大批驻足围观的人群拍照和扫描,抢购"冷酸灵"为"双十一"特备的"抗敏感青年"牙膏限量版。

2014年"双十一"期间,"冷酸灵"把抗敏感的功能诉求演绎成"生活要抗敏感"的倡导,和一系列年轻人偶像一起玩情怀,运用定制版的偶像抗敏感牙膏(见图7-8),并紧跟阿里巴巴集团2014年6月推出的O2O"码上淘"战略,让原本丰富的线下资源发挥双重价值。

移动互联网无疑是年轻人连接世界的最大入口。消费者可选择喜欢的偶像套装自用或同好朋友分享,粉丝经济效应凸显。同时,这一系列牙膏管背面更有手机淘码,扫码进入抗敏感手机游戏,强化品牌认知,再进店获取优惠券,刺激再购买。冷酸灵在众多户外LED广告以及全国百家剧院渠道布上手机淘码,通过O2O引导更多流量访问购买,并转化为品牌粉丝,抢占了年轻人关注量的入口。

图 7-7　冷酸灵"双十一"的 O2O 营销尝试

资料来源：中华财经网。

图 7-8　冷酸灵"抗敏感青年"系列定制化产品

资料来源：重庆登康官方网站。

该款产品在 1 天的优先预售中就有近千套被抢订，当天访客数和成交额比平时日均提升 100 倍。

冷酸灵，一个充满历史厚重感的本土牙膏品牌，在新经济时代开始试图变得年青有态度。正如冷酸灵市场部负责人所言："企业希望冷酸灵从父辈手上传递到年青一代，不仅是一个牙齿抗敏感护理的好产品，更是一种抗敏感的生活态度和精神——直面时代挑战与考验，执着于梦想，坚守于自己，以积极的正能量影响周围的世界！蒋方舟在她的长微博上倡导的'从自己身上，克服这个时代'。这也是冷酸灵品牌活化战略的重要一步，最终希望实现弯道超车。"

第三节 案例讨论

本节主要聚焦于案例企业营销动态能力构建,以及营销创新实现机制进行案例讨论。讨论内容既涉及营销动态能力的结构维度和前置影响因素,也包括营销动态能力通过营销创新驱动市场效能与经营绩效,最后就冷酸灵所在行业特殊性对研究结论影响进行讨论。

一、冷酸灵营销动态能力的内在机理

案例资料分析表明,冷酸灵具备对市场环境的变化进行快速且有效地回应能力,通过推动持续的、差异化营销创新活动,获得较高市场地位和较好市场业绩。在牙膏市场中面对中外品牌的激烈竞争,90后顾客新的市场需求以及社会化媒介营销及互动营销兴起的外部环境,冷酸灵能够快速而有效地采取营销措施进行应对。冷酸灵所具备的营销动态能力由市场感知、界面协同和顾客响应三方面构成(见图7-9)。这三方面能力在推动冷酸灵积极响应市场变化与顾客需求,推动有效营销创新方面扮演着重要角色。

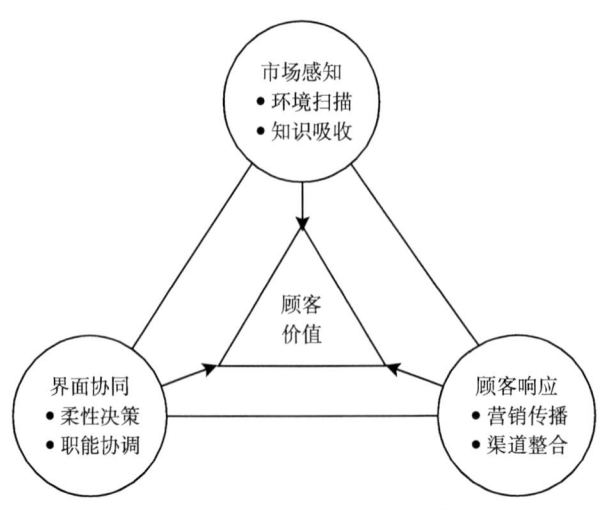

图7-9 营销动态能力的结构模型

资料来源:本研究设计。

（一）市场感知能力

冷酸灵采取系统的市场环境扫描方式，感知市场环境，并对环境信息进行交流和分享：①与第三方专业市场机构（如 AC Nielsen）建立长期合作关系，委托其进行市场调研与环境分析，周期性（每季度）获取整个快消品及牙膏市场竞争现状及消费者趋势。②营销管理中心不定期地对市场环境进行分析，部门之间就市场环境变化情况交换意见。③区域销售经理、KA 经理定期汇报所属区域市场环境情况，就关键问题进行小组讨论和分析。

（二）界面协同能力

不同职能部门在应对市场竞争中能够进行有效协作行动，使"冷酸灵"在应对市场机会和环境威胁时，组织行动具有一致性。一方面，冷酸灵已经将组织结构最简化，增强高层管理者面向市场进行决策的能力，同时为一线营销人员和业务管理者充分地授权，使企业能够更快响应市场（中间商和顾客）的需求；另一方面，企业内营销管理部、市场部、销售部，以及技术部、研发部和质量管理部等关键业务部门之间具有良好的协作机制，能够保证冷酸灵产品在市场竞争中的行动一致性。

（三）顾客响应能力

冷酸灵处于技术壁垒较少的快速消费品行业，同时面对来自宝洁、联合利华、欧莱雅等国际日化巨头的激烈竞争，因此，有效的顾客响应能力包括：①创新性营销传播方式。日化行业属于顾客转换成本较低，且顾客忠诚度不高的行业，营销传播对于增强品牌曝光率、强化品牌形象非常重要。②冷酸灵整合多种渠道模式，形成多层面、立体化产品销售渠道。在线下渠道，既涵盖家乐福、沃尔玛等大型商超，也包括街区、社区便利店，进行综合覆盖；在线上渠道，既有天猫旗舰店，也积极通过亚马逊、当当网、拉手网、京东网等电商平台进行网络销售。通过线上线下整合方式，构建创新型营销渠道。

二、冷酸灵营销动态能力的形成机制

依据本研究实证分析框架，企业家因素和组织因素在营销动态能力的形成过程中扮演着重要角色。冷酸灵具备高水平的营销动态能力，那么它是如何形成的呢？通过对案例材料深入分析，研究也发现以上两类因素对企业营销动态能力的影响效应。

（一）企业家因素

1. 企业家精神

重庆登康的营销与销售业务板块由总经理直接负责：一方面，营销业务在企业经营中扮演非常重要的角色；另一方面，高级管理者的企业家精神对企业营销管理行为及效率产生重要且直接的影响。企业高级管理者所具备的创新精神和冒险精神在企业形成营销动态能力过程中扮演重要作用。

特别是创新精神对冷酸灵营销动态能力的形成作用巨大。首先，高层管理者积极推动产品开发和营销活动领域的创新行为，鼓励各部门围绕竞争与顾客需求创造性实施新的方法和措施，为顾客传递更大价值。其次，企业管理者对创新过程中所带来的可能失败与挫折具有较高水平容忍度，允许试错和犯错，鼓励通过积极的尝试，革新企业营销管理策略与行为，最大限度地提升企业对需求变化与竞争态势的反应水平。

2. 企业家政治关联

重庆登康为重庆市国资企业，具有一定政府背景，因此，企业高管及高层管理者具有很强的政治关联性。企业家政治关联为重庆登康的发展带来了积极效应，但是也有消极作用。其中，多年以前，为了响应上级主管机构和控股集团公司的要求，进行了一系列多元化经营活动，不仅未能给企业发展带来效益，还差点遭受灭顶之灾。

无论是从大样本企业数据的实证分析，还是从典型案例分析均可以发现：在市场领域，政治关联性的正向作用显著弱于负面作用。这意味着，政治关联可能为企业在战略发展层面提供诸多便利，但在面对市场竞争及顾客需求方面，政治资源和政治网络的效力可能比较小甚至在某些情况下可能产生负面影响。

（二）组织因素

依据组织因素驱动营销动态能力的分析框架，结合冷酸灵案例质量，建立组织因素对营销动态能力的影响机制框架，涵盖组织文化与组织结构对营销动态能力影响两方面，如图7-10所示。

1. 组织文化层面

通过对重庆登康的组织文化进行分析，可以认为其组织文化具备市场导向型特征，因此，可以认为，冷酸灵所具备的营销动态能力受到市场导向型组织文化影响，具体表现在：

（1）冷酸灵积极关注市场需求，并将顾客特征及需求变化作为企业决策和行

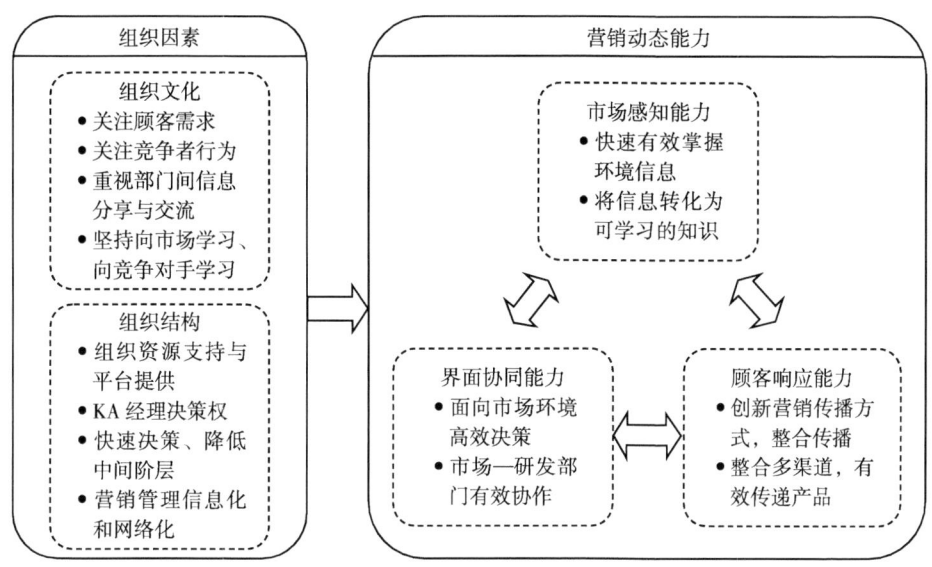

图 7-10　组织因素对营销动态能力的影响机制

资料来源：本研究设计。

动的重要依据。例如，90后顾客群体在喜欢新奇、追求好玩，以及热爱网络等特征充分被理解，进而产生具有创新性的营销计划。

(2) 重庆登康非常关注竞争对手的行为。对于冷酸灵而言，最直接的竞争对手是同处抗敏感牙膏细分市场的舒适达牙膏。此外，同为民族品牌，且近5年发展势头迅猛，对冷酸灵原有市场地区进行颠覆的云南白药牙膏，均被冷酸灵列为重点关注竞争对手。同时，处于行业前列的佳洁士、高露洁、黑人及中华牙膏的竞争行为，以及其他重要的市场挑战者如黑妹、两面针、纳爱斯等牙膏品牌也被企业关注。

(3) 重视部门之间的信息沟通与交流。冷酸灵所在企业重庆登康的横向组织架构分工较细：市场界面的部门包括营销管理部、市场部和销售部；技术界面的部门有技术部、研发部和质量管理部。因此，部门之间的信息交流和知识分享成为推动冷酸灵形成营销动态能力的重要基础。

(4) 重庆登康持续坚持向顾客学习、向竞争对手学习，并形成市场导向型企业文化，对于主要竞争对手的经典营销方式与策略，企业都会组织讨论与分析，积极寻找借鉴之处。对于顾客（包括营销中间商等机构）的积极建议与反馈，企业将其视为向顾客学习的重要机会，悉心倾听顾客意见，并将其作为改进企业营销管理的重要依据。

2. 组织结构

从重庆登康的组织架构便可清晰地发现（见图7-1），其拥有比较扁平化的组织结构，使企业具备快速应对市场变化的组织结构，也使企业决策力和执行力得到有效保障，从而推动营销动态能力的形成。具体而言：

首先，企业将自身视为重要的资源价值平台，为一线营销队伍提供资源支持（商业政策资源、营销资源和财务资源等），无论是决策权力下放，如在区域经销及管理方面进行有效授权与合理分权，还是提升决策效率和有效性方面，均给予极大的资源支持，这使企业能够快速响应市场需求及竞争变化。

其次，网络化和信息化办公条件（"管理驾驶舱"信息系统的全面运用），为企业组织结构扁平化提供了较好的硬件支持。分散全国各地的销售团队能够得到总部及时的营销规划，并保持良好的信息跟踪与监控，增强企业对一线竞争态势变化的掌控能力，使关键业务信息在企业内部的流动更加迅速，为管理决策提供信息支持。

最后，重庆登康的组织结构比较简化，尽可能减少中层管理，以提升企业面向市场竞争进行决策的能力，增强企业决策的有效性。总体而言，该类组织结构是由冷酸灵所处行业特征，以及重庆登康市场规模情况决定的。但是，这类组织结构在快速消费品等竞争激烈且市场条件瞬息万变的情境下，对增强企业对市场变化进行积极而有效响应具有重要价值。

三、冷酸灵营销动态能力的绩效输出

（一）营销动态能力驱动营销创新

营销动态能力对冷酸灵营销创新的影响效应，主要体现在营销动态能力中的市场感知、界面协同和顾客响应三大子能力，各自从不同维度对技术导向与市场导向两类营销活动的积极推动，具体而言：

一是营销动态能力对技术导向型营销创新的影响，主要表现为驱动技术研发和产品开发。有关抗过敏技术的开发是包括技术部、产品部等部门，以及与外部科研单位通力合作的结果，如"锶盐和钾盐双重功效成分抗牙本质敏感"等技术思路及实现，都是建立在组织内外跨部门协作基础上的。营销动态能力中跨部门协调和柔性决策有助于企业更好地获取技术资源，积累相关专利资产和社会声誉，为新产品开发与推广奠定技术基础。

二是营销动态能力驱动市场导向型营销创新活动。总体而言，冷酸灵处于技

术壁垒相对较低、市场竞争相对激烈的市场环境,因而企业大量营销活动本质上都属于市场导向型营销创新,不管是包括O2O营销方式在内的社会化营销活动,还是"敏感"这些社会概念的运用,都是企业开发比较独特的价值主张。这些都是建立在对顾客理解、部门合作的基础上。另外,网络营销及O2O购买方式,是对新兴销售渠道与销售模式的整合运用,建立在对新兴消费者,如90后群体消费心理与特征分析及理解,以及主要竞争对手采取新型竞争方式的基础之上。因此,可以认为,营销动态能力在推动市场导向型营销创新中扮演着关键角色。

表7-5 营销动态能力与营销创新

创新类型	关键指标	条目数	营销动态能力的影响作用(引用语举例)
技术导向型营销创新	技术研发	12	• ……企业技术开发是在掌握市场信息的基础上进行的,通过科技攻关,增强企业技术实力……(T2: Ks9/Tr13) • ……大量重要技术成果都是在几个技术相关部门通力合作下取得的成绩……(M1: Fc10/Tr10)
	产品开发	17	• 我们新产品开发都有市场部门人员参与,市场和技术部门彼此合作非常重要……(M1: Fc8/Pr12) • 新产品开发一是为了增强自身竞争力,二是为了应对来自市场的压力,包括顾客需求和竞争者……(M2: Fc7/Ks12/Pr4)
市场导向型营销创新	顾客价值	39	• 我们针对年轻人的消费心理和需求特征设计产品包装,以及开发市场推广概念……(T1:Cv4/Es14/Mc11) • (纪念版套装)是针对90后消费者的需求特征,营销传播方式也符合他们的口味……(M1:Cv12/Es11/Mc16)
	细分市场	32	• ……我们一直专注在抗敏感牙膏市场,为消费者带来具有价值感的产品,这符合当前市场基本情况……(T1: Ms11/Ks12/Es11) • ……运用网络渠道销售产品,以及O2O营销方式,包括社群营销等,这是我们针对90后消费群体特征而进行的……(M1: Ms11/Ct5)

资料来源:本研究整理。

(二)营销创新与市场效能、经营绩效

冷酸灵在面对新兴消费群体和全新技术条件下(移动互联及大数据技术),开展的基于技术或市场的各类营销创新活动,显著地提升企业市场效能与经营绩效水平,主要表现在以下两方面,如图7-11所示。

1. 技术驱动型营销创新的价值输出

技术驱动型营销创新活动包括对核心技术资源的累积,"双重抗敏感"功能特色化产品开发,以及特色产品开发等,这些以技术为推动力的营销创新活动,为企业带来了良好的绩效输出,主要包括:

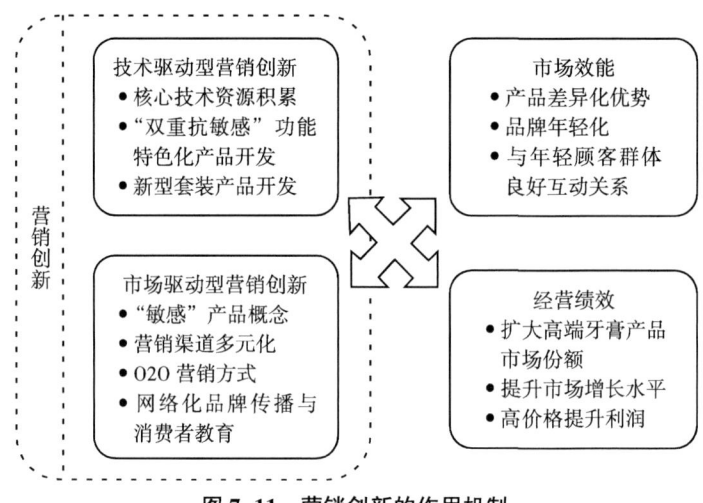

图 7-11 营销创新的作用机制

资料来源：本研究设计。

（1）聚焦于抗敏感细分市场，通过聚焦战略实施，建立产品的差异化优势，树立"牙齿抗敏感"专家的品牌形象。这非常符合冷酸灵自 1987 年以来一贯主张的市场形象和价值定位。

（2）通过新型套装产品的开发，扩大冷酸灵中高端牙膏产品线，扩大其在中高端牙膏市场中的占有率，从而有效避免在中低端"红海"市场中进行价格搏杀；在提升品牌形象的同时，获得较高品牌溢价。

（3）高端牙膏产品的销售量增长，提升了冷酸灵单品的利润空间，从而对整个财务绩效有极大的促进作用。

2. 市场驱动型营销创新的价值输出

市场驱动型营销创新包括开发针对年轻消费群体的牙膏产品，选择网络销售渠道，O2O 营销模式开发，运用社会化媒体进行品牌传播和消费者教育等公共关系活动。这些以聚焦特定细分市场和差异化顾客价值为特征的市场驱动型营销创新活动是冷酸灵营销创新的重要方面，是由其所在行业特征决定的。坚持以市场为导向进行营销创新，为冷酸灵带来了重要的价值输出：

（1）运用社会化媒体进行营销传播和品牌塑造，有助于建立"年轻化"品牌形象，对活化冷酸灵这一传统品牌，避免品牌老化问题具有重要价值。

（2）以新兴消费群体认可的方式进行营销沟通与互动，能够与以 90 后为代表的新兴消费者建立良好的品牌关系，增强冷酸灵品牌在年轻消费者心目中的品牌好感，影响和挖掘年轻消费市场。

（3）差异化的产品价值，以及特色化的产品包装等，有助于增强冷酸灵产品的市场影响力，增加市场份额，提升其在中高端牙膏市场的占有率和影响力，为企业带来比较良性的市场绩效输出。

第八章 结论与建议

企业如何在动荡环境下获取和维持市场竞争优势,是战略营销管理研究的重要焦点之一。本研究以营销动态能力内涵及结构维度研究为起点,探讨营销动态能力的形成及作用机制。通过大样本数据对相关理论假设进行检验。本章旨在对研究结论进行归纳和讨论,并对研究的理论价值及管理启示进行探讨,最后对研究局限性及未来研究方向进行展望。

第一节 研究结论与讨论

本节主要是对实证研究的结论进行总结、归纳和阐释。涵盖营销动态能力的内涵与结构维度、营销动态能力的形成机制及作用机制三部分。同时,开发统计学意义下的研究假设检验结论与营销动态能力,以及对企业管理启示初步进行整合。

一、营销动态能力内涵与结构

(一)营销动态能力的内涵

在借鉴以往研究观点的基础上(例如,Fang 和 Zou,2009;许晖等,2011;纪春礼,2011),本研究将营销动态能力界定为"企业建立、联结和配置市场资源,以识别、创造和传递顾客价值的整合性组织流程"。营销动态能力是动态能力在营销领域的特定表现形式,它能够为企业快速而有效地应对市场环境变化提供组织支持。

流程观一直强调能力本身不是资源,而是运用和增值资源的管理流程;动态能力观也认为,动态能力是企业内可识别的独特组织流程。因此,研究认为营销动态能力基本形态是组织流程,是组织整合和利用知识、技能等组织资产的综合性管理流程。

动态能力聚焦于持续改变组织现有资源基础,开发新的能力和资源组合以适应竞争环境演化。将营销动态能力聚焦于对市场相关资源的开发和管理,体现出营销动态能力的"二阶能力"本质,是对动态能力核心内涵的继承和深化:既突出整合和利用资源基础的动态能力内涵,秉承动态能力观核心理念,又聚焦于市场资源与能力特定领域,体现营销管理领域的职能特点。

聚焦于顾客价值的识别、创造和传递既是营销动态能力的核心价值,也是营销动态能力与其他类型动态能力的关键区别。一方面,营销动态能力体现出有别于财务管理、人力资源管理、研发管理等其他职能领域的独特元素,区别于研发动态能力、创新动态能力等其他动态能力形式;另一方面,营销动态能力并不是普通的组织能力,而是能够更新和重组组织能力的动态能力。

(二) 营销动态能力的结构维度

通过内容分析与大样本数据检验,营销动态能力是由市场感知能力、界面协同能力和顾客响应能力三项具备逻辑联系的子能力构成(见图8-1)。三项子能力各自都包含着特殊的功能,服务于市场资源的联结、整合和配置,逻辑上体现了识别、创造和传递的营销管理活动本质,本质上体现了动态能力蕴含的对机会的识别与把握,对现有资源的更新与重组。

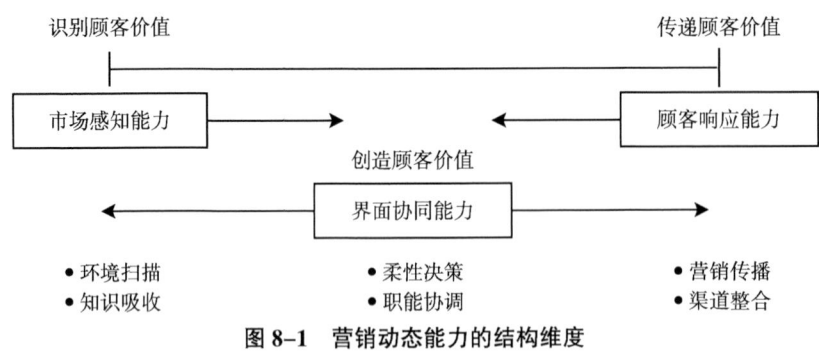

图8-1 营销动态能力的结构维度

资料来源:本研究设计。

营销动态能力三大构成维度各自具有相对独立功能,但又逻辑关联:市场感知能力涵盖环境扫描和知识吸收两项功能;它帮助企业挖掘和识别市场机会和威胁,收集和整理市场知识,并强化市场知识在企业内部的扩散、共享和应用,实

第八章 结论与建议

现企业对顾客价值的准确认知。界面协调能力包含柔性决策和职能协调两项职能；它能够增强企业市场决策的适应性、及时性和针对性，同时确保围绕顾客价值创造的各项活动在营销、研发、生产，以及人力和财务等部分之间高效、协调运行，从而实现行动和理念的一致性推动企业价值创造过程的高效率和低成本。顾客响应能力包含营销传播和渠道整合两大环节；它是实现顾客价值传播的最终功能，包括广告宣传、公共关系、促销活动，以及物流和渠道建立、维护与拓展，帮助企业将产品或服务最终高效、准确地传递到目标市场，从而实现企业对市场需求的响应。

顾客价值是营销动态能力的焦点，因而营销动态能力各维度均围绕顾客价值的识别、创造和传递过程展开。市场感知能力聚焦于发掘与识别顾客价值，帮助企业更好地分析竞争环境，识别市场差异需求与顾客独特偏好，并将关键市场知识在企业内有效扩散和分享。界面协同能力推动企业决策方式的分散化和决策实施适应性，增强关键职能部门之间的业务功能整合与行动模式协调，实现对顾客价值的有效创造。顾客响应能力强调传递顾客价值，通过在产品渠道设计、营销传播等业务环节上的突出表现，使企业提供具有差异化特征的顾客价值，并实现与主要竞争者有效区隔。总之，市场感知能力、界面协同能力和顾客响应能力共同聚焦于顾客价值管理，它们彼此逻辑紧密衔接、各自分工明确，同时相互作用、共同增强企业对动荡环境做出及时而有效的响应。

二、营销动态能力形成机制

本研究从组织与企业家因素双重视角，探讨营销动态能力的形成机制。具体内容包括：组织因素和企业家因素对营销动态能力的影响效应，以及组织与企业家因素交互效应；同时，还考察环境动荡性对组织和企业家因素影响效应的调节作用。相关研究假设12个，实证检验结论如表8-1所示。

表8-1 营销动态能力形成机制理论模型的检验结果

假设	假设内容	结论
H1a	市场导向文化对营销动态能力有积极作用	支持
H1b	组织结构扁平化对营销动态能力有积极作用	支持
H2a	企业家精神对营销动态能力有积极作用	支持
H2b	企业家政治关联对营销动态能力有积极作用	未支持
H3a	市场导向文化与企业家精神对营销动态能力有积极交互效应，且交互效应大于二者单独效应	支持

续表

假设	假设内容	结论
H3b	市场导向文化与企业家政治关联对营销动态能力有积极交互效应，且交互效应大于二者单独效应	未支持
H3c	组织结构扁平化与企业家精神对营销动态能力有积极交互效应，且交互效应大于二者单独效应	未支持
H3d	组织结构扁平化与企业家政治关联对营销动态能力有积极交互效应，且交互效应大于二者单独效应	未支持
H4a	环境动荡性正向调节市场导向文化与营销动态能力的积极关系	支持
H4b	环境动荡性正向调节组织结构扁平化与营销动态能力的积极关系	支持
H4c	环境动荡性正向调节企业家精神与营销动态能力的积极关系	支持
H4d	环境动荡性正向调节企业家政治关联与营销动态能力的积极关系	未支持

资料来源：本研究整理。

（一）组织与企业家因素的驱动效应

由于组织与企业家因素属于企业不同层次，研究试图在单层次分析基础上增加跨层次分析，因此对组织与企业家驱动因素的考察分为两部分：一是两类因素各自的主效应验证，二是两类因素交互效应的检验。

1. 组织与企业家因素主效应

在组织因素方面，市场导向文化对营销动态能力形成具有重要促进作用。首先，市场导向文化促使企业持续关注市场环境变化，通过多种手段累积市场知识，从而实现企业高水平的市场感知。其次，市场导向文化鼓励跨部门交流与分享，从而推动关键市场知识的跨部门扩散，特别是关键业务部门对市场知识的学习，有利于企业实现面向市场需求的组织协同。最后，市场导向文化将顾客置于企业营销管理活动中心，促进企业集中优势资源有效创造和传递顾客价值，从而实现对顾客需求的快速响应。

同时，组织结构扁平化显著影响营销动态能力的形成。一方面，组织结构扁平化带来的减少管理层级与纵向分工，增加管理幅度和横向协作，以及弱化等级制度、强化民主决策，都有助于重要市场信息快速传递到最高决策层，并进行有效决策和执行，从而实现对市场环境变化的快速反应；另一方面，在组织信息化监管基础上，以分权和授权为重要内容的组织结构扁平化，将赋予一线管理人员更大决策权力和行动能力，从而使企业在面对顾客需求与竞争环境变化时，具有更快的回应速率和更高有效性。

在企业家因素方面，以创新精神和冒险精神为内核的企业家精神，使企业在新产品开发与创新、营销传播创新等方面投入大量资源，同时在不确定的未来市

第八章 结论与建议

场需求方面进行预先投入,这些方面都对企业在市场环境感知与预测,关键职能部门协同与协作,以及创造性对市场环境进行回应。因此,企业家具备的冒险精神和创新精神,促使企业能够在市场感知、界面协调和顾客响应方面实施更具主动性和创新性的组织活动,增强企业对市场环境变化的响应水平,实现对企业营销动态能力形成驱动作用。

然而,企业家政治关联对营销动态能力的正向作用没有被证实,反而发现二者的负向关系。企业家政治关联反映企业家建立和掌握的政治资源和政治网络,在新兴经济体中,特别是转轨经济环境中政治关联性对企业管理行为、市场战略和绩效输出都有显著影响。但是,实证分析发现,企业家政治关联对营销动态能力形成有负向作用。可能的原因是,营销动态能力聚焦于对市场资源的配置和使用,而政治关联性则强调从政治网络中获取信息、政策等资源和制度支持。若企业具有较高的政治网络水平,那么大量的资源和组织重心与关注点将落在政治资源获取和利用等方面,而这与市场竞争中的市场资源存在潜在冲突,因而表现出企业家政治关联水平越高,企业营销动态能力的发展水平越低。

2. 组织与企业家因素交互效应

市场导向文化与企业家精神相互作用,能够为企业营销动态能力开发提供更大的组织支持。企业家精神强调创新和冒险,市场导向文化关注市场知识的收集、扩散和应用,二者的良好匹配既有助于企业对市场资讯的掌握,有效感知市场环境,又有助于企业内部核心业务部门之间在理念和行动上的协调与配合,还有助于企业能够更加高效率低成本地向目标市场传递营销信息,输送高价值产品,最终实现企业对市场变化的有效回应。

然而,市场导向文化与企业家政治关联的交互效应呈负向,即二者相互作用对营销动态能力的形成和发展有消极影响。在企业家政治关联与营销动态能力关系检验中已经发现二者负相关,意味着企业家政治关联并不利于营销动态能力的形成。市场导向文化是一种面向市场、面向顾客的组织理念,而企业家政治关联聚焦于政治资源和政治网络,二者因焦点相左,所以很难发挥协同效应。从实证分析结果看,市场导向文化与企业家政治关联的负向交互效应,反映了企业家政治管理对营销动态能力的消极影响作用。我国市场经济具有典型的"强政府+强市场"特征,对于大多数企业,良好的政治网络或政治资源对企业发展尤为关键。但是,过度依赖企业家政治关联,会导致企业对市场重视不足,降低在市场方面资源和能力的投入,从而弱化市场导向文化在培育关键组织能力方面发挥应有价值。

组织结构扁平化与企业家因素的交互效应都没有被证实。在企业家精神方面，以创新和冒险为内核，主要聚焦于组织外部环境，包括对风险的认知，对革新的态度，对组织新理念与新方法的接纳等方面；而扁平化组织架构要求管理模式从传统的层级式转变为网络式，从自上而下的权威管理，转变为以跨职能团队或关键业务网络为基础的自我管理。网络管理模式与层级管理模式最大的区别在于运行流程的去中心化，以及组织管理活动的市场驱动。因此，企业家精神与组织结构扁平化缺乏协同性，未能在驱动营销动态能力形成方面表现出积极交互效应。

针对企业家政治关联，扁平化组织架构意味着决策重心下移，决策权力分散，高层管理者敢于将决策权力交给那些更接近竞争、更了解市场的管理者甚至一线员工。对关键业务流程进行整合与优化是扁平化组织架构的制度保障。企业需要明确哪些是增值业务流程，哪些是辅助业务流程，将内部管理与供应链协调、市场管理有序匹配。而政治关联如前所述，聚焦于外部政治网络，因而也与扁平化组织结构缺乏足够协调性。

（二）环境动荡性的调节效应

在组织因素方面，环境动荡性对市场导向文化与营销动态能力积极关系，以及对组织结构扁平化与营销动态能力积极关系的正向调节效应均被证实。这意味着，一方面，当企业面临的环境动荡性程度越高，企业所坚持的市场导向文化在驱动营销动态能力的价值方面越突出；另一方面，环境动荡性程度越高，扁平化组织结构越能够帮助企业获取市场信息，快速扩散和分享，以及有效应对市场变化，因而，环境动荡性程度越高，越能凸显扁平化组织结构在驱动营销动态能力方面的积极作用。

在企业家因素方面，环境动荡性对企业家精神与营销动态能力积极关系的正向调节效应被证实，而对企业家政治关联与营销动态能力关系的调节效应没有被发现。环境动荡性越强，企业对市场认识和掌握面临的挑战越大，企业面对的风险和不确定性因素，以及市场困境就更多；企业家精神中的创新和冒险维度在动荡环境下所具备的价值更大，因此表现出，环境动荡性程度越高，企业家精神驱动营销动态能力的强度越大。另外，企业家政治关联与营销动态能力的逻辑关系是负向，而环境动荡性程度越高，并没有显著地影响政治关联与营销动态能力的负向关系。这意味着，无论环境动荡性如何，企业家政治关联与营销动态能力的

第八章 结论与建议

关系强度与方向均没有发生变化。

三、营销动态能力作用机制

本研究在界定技术驱动与市场驱动两类营销创新的基础上，遵循"能力—行为—绩效"分析框架，探讨营销动态能力的作用机制。具体内容包括：营销动态能力影响市场效能的作用机制，营销动态能力影响经营绩效的作用机制，以及环境动荡性对上述机制的调节效应。相关研究假设18个，实证检验结论如表8-2所示。

表8-2 营销动态能力作用机制理论模型的检验结果

假设	假设内容	结论
H5a	营销动态能力对技术驱动型营销创新有积极作用	支持
H5b	营销动态能力对市场驱动型营销创新有积极作用	支持
H6a	营销动态能力对竞争优势有积极作用	支持
H6b	营销动态能力对顾客资产有积极作用	未支持
H7a	营销动态能力对市场绩效有积极作用	支持
H7b	营销动态能力对财务绩效有积极作用	未支持
H8a	技术驱动型营销创新对竞争优势有积极作用	支持
H8b	技术驱动型营销创新对顾客资产有积极作用	未支持
H8c	市场驱动型营销创新对竞争优势有积极作用	未支持
H8d	市场驱动型营销创新对顾客资产有积极作用	支持
H9a	技术驱动型营销创新对市场绩效有积极作用	支持
H9b	技术驱动型营销创新对财务绩效有积极作用	支持
H9c	市场驱动型营销创新对市场绩效有积极作用	支持
H9d	市场驱动型营销创新对财务绩效有积极作用	未支持
H10a	环境动荡性正向调节营销动态能力与竞争优势的积极关系	支持
H10b	环境动荡性正向调节营销动态能力与顾客资产的积极关系	未支持
H10c	环境动荡性正向调节营销动态能力与市场绩效的积极关系	支持
H10d	环境动荡性正向调节营销动态能力与财务绩效的积极关系	未支持

资料来源：本研究整理。

（一）营销动态能力与市场效能

首先，企业营销动态能力积极影响技术导向型营销创新，而技术导向型营销创新又对竞争优势有显著正向作用，从而形成"营销动态能力→技术驱动型营销创新→竞争优势"的影响关系。营销动态能力通过整合与重构组织内部资源，聚焦于营销管理领域的技术创新，并推动新技术商业化进程，从而有助于企业相较于主要竞争对手,形成独特的产品技术优势,进而获取竞争优势。同时,研究发现,营销动态能力对竞争优势也有积极的影响效应。可能的原因是,竞争优势反映企业与竞争者比较所获得的战略性优势地位,而营销动态能力作为企业战略营销管理能力,势必对竞争优势产生积极作用。已有研究已经证实企业动态能力与战略优势密切相关,因此,本研究的结论可以视为在营销管理领域对已有结论的验证与深化。

其次,研究还发现,营销动态能力对市场驱动型营销创新有驱动效应,且市场驱动型营销创新积极影响顾客资产,因此形成"营销动态能力→市场驱动型营销创新→顾客资产"的作用路径。营销动态能力是动态能力在企业营销管理领域的特定类型,它通过强化市场环境认知、强化市场资源配置效率和水平、提升企业对市场的反应能力,推动市场开发式的营销创新,从而发掘或满足潜在或现有顾客需求,提升目标顾客满意度。此外,营销动态能力与顾客资产之间的正向关系没有被证实。营销动态能力从本质上属于"二阶能力",作用于资源与能力的重构与配置,以及影响战略层面绩效,因而对顾客层面的市场效用,即顾客资产没有直接效应。该结论进一步印证营销动态能力是动态能力的特定类型,与聚焦于资源基础的"静态"营销能力存在本质差异。

最后,技术驱动型营销创新与顾客资产的积极关系,以及市场驱动型营销创新与竞争优势的正向效应都没有被研究证实。技术驱动型营销创新以产品创新为载体,聚焦于新技术的开发与商业化,关注传递和创造全新顾客价值,因而更容易获取战略层面市场效能,即竞争优势;而市场驱动型营销创新以市场选择为内核,强调市场开发与发掘,关注全新市场领域的选择与进入,传递差异化顾客价值,这更有助于获取策略层面市场效能,即顾客资产。

此外,环境动荡性对营销动态能力与竞争优势积极关系的调节效应被验证,而对营销动态能力与顾客资产的调节效应没有被验证。意味着:环境动荡性越强,营销动态能力驱动竞争优势的作用越明显;无论环境动荡程度如何变化,营销动态能力与顾客资产之间的关系强度和方向都没有发生显著变化。

(二)营销动态能力与经营绩效

在营销动态能力驱动经营绩效的机制检验中证实,营销动态能力显著影响技术导向型营销创新,而技术导向型营销创新对经营绩效和财务绩效均有积极影响。这一研究发现构建出"营销动态能力→技术驱动型营销创新→市场绩效"和"营销动态能力→技术驱动型营销创新→财务绩效"两条机制关系。这一研究结

第八章 结论与建议

论除了证实前述研究所阐明的营销动态能力与技术驱动型创新的积极关系,更凸显出技术驱动型营销创新活动在对企业经营绩效影响中的基础作用。以技术为导向和焦点的营销创新,通过新产品、新服务满足现有市场需求,并开发新的潜力市场,既有助于提升企业在市场指标,如销售量、市场份额等方面的水平,又能够优化企业在财务指标上,如投资回报率、利润率方面的表现。

营销动态能力与经营绩效逻辑关系的第三个机制关系被验证,即"营销动态能力→市场驱动型营销创新→市场绩效"。这一机制关系充分表明:第一,验证前述研究中已经证实的,营销动态能力与市场驱动型创新之间的积极关系。第二,表明市场驱动型营销创新对企业财务绩效的改善并不显著。可能的原因是,市场驱动型营销创新聚焦于细分市场和顾客价值的重新划分和界定,关注以现有产品满足新顾客需求,强调市场开发和顾客开发,这必然带来营销成本的增加,从而减弱在财务指标上的表现。第三,证实市场驱动型营销创新对市场绩效的积极作用。以市场开发和顾客开发为核心的组织创新活动,能够提升产品销售量、提高产品市场占有率和顾客占有率,因而对市场绩效的提升比较显著。

同时,环境动荡性对营销动态能力与市场绩效积极关系的调节效应被验证,而对营销动态能力与财务绩效的调节效应没有被发现。这一结论表明,环境动荡性越强,营销动态能力对市场绩效的积极效应越显著;无论环境动荡程度如何变化,营销动态能力与财务绩效之间的关系强度和方向没有发生显著变化。

第二节 管理对策与建议

本研究以营销动态能力构念为研究载体,探讨营销动态能力的形成与作用机制。通过对营销动态能力内涵与结构维度研究,从组织流程视角回答了"什么是营销动态能力?它由什么构成?"通过对营销动态能力形成机制研究,组织与企业家从双重视角回答了"哪些因素能够促进企业形成和开发营销动态能力?"通过对营销动态能力作用机制研究,从营销创新视角回答了"营销动态能力如何帮助企业获取竞争优势、提升经营绩效?"这些问题的回答,为企业管理者提出了适应动荡环境,获取和维持市场竞争优势的战略要径。因此,本研究的相关结论对我国企业有效参与市场竞争提供了重要的管理启示:

一、企业家层面

(一) 企业家精神的培育

企业家精神是企业家应具有的内在特征,是营销动态能力构建的重要外部因素。企业高层管理者所推崇的创业与冒险、创新与变革,以及合作敬业等重要价值观和精神动力,有助于在组织内持续形成对市场环境快速反应的能力。因此,培育企业家精神对企业开发和形成营销动态能力具有重要价值。

首先,企业家要有事业"激情",为创新思想提供"土壤"。创业精神的基础是对事业的热心与投入,无论表现出来的是辛劳与勤奋,还是固执与强硬,背后隐藏的都应该是对事业梦想的追求。这种持续的追求,正是企业家突破创新,带领组织不断开拓和进取的原动力。

其次,增强企业家对不确定性与错误的容忍。在市场竞争中冒险,意味着需要面对诸多不确定性因素,同时还要承担犯错的可能性。然而,这是企业家冒险竞争必须具备的内容。只有保持对外部不确定性的科学认识和理解,特别是对可能失误的接受和容纳,是企业家推动组织内部创新,并为此承担风险的基础。

最后,提升企业家的资源管理水平。任何企业都不可能拥有维持自身发展的全部资源,企业需要从外部环境中获取资源。一方面,要求企业家学会对现有资源的最大化应用,充分发挥资源的基础价值;另一方面,要通过建立组织网络和社会资本等方式,为企业建立资源网络,发掘和利用企业自身并不具备和掌握的重要资源。充满企业家精神的企业管理者应该充分地协调掌握核心资源和笼络关键资源的双元管理活动。

(二) 企业家政治关联的合理运用

我国市场机制正在不断地完善,最终实现市场分配资源。但是,在目前的竞争条件和政治环境条件下,企业家政治关联对企业获取制度性资源,进而提升企业价值仍具有重要价值。企业家政治关联对企业发展是把双刃剑,它对企业战略层面的积极效应已经被证实;但在职能管理层面,企业过分强调对政治网络与政治资源的利用,并不利于面向市场进行关键组织能力开发活动。因此,在动荡的竞争环境下,企业家应该合理运用政治关联。

充分利用企业家政治关联对企业的保护。在市场机制尚未完全建立时期,缺乏法律保护和政府侵害产权是转型经济国家中企业经营的两大障碍。而企业家与政府建立的社会联系则为企业提供了一种权力庇护,有利于减少政府和执法部门的检查频率和刁难、避免政府部门对企业的"乱摊派、乱收费",或者向企业索取贿赂等腐败行为,最终有利于企业得到保护或避免麻烦。

科学运用企业家政治关联获取制度性资源。与政府关系获得的制度性资源主要表现在企业获得税收、贷款、进入管制行业等方面的利益。在获取贷款方面,国外研究已经发现,具有政治关联的企业比其他企业获得最多超过45%的银行贷款,相比其他企业可以有50%的利率优惠,也更容易以较少的抵押物获得较多的长期贷款。①

在市场营销管理领域,企业家政治关联有助于帮助企业获取市场信息,即在市场感知等环节有重要作用;但是,若只重视环境监控,而不重视环境的回应,并不利于企业在市场中持续保持竞争优势。从营销动态能力的感知、协同和响应环节看,环境感知是基础和前提,但并不是企业营销应对活动的全部。

二、组织层面

(一) 推动实现组织结构扁平化

扁平化组织结构区别于传统金字塔式结构,以业务流程为组织结构基础,缩减中间管理层,并拓展管理幅度、延伸管理深度,从而增强信息传递效率,提升决策执行速率、降低管理成本。组织架构扁平化既可以构建较为平等的内部员工关系,又可以对外部市场环境变化进行快速反应,非常契合网络经济时代所倡导的"自由与平等、效率与价值"之精神。

首先,企业需要转变决策风格。扁平化组织架构意味着决策重心下移,决策权力分散,高层管理者敢于将决策权力交给那些更接近竞争、更了解市场的管理者甚至一线员工。"让听见炮声的人来决策",这就是华为总裁任正非在推动企业决策简单高效所笃信的理念。

其次,致力于重塑管理模式。扁平化组织架构要求管理模式从传统的层级式转变为网络式,从自上而下的权威管理,转变为以跨职能团队或关键业务网络为基础的自我管理。网络管理模式与层级管理模式最大的区别在于运行流程的去中心化,以及组织管理活动的市场驱动。

最后,广泛地整合业务流程。对关键业务流程进行整合与优化是扁平化组织

---

① Khwaja I. & Mian A. Do lenders favor politically connected firms? Rent seeking in an emerging financial market [J]. Quarterly Journal of Economics, 2005, 120 (4): 1371–1411.

结构的制度保障。企业需要明确哪些是增值业务流程,哪些是辅助业务流程,将内部管理与供应链协调、市场管理有序匹配。正如雷军所言,组织结构越扁平化,信息流动的速度越快,管理透明度越大。例如,小米公司坚持将内部管理延伸与客户进行互动,产品开发与市场拓展迭代进化,形成自组织方式。

(二)培育市场导向型组织文化

市场导向文化是驱动营销动态能力的重要方面。因此,培育市场导向文化是企业有效回应市场需求的重要手段。然而,对市场导向文化的培育,必须依据企业所处环境和市场竞争态势积极推进,进行有效的组织文化创新。

企业应立足于建立培育市场导向文化的制度环境。这类制度规范应该使企业高层管理者对下属各区域市场机构必须充分分权和授权,帮助企业适应市场,以及不同市场区域的需求和竞争状况。同时,推动在企业内形成和发展重视学习,向市场(包括顾客和竞争者)学习的价值观念,使企业更好地理解外部环境变化,并使市场信息和知识在组织内有效地扩散和运用。以民主、学习和开放为特征的制度环境有利于企业形成向顾客学习,向竞争者学习,鼓励关键信息资源分享与交流的组织文化体系。

企业应该建立"由外向内"的决策体系和决策文化。企业的任何市场决策与行为必须立足于顾客、立足于市场环境;企业应通过顾客导向、竞争者导向和跨部门协调,促使其有效地获取市场需求、竞争形势等方面信息,并快速地将市场信息在关键职能部门扩散和响应。同时,在企业内部形成开放心智的行为规范,积极接纳、吸收或掌握消费文化、社会风俗等,对新观念、新方法持开放和包容姿态,鼓励不同观点和意见产生和传播,从而帮助企业更加充分和全面地将企业营销实践与市场特性相融合。

(三)开展差异化营销创新活动

营销动态能力的培育依赖于市场感知、内部组织界面协同,以及快速市场响应等能力领域的系统协作。企业培育营销动态能力,不仅要重视外部环境的探查,还要关注关键职能部门的行动协调性,同时重视对顾客价值的有效传递。

从"供给面"发展技术驱动型营销创新,以技术推动市场。既重视对核心技术的掌握,关键技术资源(包括各类技术专利、产品外观设计等)基础的持续积累,更充分强调将新技术和新方案积极地进行商业化和产业化;通过技术导向的新产品开发,进行独特顾客价值创造,建立新型价值传递系统,创造性地进行顾客价值创造与传递,以此建立顾客资产,获取高水平绩效,强化企业的市场竞争

第八章 结论与建议

优势。

从"需求面"推动市场驱动型营销创新,以市场引领技术。不仅注重对目标市场潜在需求的关注,以及对利基市场的充分考量,全面且深入地洞察顾客价值;同时,积极关注企业目标市场战略与营销组合在面临不同市场环境和竞争条件时进行适应性改进,使企业能够有效地针对独特细分市场顾客需求进行产品开发、价格设计,以及渠道革新等方式,对顾客需求的持续关注和积极响应,进而增强顾客满意水平。

(四) 强化市场知识的信息化应用

以大数据、云计算、物联网等为标签的移动互联时代将管理信息化推向前所未有的高度。组织架构扁平化势必增加管理幅度,从而增加决策难度,可能导致提升了效率,却损失了效益的局面。因而,组织结构信息化可以视为对扁平化组织结构的工具补充。

第一,关注不同界面信息的分享。绝大多数企业都认可管理信息化在企业"减员增效"方面具有重要价值,也乐于在应用信息管理软件上投入大量资源。但是,当前大量中国企业面临的情况是:分布在研发、物流、销售、客服等不同职能界面的管理信息无法自由流通和快速分享。甚至在一些大型产业集团中,产业本部与下属集团公司使用不同厂商的财务软件,双方财务数据接口无法完全对接,仍然需要专人以手工账册的形式进行财务汇报和核查。因此,打通信息流通管道,拆除信息扩散藩篱,实现不同职能界面信息分享是实现组织架构信息化的重要前提。

第二,强调关键管理信息的应用。对管理信息的掌握并不等同于发挥信息的内在价值,关键管理信息的应用才是组织结构信息化的核心。企业对关键管理信息的应用还取决于两方面:一是管理者的数据驱动型决策意识。要使企业管理信息系统价值最大化,需要各级管理者具备基于数据的管理决策方式,否则各种管理软件仅是管理者桌上电脑中的昂贵摆设。二是管理信息的精准分布。组织结构的信息化,需要为各级管理者提供及时、分门别类的精确管理信息,确保企业管理者在进行决策时能够准确掌握与理解必要信息,实现管理决策的有效性。

(五) 持续保障互补资源投入

企业要快速地适应市场变化,必须重视各类市场资源的投入,并根据市场竞争态势优化资源配置。

企业营销动态能力研究

首先，企业应该重视在营销和研发方面的资产投入，通过人、财、物的支持帮助企业掌握国际市场信息，并根据顾客需求、竞争者行为和产业趋势等信息积极地进行新产品开发活动，通过高效而精准的新产品或服务（组合）的推出以应对市场竞争。

其次，重视企业隐性资产的积累，特别是市场知识和经验的积累。市场知识有助于企业更准确地掌握和理解顾客偏好、竞争者行为和产业发展趋势，从而为企业有效地应对环境变化奠定知识基础。企业高层管理团队经验能够促使组织更加准确和快速地感知和理解外部环境的变化，并通过合理决策加速关键业务流程的效率，从而实现企业对市场环境变化的快速而有效的响应。

最后，企业在组织战略层面形成和发展聚焦于市场的战略柔性，从而使企业战略和业务战略层面能有效地对市场环境做出响应，增强企业在职能战略层面上对顾客需求和竞争形势的快速变化进行回应的能力。同时，企业在开拓市场时，应重视企业网络能力的培养，企业通过建立和掌握发达的外部和内部社会网络，增强企业对外部市场变化的感知，并通过基于内部社会网络的共享和协调机制提升内部关键业务流程的效率。

第三节 研究展望

当前国内外营销研究普遍关注顾客心理与行为等微观领域，不利于全面体现营销在企业管理中的战略地位，重视战略层面的营销议题研究是深化和拓展营销研究的重要方向。[①] 将营销能力与动态能力观整合，开展企业营销动态能力研究正契合和推动这种研究趋势。

一、营销能力研究的多维化趋势

进入 21 世纪，竞争的加剧和新营销方式的不断涌现，促使学者们开始采用新的视角或引入新的理论重新解读营销能力。面对市场环境的持续演化，在动态

---

① Varadarajan R. Strategic marketing and marketing strategy: Domain, definition, fundamental issues and foundational premises [J]. Journal of the Academic Marketing Science, 2010, 38 (2): 119-140.

语境中理解和诠释营销能力成为一种必然,多维化是营销能力研究的重要趋势(例如,韩德昌和韩永强,2010;Krush 等,2015)。目前,营销能力研究多维化研究表现为两种路径:

Fang 和 Zou (2009) 在对中国合资企业的研究中提出了"营销动态能力"(Marketing Dynamic Capabilities) 概念,亦有研究称之为"动态营销能力"(例如,Morgan,2012;Barrales-Molina 等,2014)。这标志着营销能力研究开始引入动态能力观,遵照基于动态能力视角重新审视营销能力的分析思路(例如,Fang 和 Zou,2009;许晖等,2011)。引入动态能力观不仅深化了对营销能力的理解,更强调对营销资源的整合和配置,使营销动态能力具有"二阶能力"的动态能力特征(例如,Teece 等,1997;Morgan,2012;李巍,2015)。

Day (2011) 提出了用"适应性营销能力"(Adaptive Marketing Capabilities) 的概念来弥补营销能力研究中对于能力开发认识的严重缺失。[①] 通过借鉴配置理论中关于适应性流程的阐述,强调在新的竞争态势下,企业的营销能力不能仅停留在对现有能力的开发,还必须考虑对新能力的探索。针对这一分析路径,后续研究还比较缺乏。

二、营销动态能力研究的深化

通过使动态能力观聚焦于营销研究领域,将动态能力观的应用范围更具体化,从而有效地回应研究者因动态能力观"过于抽象,且不能具体感知与测量",将其指为"大帐篷"的批评,更有利于使"动态能力研究从当前的概念与关系扩散阶段,进入一个选择性和保留性导向的研究新阶段"。有助于推动企业营销领域能力研究的两个转变:一是研究视角的转变。将对企业营销领域能力的研究从以往的资源基础观静态研究视角,转变为一种动态研究视角。这种转变有利于弥补资源基础观"静态"属性的不足,强调在动荡环境下企业资源基础和能力的持续发展与演化。二是研究焦点的转变。将企业营销领域能力的研究焦点,从重视企业资源禀赋或特殊技能(一阶能力)的累积,转向对建立、整合和重构资源基础各种关键组织能力(二阶能力)的关注,从而丰富企业营销能力研究的内涵。

但是,我们仍然发现,有关企业营销能力研究还有继续深化的可能和必要。

---

① Day G. Closing the marketing capabilities gap [J]. Journal of Marketing, 2011, 75 (4): 183-195.

根据本研究存在上述研究的局限性，以及营销动态能力当前的研究现状与不足，有关营销动态能力未来研究的主要趋向可能是：

首先，营销动态能力内在作用机理研究的深化。在企业不同的发展阶段，营销动态能力的内在作用机理存在着一定的差异性，这意味着，在企业不同阶段，营销动态能力各结构维度的地位和作用是不同的。但是，由于本研究所使用的截面数据无法对企业营销能力的纵向发展情况进行量化分析，以确认各维度之间的相互关系，因此，后期的研究应该加强对营销动态能力内在作用机理的深化研究，利用处于不同样本的企业数据，来探查在企业不同发展阶段，营销动态能力的内在作用机理。

其次，营销动态能力作用机制研究的深化。对营销动态能力作用机制的研究，有助于深化理论界对营销动态能力的理解和认识，有助于帮助企业管理者掌握"如何将营销动态能力转化为市场绩效和竞争优势"的管理技能。本研究从营销创新视角对营销动态能力的作用机制进行探究，还需要从其他视角，如市场战略、商业模式创新等，探究营销动态能力如何对企业经营绩效和市场效能产生影响。

最后，营销动态能力与其他营销关键概念的关系研究。营销动态能力是战略营销研究的新近热点和重要部分，探讨营销动态能力与其他关键概念之间的相互关系，例如，探讨营销动态能力与企业社会资本、战略意图、国际市场战略联盟、企业价值网等概念之间的逻辑关系，或者将营销动态能力纳入特定研究领域或情境（如服务营销、出口营销等），以此深化和拓展营销动态能力内涵与作用机制研究。一方面，有助于发展关键概念之间的网络关系，加深对国际营销动态能力的理解；另一方面，这种不断丰富的概念网络关系能够为更高层、更宏观的营销管理理论提供支持。

附 录

附录 I 附表

附表 1 动态能力的内涵研究汇总

研究者	内涵界定	期刊来源
Teece 和 Shuen (1994)	使企业能够创造新产品和流程,并回应变化市场环境的技能和能力集合 (Subset)	Industrial and Corporate Change
Teece 等,(1997)	企业整合、建立和重置内外部技能 (Competences) 以应对快速变化环境的能力 (Ability)	SMJ
Eisenhardt 和 Martin (2000)	企业运用资源,特别是整合、重置、获取和释放资源的流程,以应对,甚至创造市场变化的组织流程;动态能力因此是组织和战略的惯例,这种惯例表现为当市场出现冲突、分离、进化和消亡时企业获取新的资源配置	SMJ
Teece (2000)	企业迅速而熟练地感知和把握机遇的能力	Long Range Planning
Zollo 和 Winter (2002)	动态能力是一种学习的和稳定的集体活动模式,它贯穿于组织,通过系统地生成和修正其运行惯例追求提高效能的全过程	Organization Science
周晓东和项保华 (2003)	动态能力是指公司不断利用内外资源以匹配环境的组织创新能力,它是企业能力集合的一个子集,是对企业的其他能力起能动作用的独特能力	经济管理
Winter (2003)	是用于延伸、修正和创造一般能力的能力	SMJ
刘尔琦等 (2005)	企业快速从事产品创新、有效整合和配置内外部资源,为企业创造了竞争优势,以适应外在环境变动的能力	管理科学
Zahra 等,(2006)	企业主要决策者通过预期的、被视为适合的方式重置企业资源和惯例的能力	Journal of Management Studies
贺小刚等 (2006)	动态能力是通过企业学习以应对市场变化的能力,具有动态性、系统性和结构性特征	管理世界
江积海 (2006)	动态能力由特定的战略和组织流程如产品开发、联盟和战略决策等组成	科研管理
Helfat 等,(2007)	组织有目的地创造、拓展和调整其资源基础的能力	Blackwell Publishing Ltd.

续表

研究者	内涵界定	期刊来源
曹红军和赵剑波（2008）	动态能力是企业在动态变化的竞争环境中，所具备的根据环境变化动态更新企业资源的能力，动态收集、分析和利用环境变化的信息的能力，动态的内部组织和整合的能力，以及动态地协调其外部关系和进行资源释放的能力	南开管理评论
焦豪等（2008）	动态能力是企业对所处产业变化敏感并识别，并在企业内部进行创新与变革，使企业具备技术柔韧度和组织柔性的能力	管理世界
葛宝山和董保宝（2009）	动态能力是企业保持或者改变其作为竞争优势基础能力的能力，即它是改变企业能力的能力，其焦点是通过企业发展基础的资源来开拓创新	管理学报
李天元等（2009）	动态能力是组织意会能力、柔性决策能力与动态执行能力的整合	南开管理评论
胡望斌等（2009）	动态能力是组织动态适应环境变化的能力	中国软科学
曾萍（2009a，2009b）	动态能力是企业整合、建立以及重新配置内外部资源以应对动态环境的能力	科学学研究 中国软科学
黄俊等（2009）	动态能力就是企业的协调与整合、学习以及重构的能力	管理评论
Barreto（2010）	动态能力是企业系统地解决问题的潜能（Potential），它通过感知机会和威胁，制定及时的、市场导向的决策和改变其资源基础的倾向（Propensity）得以形成	Journal of Management
林海芬等（2012）	动态能力是指组织建立、整合以及重新配置组织内外部资源从而适应环境快速变化的能力，强调更快、更敏捷且不可效仿的资源构造能力	科学学研究
Teece（2012）	动态能力是决定企业为应对与塑造快速变化的商业环境，整合、建立和重置内外部资源/能力的高阶能力	Journal of Management Studies
董保宝和葛宝山（2012）	动态能力是企业为适应外部环境而保持或改变其作为竞争优势基础的能力的能力，即它是改变企业能力的能力	科研管理
Wilden（2013）	动态能力针对战略变革与应对环境的调整组织	Long Range Planning

资料来源：本研究整理。

附表2 动态能力的影响因素研究汇总

研究者	影响因素	期刊来源
Eisenhardt 和 Martin（2000）	企业的学习机制、市场的动态性	SMJ
Rindova 和 Kotha（2001）	高层团队、组织演化信念、学习过程	AMJ
Zollo 和 Winter（2002）	经验性学习过程和认知性学习过程	Organization Science
King 和 Tucci（2002）	积累性经验	Management Science
Helfat 和 Peteraf（2003）	管理决策、需求变化、科学技术、原材料可获得性、政府政策	SMJ
Adner 和 Helfat（2003）	人力资本、社会资本、管理层认知	SMJ
Carlsson（2003）	信息通信技术、知识管理系统	Knowledge and Process Management
Adams 和 Lamont（2003）	组织的学习能力、创新能力、知识管理系统	Journal of Knowledge Management

续表

研究者	影响因素	期刊来源
Blyler 和 Coff (2003)	社会资本	SMJ
McEvily 和 Eisenhardt (2004)	企业模块化组织设计、管理信息系统创新、业务流程	SMJ
Wooten 和 Crane (2004)	人力资本	The American Behavioral Scientist
Macher 和 Mowery (2004)	研发团队构成的多样性、研发人员与生产人员交流的频繁程度、信息分布的广泛性	BYU–Utah winter Strategy Conference, Park City
董俊武 等 (2004a, 2004b)	经营性惯例和学习性惯例、认知性努力和行为性努力	管理世界中国工业经济
刘尔琦等 (2005)	整合能力、学习能力	管理科学
Marsh 和 Stock (2006)	知识跨时期整合、知识保留和知识解释	Journal of Product Innovation Management
胡旺盛 (2006)	组织学习	财贸研究
江积海 (2006)	知识传导	科研管理
李兴旺 (2006)	组织结构、管理和文化	经济科学出版社
魏江和焦豪 (2007)	企业家学习	商业经济与管理
魏江和焦豪 (2008a, 2008b)	创业导向、组织学习	外国经济与管理 管理世界
Maklan 和 Knox (2009)	顾客关系管理	European Journal of Marketing
杜建华等 (2009)	社会资本	中国软科学
卢启程 (2009)	知识管理、组织学习	研究与发展管理
胡望斌等 (2009)	新企业创业导向	中国软科学
曾萍 (2009a, 2009b)	知识创新、组织学习	科学学研究中国软科学
Romme 等, (2010)	深度学习和环境动态性	Industrial and Corporate Change
Hung 等, (2010)	组织的流程连接和组织的学习文化	Journal of Word Business
潘安成和邹媛春 (2010)	组织学习、组织忘记	科研管理
Hodgkinson 等 (2011)	个体和群体的认知（Cognitive）与情感（Emotional）能力	SMJ
林萍 (2012)	信息资源、信息与技术资源	科研管理
董保宝和葛宝山 (2012)	资源识别、获取、利用和配置过程	科研管理
刘烨等 (2013)	企业家资源、外部合作者的合作意愿	科学学研究
曾萍等 (2013)	社会资本（制度社会资本、业务社会资本、技术社会资本）	科研管理
Kleinbaum 和 Stuart (2014)	组织内社会网络响应性	The Academy of Management Perspectives
简兆权等 (2015)	战略导向	研究与发展管理
金昕和陈松 (2015)	知识源战略（知识源广度、平衡、深度）	科研管理
Helfat 和 Peteraf (2015)	管理认知能力	SMJ

资料来源：本研究整理。

附表 3 国外重要管理学期刊的动态能力研究汇总

研究者及时间	研究类型	研究焦点	数据来源	样本情况	主要观点或结论
Teece 等，(1997)	概念型	前置因素、动态能力特征、环境因素、绩效结果	—	—	提出动态能力分析框架作为对竞争优势新的解释，即应对快速变化的环境，动态能力依赖于流程、位势和路径，是异质的
Helfat (1997)	实证型	前置因素	档案数据	美国最大的26家能源企业 (1976~1981)	为了应对上涨的石油价格，具备大量互补性物质资产和技术知识的企业也在原油转化方面进行量研发活动
Eisenhardt 和 Martin (2000)	概念型	前置因素、动态能力特征、环境因素、绩效结果	—	—	动态能力是异质的、可识别的组织流程，不同企业的动态能力具有共性，但在细节方面仍是异质的；依据市场动荡性的不同，动态能力具有不同类型；对于获取竞争优势，动态能力是必需的条件，但不是充分的条件
Makadok (2001)	概念型	动态能力特征	—	—	经济租金的创造有两个不同的机制：资源遴选和能力构建
Rindova 和 Kotha (2001)	实证型	前置因素	实地研究	Yahoo 和 Excite[①]	持续的渐变是更新竞争优势的重要机制
Galunic 和 Eisenhardt (2001)	实证型	动态能力特征	实地研究	1家财富100强企业	动态能力由并不简洁甚至常常相互冲突的、使企业具备高度适应性能力的规则组成
King 和 Tucci (2002)	实证型	前置因素	档案数据	磁盘驱动器行业的174家企业 (1976~1995)	企业具备在以前市场上的经验增加了其进入新市场的可能性
Zollo 和 Winter (2002)	概念型	动态能力特征	—	—	通过组织动态能力的发展识别出三个主要的学习机制
Lee 和 Rho (2002)	模拟型	中介效应	计算机数据	—	当动态能力缺乏时，战略群体可能很少存在
Aragón-Correa 和 Sharma (2003)	概念型	动态能力特征；调节变量	—	—	外部环境的特征影响积极的环境战略，以及环境战略影响竞争优势
Benner 和 Tushman (2003)	概念型	前置因素	—	—	流程管理影响动态能力

① Excite 成立于1994年，是以 Yahoo 和 Google 为主要竞争对手的全球网络服务提供商（资料来源：http://en.wikipedia.org/wiki/Excite）——作者注。

续表

研究者及时间	研究类型	研究焦点	数据来源	样本情况	主要观点结论
Blyler 和 Coff (2003)	概念型	前置因素	—	—	社会资本是动态能力存在的必需（非充分）条件
Lampel 和 Shamsie (2003)	实证型	前置因素、动态能力特征	档案数据	美国电影产业的 400 家企业（1941~1948）	两种产业能力——调度能力和转化能力，在将资源集合配置和转化到电影制作的过程中扮演着重要角色
Salvato (2003)	实证型	动态能力特征	实地研究	2 家中等规模的印度企业	组织的领导者有目的地引导能力演化过程中扮演着关键角色
Winter (2003)	概念型	动态能力特征	—	—	如何将动态能力区分开，特别是能力问题的解决是动态能力的替代选择
Zott (2003)	模拟型	绩效结果	—	—	动态能力差异化与企业绩效相联系，即具备相同动态能力的企业也可能造成差异化的绩效输出
Kor 和 Mahoney (2005)	实证型	前置因素	档案数据	60 家技术基础型创业企业（Entrepreneurial Firms）	企业拥有在营销中增加资源配置的历史，它将比缺乏这种配置的企业获得更优化的企业层面绩效
Song 等，(2005)	实证型	绩效结果	问卷调查	1990-1997 年成立的美国合资企业的 466 位被访者	营销和技术能力作用对绩效的影响仅在高度动荡的环境下才明显
Gilbert (2006)	实证型	动态能力特征	实地研究	1 家报刊企业	威胁和机会的冲突框架形成了对不连续变化的响应
Hahn 和 Doh (2006)	方法论型				为动态能力研究提出了 Bayesian 路径
Karim (2006)	实证型	前置因素	档案数据	美国传媒产业的 250 家企业	内部发展的业务单元和并购的单元在结构重置中演着不同角色
Lavie (2006)	概念型	重置机制	—	—	置换、演化和转换是能力重置的三类机制
Marcus 和 Anderson (2006)	实证型	动态能力特征、中介效果	问卷调查	美国食品零售业的 108 家食品杂货连锁店（1997）	综合的动态能力影响企业在供应链管理方面的能力，但并未影响环境管理方面的能力
Pil 和 Cohen (2006)	概念型	前置因素	—	—	模块化设计实践驱动动态能力开发
Slater 等，(2006)	实证型	动态能力特征、绩效结果	问卷调查	制造业和服务业的 380 位经营经理	战略形成能力是一种动态能力；企业的战略导向调节着战略形成能力与绩效之间的关系
Zahra 等，(2006)	概念型	前置因素、动态能力特征、环境因素、绩效结果	—	—	动态能力与实体能力相关；动态能力与实体能力的关系受组织知识和技术调节

续表

研究者及时间	研究类型	研究焦点	数据来源	样本情况	主要观点或结论
Zúñiga-Vicente 和 Vicente-Lorente (2006)	实证型	绩效结果	档案数据	134 家西班牙银行 (1983—1997)	环境转变条件下的战略性变动对组织生存具有积极的影响作用
Kale 和 Singh (2007)	实证型	中介效应	问卷调查 档案数据	175 家加入产业联盟的大型美国企业	联盟学习过程与企业的整体联盟的成功相关
Moliterno 和 Wiersema (2007)	—	—	—	职业棒球队的 26 支队伍 (1969—1983)	组织的变革能力包含两个步骤：决定对哪些资源进行剥夺；决定是否进行资源剥夺
Ng (2007)	概念型	中介效应	—	—	动态能力的力度解释了不相关多元化
Pablo 等（2007）	实证型	动态能力特征	实地研究	加拿大亚伯达省 (Alberta) 的一家地区健康机构	在开发动态能力中有三个构面：识别一些动态能力、对动态能力授权；管理持续的紧张
Teece (2007)	概念型	前置因素、动态能力特征	—	—	动态能力可以分解为：感知与识别机会和威胁的能力；把握机会的能力；通过资源配置企业的资产保持竞争力的能力
Schreyögg 和 Kliesch-Eberl (2007)	概念型	动态能力特征	—	—	除了改变资源配置以外，动态能力还需要监视其功能的分离的能力
Danneels (2008)	实证型	前置因素、动态能力特征	问卷调查 档案数据	77 家美国公共生产企业 (2000、2004)	调配意愿、建设性冲突、对失败的容忍、环境扫描和研发资产保持竞争力的前置因素
Døving 和 Gooderham (2008)	实证型	中介效应	问卷调查	254 家挪威会计事务小型企业	人力资本的异质性、内部发展惯例、与互补性服务提供商的联盟影响相关多元化的范围
Oliver 和 Holzinger (2008)	概念型	动态能力特征、中介效应	—	—	动态政治管理能力影响政治战略的效力
Lee (2008)	实证型	动态能力特征、绩效结果	档案数据	美国高科技制造企业 (1989—2003)	企业具备的当前能力是企业市场进入时间选择的重要指标；企业的进入时间选择依赖于动态能力
Agarwal 和 Helfat (2009)	概念型	动态能力特征	—	—	通过修正组织的资源基础来实现战略更新具动态能力的重要作用
Sirmon 和 Hitt (2009)	实证型	动态能力特征、绩效结果	问卷调查	284 家美国银行企业	动态管理能力中的资源投入和资源配置及其相互作用对绩效有积极的影响

续表

研究者及时间	研究类型	研究焦点	数据来源	样本情况	主要观点或结论
Rothaermel 和 Alexander (2009)	实证型	调节效应	问卷调查	470家美国制造业企业	技术采购组合与绩效之间存在非线性关系，动态能力对二者关系有调节作用
Capron 和 Mitchell (2009)	实证型	前置因素、绩效结果	问卷调查	欧洲、美洲和亚洲的162家通信企业	选择适当的模式更新其能力的企业，比不具备更新其能力的企业绩效水平更好
Salvato (2009)	实证型	前置因素	问卷调查、档案数据	Aless1988~2002年新产品开发流程数据	适应性能力的更新基于每天做的活动，即无数普通的活动可能会影响能力的演化；突变的发生首先是从内部或外部的选择性上开始的，然后通过管理干预得以更新和再造
Augier 和 Teece (2009)	概念型	前置因素	—	—	发展制定次级决策、以及感知和抓住机会的组织流程都是嵌入动态能力框架的基本管理功能；管理者或创业者对动态能力有重要的影响
Pierce (2009)	实证型	动态能力特征、前置因素	档案数据	私人数据库的20万份个人汽车租赁数据 (1997~2002)	动态能力在商业生态系统中具有重要作用；卓越的动态预测能力对动态能力的形成具有重要作用
Morgan 等, (2009)	实证型	绩效结果	问卷调查	748家美国商业消费企业	动态能力中的营销能力对绩效有积极影响，营销能力与市场导向的交互作用效有积极影响
Shamsie 等, (2009)	实证型	动态能力特征、绩效结果	问卷调查	好莱坞电影业中的7家制片企业 (1936-1965)	过多的动态能力并不一定会提高企业绩效；识别性复制和更新是电影行业增强动态能力要素的两种重要战略类型
Malik 等, (2009)	实证型	绩效结果	问卷调查	印度和巴基斯坦企业	动态能力中的组织学习、逆向工程和制造柔性支持政策对绩效具有影响作用；政府的投入支持人员对上述关系有调节效应
Laamanen 和 Wallin (2009)	实证型	动态能力特征	问卷调查、档案数据	3家网络杀毒软件开发企业	管理认知的效应可以从三个不同层面的能力发展来探查：运作能力、能力组合和企业层面
Coen 和 Martin (2010)	模拟型	动态能力特征	—	—	资源配置的动态能力是企业成功管理知识的能力、对企业绩效有积极的影响
Lichtenthaler (2010)	概念型	动态能力特征	—	—	知识管理能力是企业成功管理知识的形成、吸收、转化、结合、创新和吸附等方面知识的能力，它是动态能力的一种，能够对知识容量进行重构和再编排
Kim 和 Mahoney (2010)	概念型	动态能力特征	—	—	资源能力是企业更新提供新的财产权；产权理论能够为动态能力的发展、维持和更新提供新的视角，签订合同是关系安排；发现和创业过程本质上是一个能够使企业感知和抓住机会

续表

研究者及时间	研究类型	研究焦点	数据来源	样本情况	主要观点或结论
Anand 等，(2010)	实证型	动态能力特征、效应结果	问卷调查档案数据	19家世界最大的制药企业	科技能力和互补性能力决定企业进入新兴技术的能力
Martin (2010)	实证型	动态能力特征、效应结构	实地研究	6家多业务单元的上市软件企业	动态管理能力是动态管理能力的一种；多业务单元的组织中，总经理设置是动态管理能力的重要功能源泉
Eisenhardt 等，(2010)	概念型	动态能力的微观基础	—	—	阐述了动态能力的现实微观基础；共享型、启发式的组织流程源于个人和组织层面的经验
Tang 和 Liou (2010)	实证型	动态能力特征、效应结果	贝叶斯方法	全球半导体行业	识别出半导体行业的三种资源集：上下游的关系管理，知识产权和固定资产管理；高水平绩效来自于企业独特的资源配置和管理能力
Danneels (2010)	实证型	动态能力特征	问卷调查档案数据	打印机制造企业 Smith Corona	研究并阐释了案例企业动态能力如何通过发挥现有资源的杠杆作用、创造新资源，获取外部资源以及改变其资源基础
Drnevich 和 Kriauciunas (2010)	实证型	绩效结果	问卷调查	智利企业	环境动态性负向地影响企业一般能力与绩效的关系，正向地影响企业动态能力与绩效的关系
Dixon 等 (2010)	概念型	动态能力与创业学习整合	—	—	在组织变革理论框架下，阐述了转型经济中组织学习和动态能力发展的过程
Hodgkinson 等 (2011)	概念型	前置因素	—	—	围绕动态能力中感知、攫取和转化环节，从心理学视角探讨其认知和情感基础
Prange 和 Verdier (2011)	概念型	动态能力与创业学习	—	—	从探索与开发视角分解动态能力，并置于企业国际化进程，探讨动态国际化能力的生成、发展
Teece (2012)	概念型	动态能力与创业学习整合	—	—	将动态能力嵌入创业管理，创业企业管理者运用动态能力建立"猎树一峡"战略行为，形成生态系统
Argote 和 Ren (2012)	概念型	前置因素	—	—	通过建立新知识资产，重置整合现有知识资产，交互记忆系统是动态能力的微观基础
Peteraf 等 (2013)	实证型	动态能力两大理论流派	文献共引分析	1990~2008年动态能力文献	对动态能力观两类相互矛盾的观点进行梳理，建立对话和联结

续表

研究者及时间	研究类型	研究焦点	数据来源	样本情况	主要观点或结论
Wilden 等 (2013)	实证型	调节效应	数据库+问卷调查	91家澳大利亚企业	组织结构强化动态能力对组织绩效影响；动态能力对组织绩效影响效果还依赖于竞争强度
Stadler 等 (2013)	实证型	绩效结果	数据库	244家上游石油企业数据	动态能力对企业资源存取与开发活动及效果具有显著影响
Schilke (2014)	实证型	绩效结果	问卷调查	德国化工、机械和机动车行业的279家企业	动态能力（联盟管理能力和新产品开发能力）与竞争优势的关系（倒"U"形）受到外部环境动态性的显著正向调节
Villar 等 (2014)	实证型	知识管理动态能力	问卷调查	157家西班牙和意大利的建筑瓷砖出口企业	基于动态能力视角，探讨知识管理实践、出口强度和知识管理动态能力三者之间关系
Kleinbaum 和 Stuart (2014)	实证型	前置因素	案例数据	BigCo①和ProCo②	组织内社会网络结构中的网络响应性（协作与适应）是驱动动态能力的重要因素
Arend (2014)	实证型	绩效结果	问卷调查	307家美国中小企业	创业合资企业也拥有动态能力；它们对企业绩效有显著影响
Wilden 和 Gudergan (2014)	实证型	绩效结果	问卷调查	228家澳大利亚企业	动态能力影响企业运营型营销能力和技术能力，影响作用受环境动荡性调节
Helfat 和 Peteraf (2015)	概念型	前置因素	—	—	从认知注意、问题解决与推理，以及语言沟通与社会认知三大方面构建动态能力的微观基础
Mitchell 和 Skrzypacz (2015)	模拟型	前置因素与绩效结果	计量模型	—	运用计量模型推导方法，讨论市场开拓型创新（市场进入）、动态能力与产业演化之间的逻辑关系

资料来源：本研究整理。

① BigCo是一家业务涵盖硬件、软件及服务的全球性信息技术服务企业，拥有逾30个战略业务单元。
② ProCo是一家总部位于加州的中小型法律企业，从圣地亚哥到圣盛顿拥有12家小事处。

附录 Ⅱ　正式调研问卷

尊敬的先生/女士：

您好！非常感谢您在百忙中填写这份问卷。

我们是重庆理工大学管理学院研究课题组，正在进行一项有关我国企业组织能力的学术研究课题。鉴于贵单位在市场经营活动中所取得的出色业绩，我们真诚地希望您能参与我们的研究，为我们提供相关信息，让我们共同推动我国企业进步！

在此，我们郑重地向您声明：本次问卷调查不会收集任何有关您个人及单位经营活动的信息和数据，也不涉及任何个人隐私和商业机密；所收集到的全部资料仅供学术研究使用，绝无任何商业用途；我们将对相关资料严格保密。因此，恳请您大力支持，据实填写问卷。同时，如您需要本调查的分析结果或有其他的要求，请与我们联系。我们不胜荣幸！

谢谢您的支持！祝愿您的事业蒸蒸日上！

重庆理工大学管理学院课题组
联系方式：librajason@cqut.edu.cn

一、企业基本情况

1. 贵单位的全称是_____（请填写）。

2. 贵单位成立于_____年（请填写）。

3. 您的职务是_____（请填写），您从事营销及销售管理相关工作的年限是：

□5 年以下　　　　　　　□5~9 年

□10~14 年　　　　　　　□15 年及以上

4. 截至目前，贵单位的正式员工人数为（单项选择，请在正确答案前画"√"）：

□100 人以下　　　　　　□101~300 人

□301~500 人　　　　　　□500 人及以上

5. 截至目前，贵单位的主营业务属于以下哪类行业（单项选择，请在正确答案前画"√"）：

□制造业　　　　　　　　　　□服务业

□其他（请注明）：_____

6. 截至目前，贵单位的所有制性质是（单项选择，请在正确答案前画"√"）：

□私营企业　　　　　　　　　□上市企业（非国有控股）

□上市企业（国有控股）　　　□国有独资企业

□三资企业　　　　　　　　　□外资企业

7. 截至目前，您对本单位经营绩效总体评价是（单项选择，请在正确答案前画"√"）：

□非常满意　　　　　　　　　□基本满意

□不太满意　　　　　　　　　□非常不满意

8. 贵单位产品主要销往地区包括（可多项选择，请在正确答案前画"√"）：

□省内市场　　　　　　　　　□本省周边市场

□全国大部分市场　　　　　　□国外市场（东南亚地区）

□国外市场（欧美发达地区）　□国外市场（非洲、南美等欠发达地区）

□其他（请注明）_____

二、组织能力测量

以下问项是对贵单位组织能力的测量，请您根据您所掌握的企业实际情况对各个问项进行评价。"1"表示完全不同意，"6"表示完全同意，"1"至"6"之间表示您对本问项认同程度由低到高的变化，请您在您认可的数字下面画"√"。

序号	题项	非常不同意	比较不同意	基本不同意	基本同意	比较同意	非常同意
		1	2	3	4	5	6
Mc01	企业周期性地对顾客、竞争者的现状进行系统评估						
Mc02	企业对本产业的现状与发展趋势有较为准确的认识						
Mc03	企业能够及时察觉市场需求的重要变化						
Mc04	关键市场信息能够在企业不同部门有效地扩散和分享						
Mc05	企业营销决策建立在对市场信息充分收集和利用的基础上						

续表

序号	题项	非常不同意	比较不同意	基本不同意	基本同意	比较同意	非常同意
		1	2	3	4	5	6
Mc06	高层管理者经常对企业外部环境所发生的变化进行讨论和交流						
Mc07	重要市场信息能够快速地传递到高层管理者						
Mc08	各级管理者都拥有一定的市场决策权力						
Mc09	管理者能够针对市场重要变化快速地进行决策						
Mc10	企业重要营销决策能够在执行中根据环境变换进行适时调整						
Mc11	企业的一线员工拥有一定的自主决策权力						
Mc12	营销部门能与其他关键职能部门有效协作						
Mc13	企业各职能部门都围绕满足市场需求来开展本部门工作						
Mc14	在面对市场重要变化时，企业各职能部门能够统一思想和行动						
Mc15	维护企业整体利益是各职能部门开展工作的首要原则						
Mc16	企业能够准确地向目标顾客传递产品等市场信息						
Mc17	企业能够灵活运用多种媒介开展营销传播						
Mc18	企业擅长综合使用多种手段向目标顾客进行营销推广						
Mc19	企业的渠道设计能够有效地降低顾客购买成本						
Mc20	企业综合运用多种渠道让目标顾客了解企业和产品						
Mc21	目标顾客能够比较容易地知晓和购买到企业产品						
Mc22	在本行业中，企业产品从研发到上市的时间进程比较短						

三、组织与企业家因素测量

以下问项是对贵单位组织与企业家因素的测量，请您根据您所掌握的企业实际情况对各个问项进行评价。"1"表示完全不同意，"6"表示完全同意，"1"至"6"之间表示您对本问项认同程度由低到高的变化，请您在您认可的数字下面画"√"。

序号	题项	非常不同意	比较不同意	基本不同意	基本同意	比较同意	非常同意
		1	2	3	4	5	6
Of01	企业紧密地监控和评估在满足顾客需求方面的承诺水平						
Of02	顾客满意驱动着企业的业务目标						

续表

序号	题项	非常不同意	比较不同意	基本不同意	基本同意	比较同意	非常同意
		1	2	3	4	5	6
Of03	在企业中，销售人员分享关于竞争者的信息						
Of04	企业的高层管理者经常性地讨论竞争者的优势和劣势						
Of05	运用竞争优势满足顾客需求是企业的首要目标						
Of06	有关顾客的信息能够在组织内进行自由的沟通						
Of07	企业与市场范围内其他业务单元分享资源						
Of08	在企业中，无论什么工作都有许多明确而细致的规则和要求						
Of09	企业员工必须根据企业已有的清晰工作程序展开各项工作						
Of10	在完成具体工作时，企业员工拥有自主权						
Of11	企业员工参与到企业的决策制定过程中						
Of12	下级部门做出的任何决定都必须经过上级主管的批准						
Ef01	企业家具有开拓精神，敢于承担风险						
Ef02	企业家相信风险越大，回报越高						
Ef03	企业家善于学习新知识，并用于指导实践						
Ef04	企业家善于运用新理论解决现有问题						
Ef05	企业家集思广益，注重发挥团队力量						
Ef06	企业家不怕困难，视挑战为机会						
Ef07	企业家对实现企业经营目标充满责任和使命感						
Ef08	企业家与各级政府官员保持着良好的私人关系						
Ef09	企业家与监管和支持部门（如工商、海关、银行等）建立了良好的关系						
Ef10	企业家在各级行业协会或其他非营利性组织担任领导职务						
Ef11	企业家在各级人大、政协组织中担任委员或领导职务						
Ef12	企业家运用大量资源与各级政府官员建立友好关系						

四、组织行为及绩效的测量

以下问项是对贵单位组织创新行为及绩效的测量，请您根据您所掌握的企业实际情况对各个问项进行评价。"1"表示完全不同意，"6"表示完全同意，"1"至"6"之间表示您对本问项认同程度由低到高的变化，请您在您认可的数字下面画"√"。

序号	题项	非常不同意 1	比较不同意 2	基本不同意 3	基本同意 4	比较同意 5	非常同意 6
Mi01	企业倾向于率先将新技术运用于新产品开发						
Mi02	企业产品与主要竞争对手产品非常类似						
Mi03	企业在产品交付过程中运用新技术，以优化顾客体验						
Mi04	企业经常尝试在营销传播中运用新的技术手段						
Mi05	企业根据顾客需求进行产品研发或改进						
Mi06	企业在产品促销活动中的改进很容易被顾客接受						
Mi07	对主要顾客而言，企业产品有较高转换成本						
Mi08	企业在产品定价方面的调整很容易被顾客接受						
Me01	企业市场份额优于主要竞争对手						
Me02	企业销售增长水平优于主要竞争对手						
Me03	企业品牌影响力高于主要竞争对手						
Me04	企业产品在市场中处于优势地位						
Me05	相较于主要竞争对手，企业的顾客投诉率比较低						
Me06	相较于主要竞争对手，企业的顾客流失率比较低						
Me07	企业拥有很多长期顾客						
Me08	顾客常常为企业产品说好话						
Bp01	企业产品销售量优于主要竞争对手						
Bp02	企业产品市场份额优于主要竞争对手						
Bp03	企业新顾客增长水平优于主要竞争对手						
Bp04	企业投资回报率优于主要竞争对手						
Bp05	企业利润率优于主要竞争对手						
Bp06	企业顾客流失率低于主要竞争对手						

五、组织环境测量

以下问项是对贵单位所面临外部环境的测量，请您根据您所掌握的企业实际情况对各个问项进行评价。"1"表示完全不同意，"6"表示完全同意，"1"至"6"之间表示您对本问项认同程度由低到高的变化，请您在您认可的数字下面画"√"。

序号	题项	非常不同意	比较不同意	基本不同意	基本同意	比较同意	非常同意
		1	2	3	4	5	6
Et01	在本产业中，顾客的产品需求偏好一直在不断地变化						
Et02	我们的顾客总是期待新产品						
Et03	我们的顾客能够清楚地表述其需求						
Et04	在顾客购买以前，企业能察觉他们对产品和服务的需求						
Et05	在本产业中，通过技术突破使许多新产品构思变得可行						
Et06	在本产业中，技术正在快速地变革						
Et07	在本产业中，技术变革提供了在市场上的大量机会						

············您已经完成了本问卷，再次感谢您的帮助！············

附录Ⅲ 案例相关资料

一、重庆登康大事记

重庆登康的正式前身为1937年某资本家开办的"大来化学胰制厂"。

1956年公私合营，由上海内迁的家庭工业社并入新一制造厂，继续生产蝴蝶牌牙粉和四合一牌牙粉供应市场。由重庆大来制皂厂、大成制皂厂、中华制皂厂、中国炼油厂公私合营而成生产黑猫牌肥皂，标志着重庆登康发展史的开始。

1964年4月，经中国轻工部批准成立为西南地区定点的第一家专业牙膏厂——重庆市江北牙膏厂；1966年10月17日，更名为重庆牙膏厂；1966年末，生产牙膏900万支，向国家提供积累资金15余万元。

1987年，重庆牙膏厂开始试行经营承包责任制，研究、生产并推出了冷酸灵脱敏牙膏。

1996年1月，冷酸灵得到国家商标注册认可；2002年2月8日，冷酸灵被国家工商总局认定为"中国驰名商标"；2002年9月，冷酸灵被中国质量技术监督总局授予"中国名牌"称号。

1998年，冷酸灵被时任国务院副总理吴邦国赞誉为重庆轻工业"五朵金花"之一；曾连续15年雄居重庆市"工业企业五十强"排行榜；多次被评为"中国工业企业综合评价最优500家"和"轻工业卓越绩效模式先进企业"。

1999年，登康通过ISO9001认证；2002年，通过ISO14000认证；2012年，通过OHSAS18000认证，成为行业内最先通过三标一体化认证的企业。

2001年12月14日，登康史上一个重要的日子——重庆登康历经改制艰辛，正式挂牌成立，公司隶属于重庆轻纺控股（集团）公司，是重庆市重点国有企业。

2008年，公司完成了厂区迁建，搬迁至江北区海尔路389号，地处交通便利的重庆市江北区港城工业园区，公司拥有现代化的花园式观光工厂，厂区占地156亩，是中国西部最大的、以牙膏为主的口腔护理用品生产基地；2009年12月19日，重庆登康举行新址落成典礼。

2009年12月17日，重庆登康联合中华口腔医学会、中国口腔清洁护理用品工业协会，成立了中国首家抗牙齿敏感研究中心——冷酸灵抗牙齿敏感研究中心。

2007年，登康被列为国家高新技术企业，并于2011年，成为重庆市第一批创新型试点企业、重庆市技术创新示范企业。

2011年，重庆登康获得重庆市质量技术监督局颁发"重庆市市长质量奖"，成为最早获得该奖项的企业之一。

2012年，重庆登康参与发布国内第一本口腔健康蓝皮书——《中国口腔健康发展报告》。

2013年，重庆登康双重抗敏感系列牙膏获得行业重大科技成果一等奖。

截至2014年，公司拥有市级技术中心一个，并拥有全国唯一的抗牙齿敏感研究中心。拥有国家发明专利5项，外观专利3项，实用新型专利7项，并牵头制定了2项国家标准和20多项行业标准。

截至2014年，重庆登康生产牙膏能力达5亿支（标准支），冷酸灵牙膏在全国市场销量占有率均保持在7%，且保持了逐年增长的态势；冷酸灵牙膏在全国主要牙膏品牌销量市场份额中排名第五，销售量份额连续9年居本土品牌第一位。

二、重庆登康企业文化

(一) 登康的标徽

重庆登康的标志传达企业的价值观：

附图 1　重庆登康 LOGO

蓝色——表达在工作上的专业和冷静；

橘红——表达对民众的"关心和热忱"；

白色——展示"清洁、干净、健康"的理念，这是产品和服务的行业定位。

中文登康：使民众登上健康之路，使企业登上康庄大道。

英文（Dencare）：Dental——"口腔"，Care——"关怀，护理"。

(二) 登康愿景

成为世界一流口腔护理产品专家，为消费者带来健康、自信的笑容。

(三) 登康使命

致力于为大众口腔健康提供整体解决方案，不断改善大众口腔健康。

(四) 登康价值观

变革创新、诚信实干、至善关爱、大同和谐。

(五) 企业精神

用户至上、生产报国、光明正大、爱岗敬业、诚信团结、崇高品德、科技创新、追求卓越。

(六) 管理理念

安全观：安全为基，效益为本，持续改进。

人才观：德才兼备，任人唯贤。

发展观：汇聚英才，创造精品。

品牌诉求：冷热酸甜，想吃就吃。

对员工的要求：堂堂正正做人，认认真真做事。

三、冷酸灵历年电视广告

（一）吴秀波盛宴篇（2013年）

"国民大叔"吴秀波化身为多个自己曾饰演过的经典角色，跨越时空，塑造经典的背后是"大叔"与冷酸灵共有的专注、坚持。"人生好比一餐盛宴，冷热酸甜都要悦享受"，大叔用自己沉稳、魅力的声线诠释了冷酸灵新品专研抗敏"舒缓疼痛+修护敏感牙齿"的双重功效。随后，吴秀波呈上一餐囊括"冷"、"热"、"酸"、"甜"美食的盛宴，道出冷酸灵的经典广告语"冷热酸甜，想吃就吃"，并对"中国抗敏感牙膏领导品牌"——冷酸灵竖起了大拇指。

附图2　吴秀波盛宴篇广告

资料来源：重庆登康市场部提供。

（二）全国四地篇（2011年）

广告分别从四座风格迥异的城市美食诠释了人生的四种真情：从身处北京与兄弟们大口喝冰啤的兄弟情（冷），到一家人围坐吃热辣火锅的亲情（热），到广州"小蛮腰"前年轻伙伴们喝柠檬水的青涩朋友情（酸），再到上海外滩上恋人间甜蜜的爱情（甜）。冷酸灵无不相伴左右，关爱口腔健康，成为13亿国民身边的抗牙齿敏感专家。

附图3 全国四地篇广告

资料来源：重庆登康市场部提供。

(三) 实验室篇 (2009年)

冷酸灵牙齿抗敏感研究中心科研人员问道："什么是高敏感？"在现代化的研究中心对患者施加冷风刺激，患者强烈尖锐的疼痛提醒着大家牙齿过敏可能无处不在。冷酸灵专业抗敏牙膏凭借其突破性的抗敏感科技有效地缓解高敏感，坚持使用冷酸灵的患者最后面对镜头大嚼冰块，从此冷热酸甜都不是问题，想吃就能吃。

附图4 实验室篇广告

资料来源：重庆登康市场部提供。

(四) 冲浪篇 (2008年)

碧海蓝天中，巨大的冷酸灵劲爽系列牙膏拉着一名帅哥在激浪中滑行，极富动感的画面与夸张的表现形式无不透露出清凉畅快之意，广告尾是帅哥拿着冰块大嚼，道出："冷热酸甜，想吃就吃"的广告语。

附图 5　冲浪篇广告

资料来源：重庆登康市场部提供。

（五）孙俪篇（2007 年）

广告中，孙俪是一名跳伞运动员。当她在机舱前犹豫是否跳下时，身旁的教练自信地说道："放心吧孙俪，有双重保护！"带着双重保护降落伞的孙俪一跃而下，拥有天然草本和矿物盐精华的双重保护一路为孙俪保驾护航，最后她轻盈落地说道："保护就要双倍的，牙齿也一样"，伴随璀璨的闪光，孙俪也完成了其到巨星的转变，红地毯上，孙俪大嚼冰块绽放出自信优雅的笑容："冷热酸甜，想吃就吃！"

附图 6　孙俪篇广告

资料来源：重庆登康市场部提供。

（六）水晶篇（2002 年）

在回转寿司店，食客们看着回转输送带上面的各种美食：冰冻生鱼片（冷）、鲜虾豆腐汤（热）、冰镇柠檬汁（酸）、草莓冰激凌（甜），但由于牙齿敏感不敢下口。冷酸灵水晶牙膏，为牙齿提供双重保护。牙齿不过敏，冷热酸甜，想吃就吃！

附图7 水晶篇广告

资料来源:重庆登康市场部提供。

(七) 火锅篇 (1998年)

刚刚大学毕业的孙红雷和几个哥们在大排档里享受美味的火锅,当几位大呼过瘾时,服务员说道"冰啤来了!"几人都犯起了嘀咕,这又冷又热的牙齿能受得了吗?纷纷表示不敢尝试,只有一名坚持使用冷酸灵牙膏的哥们儿拿起冰啤一饮而尽。广告在面世之初就凭借其清晰的定位与接地气的场景设置给冷酸灵的销售开辟了一条大道。"冷热酸甜,想吃就吃"这一广告语也传遍了大街小巷。

附图8 火锅篇广告

资料来源:重庆登康市场部提供。

(八) 杯子柠檬篇 (1996 年)

画面中只有一杯加冰鲜柠檬汁,一名"勇敢的"小伙伴在喝完了酸涩的整杯柠檬汁后更是拿起里面的冰块大嚼了起来,整个广告画面只有杯子与柠檬,简明扼要地突出了冷酸灵"冷热酸甜,想吃就吃"的核心广告语。

附图 9 杯子柠檬篇广告

资料来源:重庆登康市场部提供。

参考文献

［1］阿巴斯·塔沙克里，查尔斯·特德莱. 混合方法论：定性方法和定量方法的结合［M］. 唐海华译. 重庆：重庆大学出版社，2010.

［2］艾尔·巴比. 社会研究方法（第10版）［M］. 邱泽奇译. 北京：华夏出版社，2007.

［3］蔡华，于永彦，蒋天颖. 民营企业家精神的测量与分析［J］. 统计与决策，2009（16）：163-165.

［4］蔡明达. 市场资讯处理程序与组织记忆对营销创新影响之研究［D］. 台湾政治大学博士学位论文，2001.

［5］曹红军，赵剑波. 动态能力如何影响企业绩效——基于中国企业的实证研究［J］. 南开管理评论，2008（6）：54-65.

［6］陈春花. 民营企业的变化与超越［J］. 清华管理评论，2011（6）：14-17.

［7］陈宁. 企业家精神对营销绩效影响实证检验：营销动态能力的中介作用［J］. 商业时代，2014（19）：90-91.

［8］陈宁. 营销动态能力二阶多维概念模型的构建［J］. 沈阳师范大学学报（社会科学版），2013（5）：47-49.

［9］陈晓萍，徐淑英，樊景立主编. 组织与管理研究的实证方法［M］. 北京：北京大学出版社，2008.

［10］邓新明. 我国民营企业政治管理、多元化战略与公司绩效［J］. 南开管理评论，2011（4）：4-15.

［11］杜建华，田晓明，蒋勤峰. 基于动态能力的企业社会资本与创业绩效关系研究［J］. 中国软科学，2009（2）：115-126.

［12］高芳. 动态环境下营销能力的构建［J］. 武汉大学学报（哲学社会科学版），2008（3）：432-436.

［13］哈里斯·库珀. 如何做综述性研究［M］. 刘洋译. 重庆：重庆大学出版

社，2010.

[14] 韩德昌，韩永强. 营销能力理论研究进展评析及未来趋势展望 [J]. 外国经济与管理，2010（6）：52-58.

[15] 郝项超，张宏亮. 政治关联关系、官员背景及其对民营企业银行贷款的影响 [J]. 财贸经济，2011（4）：55-61.

[16] 纪春礼. 营销动态能力构成维度及其形成机理研究 [M]. 北京：经济科学出版社，2011：140-144.

[17] 柯林江，孙建敏，李永瑞. 心理资本：本土量表的开发及中西比较 [J]. 心理学报，2009（9）：875-888.

[18] 李飞等. 中国百货商店如何进行服务创新：基于北京当代商城的案例研究 [J]. 管理世界，2010（2）：124-133.

[19] 李巍，王志章. 营销能力对企业市场战略与经营绩效的影响研究 [J]. 软科学，2011（1）：114-119.

[20] 李巍，席小涛. 大数据时代营销创新研究的价值、基础与方向 [J]. 科技管理研究，2014（18）：181-185.

[21] 李巍，许晖. 企业社会资本、市场知识能力与经营绩效的关系研究 [J]. 软科学，2012（10）：93-98.

[22] 李巍. 出口企业营销动态能力提升出口绩效的机理研究 [J]. 财经论丛，2015（7）：92-99.

[23] 李巍. 国际营销动态能力 [M]. 北京：经济科学出版社，2012.

[24] 李巍. 营销动态能力的概念与量表开发 [J]. 商业经济与管理，2015（2）：68-77.

[25] 李巍. 营销能力与创新绩效关系研究的综述与启示 [J]. 科技管理研究，2015（5）：140-144.

[26] 李先江. 营销创新对公司创业导向与组织绩效关系的中介效应研究 [J]. 研究与发展管理，2012（4）：115-125.

[27] 李颖灏. 关系营销导向对营销创新的影响研究 [J]. 科研管理，2012（3）：42-48.

[28] 厉以宁. 中国经济双重转型之路 [M]. 北京：中国人民大学出版社，2013.

[29] 林志扬，林泉. 企业组织结构扁平化变革策略探析 [J]. 经济管理，

2008（2）：4-9.

[30] 罗伯特·F.德威利斯.量表编制：理论与应用（第2版）[M].魏永刚，龙长权，宋武译.重庆：重庆大学出版社，2004.

[31] 罗伯特·K.殷.案例研究：设计与方法（第3版）[M].周海涛译.重庆：重庆大学出版社，2004.

[32] 马勇.市场导向、营销创新与组织绩效关系研究：市场驱动还是驱动市场[D].复旦大学博士学位论文，2008.

[33] 欧阳桃花，蔚剑枫.研发—营销界面市场协同机制研究：海尔案例[J].管理学报，2011（1）：12-18.

[34] 三谷宏治.经营战略全史[M].南京：江苏凤凰文艺出版社，2016.

[35] 苏敬勤，刘静.复杂产品系统中动态能力与创新绩效关系研究[J].科研管理，2013（10）：75-83.

[36] 王睿智，许守任.社会资本、组织学习视角下企业营销动态能力形成机制：基于海信的案例研究[J].现代管理科学，2014（2）：51-53.

[37] 魏江，焦豪，崔瑜.企业动态能力构建路径分析：基于创业导向和组织学习的视角[J].管理世界，2008（4）：91-106.

[38] 吴家喜，吴贵生.高层管理者特质与产品创新的关系[J].科学学与科学技术管理，2008（3）：178-182.

[39] 许晖，郭净，邓勇兵.管理者国际化认知对营销动态能力演化影响的案例研究[J].管理学报，2013（1）：30-40.

[40] 许晖，李巍，王梁.市场知识管理与营销动态能力构建——基于天津奥的斯的案例研究[J].管理学报，2011（3）：323-331.

[41] 许晖，李巍.员工导向与客户关系管理的整合机制研究——基于华泰证券的案例分析[J].科学学与科学技术管理，2011（8）：130-138.

[42] 杨智，张茜岚，谢春燕.企业战略导向的选择：市场导向或创新导向——基于湖南省高新技术开发区企业的实证研究[J].科学学研究，2009（2）：278-288.

[43] 约翰·W.克雷斯威尔.研究设计与写作指导：定性、定量与混合研究的路径[M].崔延强译.重庆：重庆大学出版社，2007.

[44] 张祥健，郭岚.政治关联的机理、渠道与策略：基于中国民营企业的研究[J].财贸经济，2010（9）：99-104.

[45] 郑秋莹，姚唐，范秀成等. 基于 Meta 分析的"顾客满意—顾客忠诚"关系影响因素研究 [J]. 管理评论，2014（2）：111-120.

[46] 周浩，龙立荣. 共同方法偏差的统计检验与控制方法 [J]. 心理科学进展，2004（6）：942-950.

[47] 周晓东，项保华. 复杂动态环境、动态能力及战略与环境的匹配关系 [J]. 经济管理，2003（3）：12-18.

[48] Adams G. and Lamont B. Knowledge management systems and developing sustainable competitive advantage [J]. Journal of Knowledge Management, 2003, 7 (2): 142-154.

[49] Adner R. and Helfat C. Corporate effects and dynamic managerial capabilities [J]. Strategic Management Journal, 2003, 24 (10): 1011-1025.

[50] Akyol A. and Akehurst G. An investigation of export performance variations related to corporate export market orientation [J]. European Business Review, 2003, 15 (1): 5-19.

[51] Amit R. and Schoemaker P. Strategic assets and organizational rent [J]. Strategic Management Journal, 1993, 14 (2): 33-46.

[52] Andrews J. and Smith D. In search of the marketing imagination: Factors affecting the creativity of marketing programs for mature products[J]. Journal of Marketing Research, 1996, 33 (3): 174-187.

[53] Barney J. Firm resources and sustained competitive advantage [J]. Journal of Management, 1991, 17 (1): 99-120.

[54] Barreto I. Dynamic capabilities: A review of past research and an agenda for the future [J]. Journal of Management, 2010, 36 (1): 256-280.

[55] Benner J. and Tushman M. Exploitation, exploration, and process management: The productivity dilemma revisited[J]. Academy of Management Review, 2003, 28 (2): 238-256.

[56] Blyler M. and Coff R. Dynamic capabilities, social capital, and rent appropriation: Ties that split pies[J]. Strategic Management Journal, 2003, 24 (7): 677-686.

[57] Bruni D. and Verona G. Dynamic marketing capabilities in science-based firms: An exploratory investigation of the pharmaceutical industry [J]. British Acade-

my of Management, 2009, 20 (S): 101-117.

[58] Cavusgil S., Calantone R. and Zhao Y. Tacit knowledge transfer and firm innovation capability [J]. Journal of Business and Industrial, 2003, 18 (1): 6-21.

[59] Chan H., Yee R., Dai J. and Lim M. The moderating effect of environmental dynamism on green product innovation and performance[J]. International Journal of Production Economics, 2015, 18 (1): 128-142.

[60] Chandler A. Strategy and structure [M]. Cambridge, MA: MIT Press, 1962.

[61] Chandy R. and Tellis G. Organizing for radical product Innovation: The overlooked role of willingness to cannibalize [J]. Journal of Marketing Research, 1998, 34 (11): 474-478.

[62] Cheng C. and Chen J. Breakthrough nnovation: The roles of dynamic innovation capabilities and open innovation activities [J]. Journal of Business and Industrial Marketing, 2013, 28 (5): 5-16.

[63] Chiu C. and Yang C. Chinese subjects' dilemmas: Humility and cognitive laziness as problems in using rating scale [J]. Bulletin of the Hong Kong Psychological Society, 1987, 18 (1): 39-50.

[64] Churchill G. A paradigm for developing better measures of marketing constructs [J]. Journal of Marketing Research, 1979, 16 (1): 64-73.

[65] Coviello N., Brodie R., Danaher P. and Johnston W. How firms relate to their markets: An empirical examination of contemporary marketing practices [J]. Journal of Marketing, 2002, 66 (3): 33-46.

[66] Crick J. and Crick D. The first export order: A marketing innovation revisited [J]. Journal of Strategic Marketing, 2015, 23 (1): 1-13.

[67] Davcik N. and Sharma P. Impact of product differentiation, marketing investments and brand equity on pricing strategies: A brand level investigation [J]. European Journal of Marketing, 2015, 49 (5/6): 2721-2746.

[68] Day G. Closing the marketing capabilities gap [J]. Journal of Marketing, 2011, 75 (4): 183-195.

[69] Day G. The capabilities of market-driven organizations [J]. Journal of Marketing, 1994, 58 (4): 37-52.

[70] Deshpande R., Farely J. and Webster J. Corporate culture, customer orientation and innovativeness in Japanese firms [J]. Journal of Marketing, 1993, 57 (1): 23-27.

[71] Drucker P. Innovation and Entrepreneurship [M]. London: Heinemann, 1986.

[72] Dyer G. and Wilkins L. Better stories, not better constructs, to generate better theory: a rejoinder to Eisenhardt [J]. Academy of Management Review, 1991, 16 (3): 613-619.

[73] Eisenhardt K. & Graebner M. Theory building from cases: Opportunities and challenges [J]. Academy of Management Journal, 2007, 50 (1): 25-32.

[74] Eisenhardt K. and Martin J. Dynamic capabilities: What are they? [J]. Strategic Management Journal, 2000, 21 (10/11): 1105-1121.

[75] Fang E. and Zou S. Antecedents and consequences of marketing dynamic capabilities in international joint ventures [J]. Journal of International Business Studies, 2009, 40 (5): 742-761.

[76] Farth J., Cannella A. and Lee C. Approaches to scale development in Chinese management research [J]. Management and Organization Review, 2006, 2 (3): 301-308.

[77] Grewal R. and Tansuhaj P. Building organizational capabilities for managing economic crisis: The role of market orientation and strategic flexibility [J]. Journal of Marketing, 2001, 65 (2): 67-80.

[78] Griffin A., Jpsephson B. and Lilien G. Marketing's roles in innovation in business-to-business firms: Status, issues, and research agenda [J]. Marketing Letters, 2013, 24 (4): 323-337.

[79] Griffith D., Noble S. and Chen Q. The performance implications of en trepren-eurial proclivity: A dynamic capabilities approach [J]. Journal of Retailing, 2006, 82 (1): 51-62.

[80] Hauser J., Tellis G. and Griffin A. Research on innovation: A review and agenda for marketing science [J]. Marketing Science, 2006, 25 (6): 687-717.

[81] Haynes S., Richard D. and Kubany E. Content validity in psychological assessment: A functional approach to concepts and methods [J]. Psychological As-

sessment, 1995, 7 (3): 238-247.

[82] Helfat C. and Peteraf M. The dynamic resource-based view: Capability lifecycles [J]. Strategic Management Journal, 2003, 24 (10): 997-1010.

[83] Helfat C. and Peteraf M. Understanding dynamic capabilities progress along a developmental path [J]. Strategic Organization, 2009, 7 (1): 91-102.

[84] Helfat C. Know-how and asset complementarity and dynamic capability accumulation: The case of R&D [J]. Strategic Management Journal, 1997, 18 (5): 339-361.

[85] Hillman J., Zardkoohi A. and Bierman L. Corporate political strategies and firm performance: Indications of firm-specific benefits from personal service in the U. S. government [J]. Strategic Management Journal, 1999, 20 (1): 67-81.

[86] Hinkin T. A brief tutorial on the development of measures for use in survey questionnaires [J]. Organizational Research Methods, 1998, 1 (1): 104-121.

[87] Homburg C. and Pflesser C. A multiple-layer model of market-oriented organizational culture: Measurement issues and performance outcomes [J]. Journal of Marketing Research, 2000, 37 (4): 449-462.

[88] Hoskisson R. and Hitt M. Theory and research in strategic management: Swings of a pendulum [J]. Journal of Management, 1999, 25 (3): 131-141.

[89] Jaworski B. On managerial relevance [J]. Journal of Marketing, 2011, 75 (4): 211-224.

[90] Kaiser H. An index of factorial simplicity [J]. Psychometrika, 1974, 39 (1): 31-36.

[91] Khwaja I. and Mian A. Do lenders favor politically connected firms? Rent seeking in an emerging financial market [J]. Quarterly Journal of Economics, 2005, 120 (4): 1371- 1411.

[92] King A. and Tucci C. Incumbent entry into new market niches: The role of experience and managerial choice in the creation of dynamic capabilities [J]. Management Science, 2002, 48 (2): 171-186.

[93] Knight G. Entrepreneurship and marketing strategy: The SME under globalization [J]. Journal of International Marketing, 2000, 8 (2): 12-32.

[94] Kraatz M. and Zajac E. How organizational resources affect strategic change

and performance in turbulent environments: Theory and evidence [J]. Organization Science, 2001, 12 (5): 632-657.

[95] Lance C., Butts M. and Michels L. The sources of four commonly reported cutoff criteria: What did they really say? [J]. Organizational Research Methods, 2006, 9 (2): 202-220.

[96] Lavie D. Capability reconfiguration: An analysis of incumbent responses to technological change [J]. Academy of Management Review, 2006, 31 (2): 153-174.

[97] Lehmann D. and Jocz K. Reflections on the futures of marketing: Practice and education [J]. Marketing Science Institute, 1997 (1): 121-135.

[98] Li Chia-Ying. The influence of entrepreneurial orientation on technology commercialization: The moderating roles of technological turbulence and integration [J]. African Journal of Business Management, 2012, 6 (1): 370-387.

[99] Li H. and Zhang Y. The role of managers' political networking and functional experience in new venture performance: Evidence from China's transition economy [J]. Strategic Management Journal, 2007, 28 (8): 791-804.

[100] Li J., Zhou K. and Shao A. Competitive position, managerial ties, and profitability of foreign firms in China: An interactive perspective [J]. Journal of International Business Studies, 2009, 40 (2): 339-352.

[101] Li L., Wu S. and Lin B. An empirical study of dynamic capabilities measurement on R&D department [J]. International Journal of Innovation and Learning, 2008, 5 (3): 1-13.

[102] Li Y., Liu Y. and Zhao Y. The role of market and entrepreneurship orientation and internal control in the new product development activities of Chinese firms [J]. Industrial Marketing Management, 2006, 35 (3): 336-347.

[103] Lindblom A. and Olkkonen P. Market-sensing capability and business performance of retail entrepreneurs [J]. Contemporary Management Research, 2008, 4 (3): 219-236.

[104] Livingstone L., Nelson D. and Barr S. Person-environment fit and creativity: An examination of supply-value and demand-ability version of fit [J]. Journal of Management, 1997, 23 (2): 119-146.

[105] Lumpkin T. and Dess G. Linking two dimensions of entrepreneurial orien-

tation to firm performance: The moderation role of environment and industry life cycle [J]. Journal of Business Venturing, 2001 (5): 426-464.

[106] Maklan S. and Knox S. Dynamic capabilities: The missing link in CRM investments [J]. European Journal of Marketing, 2009, 43 (11/12): 1392-1410.

[107] Moghaddam B. and Armat P. A study on effect of innovation and branding on performance of small and medium enterprises [J]. Management Science Letters, 2015, 5 (3): 245-25.

[108] Mom T., van den Bosch. and Volberda H. Understanding variation in managers' ambidexterity: Investigating direct and interaction effects of formal structural and personal coordination mechanisms [J]. Organization Science, 2009, 20 (4): 812-828.

[109] Morgan N., Shaoming Zou., Vorhies D. and Katsikeas C. Experiential and informational knowledge, architectural marketing capabilities, and the adaptive performance of export ventures [J]. Decision Sciences, 2003, 34 (2): 287-321.

[110] Morgan N., Vorhies D. and Mason C. Market orientation, marketing capabilities, and firm performance [J]. Strategic Management Journal, 2009, 30 (8): 909-920.

[111] Mothe C. and Thi T. The link between non-technological innovations and technological innovation [J]. European Journal of Innovation Management, 2010, 13 (3): 313-332.

[112] Nenonen S. and Storbacka K. Driving shareholder value with customer asset management: Moving beyond customer lifetime value [J]. Industrial Marketing Management, 2016, 52 (1): 140-150.

[113] Newbert S. Empirical research on the resource-based view of the firm: An assessment and suggestions for future research [J]. Strategic Management Journal, 2007, 28 (2): 121-146.

[114] Peng M. and Luo Y. Managerial ties and firm performance in a transition economy: The nature of a micro-macro link [J]. Academy of Management Journal, 2000, 43 (3): 486-501.

[115] Prange C. and Verdier S. Dynamic capabilities, internationalization processes and performance [J]. Journal of World Business, 2011, 46 (1): 126-133.

[116] Ralf W. and Siegfried G. The impact of dynamic capabilities on operational marketing and technological capabilities: investigating the role of environmental turbulence [J]. Journal of the Academy of Marketing Science, 2015, 43 (2): 181–199.

[117] Reeves M. and Deimler M. Adaptability: The new competitive advantage [J]. Harvard Business Review, 2011, 42 (7): 3–9.

[118] Rindova V. and Kotha S. Continuous "morphing": Competing through dynamic capabilities, form, and function [J]. The Academy of Management Journal, 2001, 44 (6): 1263–1280.

[119] Romme A., Zollo M. and Berends P. Dynamic capabilities, deliberate learning and environmental dynamism: A simulation model [J]. Industrial and Corporate Change, 2010, 19 (4): 1271–1299.

[120] Rust T., Ambler T., Carpenter S., Kumar V. and Srivastava K. Measuring marketing productivity: Current knowledge and future directions [J]. Journal of Marketing, 2005, 68 (1): 76–89.

[121] Schumpeter J. Business cycles [M]. New York: McGraw-Hill Press, 1939.

[122] Sharma P. and Chrisman J. Toward a reconciliation of the definitional issues in the field of corporate entrepreneurship[J]. Entrepreneurship Theory and Practice, 1999, 24 (1): 11–27.

[123] Sheng S., Zhou K. and Li J. The effects of business and political ties on firm performance: Evidence from China [J]. Journal of Marketing, 2011, 75 (1): 1–15.

[124] Sirmon D. and Hitt M. Contingencies within dynamic managerial capabilities: Interdependent effects of resource investment and deployment on firm performance [J]. Strategic Management Journal, 2009, 30 (13): 1375–1394.

[125] Slater S. and Narver J. Market orientation and the learning organization [J]. Journal of Marketing, 1995, 59 (3): 63–74.

[126] Slater S. and Narver J. Market orientation, customer value, and superior performance [J]. Business Horizons, 1994, 2 (1): 22–29.

[127] Sok P., O'Cass A. and Sok A. Achieving superior SME performance:

Overarching role of marketing, innovation, and learning capabilities [J]. Australasian Marketing Journal, 2013, 21 (1): 161-167.

[128] Song M., Benedetto C. and Nason R. Capabilities and financial performance: The moderating effect of strategic type [J]. Journal of the Academy of Marketing Science, 2007, 35 (1): 18-34.

[129] Su-Chao Chang. and Ming-Shing Lee. The linkage between knowledge accumulation capability and organizational innovation [J]. Journal of Knowledge Management, 2008, 12 (1): 3-20.

[130] Teece D. and Pisano G. The dynamic capabilities of firms: An introduction [J]. Industrial and Corporate Change, 1994, 3 (2): 537-556.

[131] Teece D. Dynamic capabilities: Routines versus entrepreneurial action [J]. Journal of Management Studies, 2012, 49 (8): 1395-1401.

[132] Teece D. Explicating dynamic capabilities: The nature and microfoundations of (sustainable) enterprise performance [J]. Strategic Management Journal 2007, 28 (13): 1319-1350.

[133] Teece D., Pisano G. and Shuen A. Dynamic capabilities and strategic management [J]. Strategic Management Journal, 1997, 18 (7): 509-533.

[134] Tsai K. and Yang S. Firm innovativeness and business performance: The joint moderating effects of market turbulence and competition [J]. Industrial Marketing Management, 2013, 42 (8): 1279-1294.

[135] Tsai S. Dynamic marketing capabilities and radical innovation commercialisation [J]. International Journal of Technology Management, 2015, 67 (2/3/4): 174-195.

[136] Varadarajan R. Strategic marketing and marketing strategy: Domain, definition, fundamental issues and foundational premises [J]. Journal of the Academic Marketing Science, 2010, 38 (2): 119-140.

[137] Vorhies D., Foley L., Bush V. and Clark M. Market-based dynamic capabilities and firm performance [J]. American Marketing Association, 2007, (Winter): 282-283.

[138] Vorhies D., Morgan R. and Autry C. Product-market strategy and the marketing capabilities of the firm: Impact on market effectiveness and cash flow per-

formance [J]. Strategic Management Journal, 2009, 30 (4): 1310-1334.

[139] Voss G. and Voss Z. Strategic ambidexterity in small and medium-sized enterprises: Implementing exploration and exploitation in product and market domains [J]. Organization Science, 2012, 30 (11): 1459-1477.

[140] Wang C. and Ahmed P. Dynamic capabilities: A review and research agenda [J]. International Journal of Management Reviews, 2007, 9 (1): 31-51.

[141] Wang E. and Juan P. Entrepreneurial orientation and service innovation on consumer response: A B&B case [J]. Journal of Small Business Management, 2015, 18 (3): 279-293.

[142] Webster F. The changing role of marketing in the corporation [J]. Journal of Marketing, 1992, 56 (10): 1-17.

[143] Widaman F. Common factor analysis versus principal component analysis: Differential bias in representing model parameters [J]. Multivariate Behavioral Research, 1993, 28 (2): 263-311.

[144] Wiggins R. and Ruefli T. Schumpeter's ghost: Is hyper competition making the best of times shorter [J]. Strategic Management Journal, 2005, 26 (7): 887-911.

[145] Wilden R. and Gudergan S. The impact of dynamic capabilities on operational marketing and technological capabilities: investigating the role of environmental turbulence [J]. Journal of the Academy of Marketing Science, 2015, 43 (2): 181-199.

[146] Williamson E. Strategy research: Governance and competence perspectives [J]. Strategic Management Journal, 1999, 20 (12): 1087-1108.

[147] Zhou K., Yim C. and Tse D. The effects of strategic orientations on technology-and market-based breakthrough innovations [J]. Journal of Marketing, 2005, 69 (2): 42-60.

[148] Zollo M. and Winter S. Deliberate learning and the evolution of dynamic capabilities [J]. Organization Science, 2002, 13 (3): 339-351.

[149] Zott C. Dynamic capabilities and the emergence of intraindustry differential firm performance: Insights from a simulation [J]. Strategic Management Journal, 2003, 24 (2): 97-125.

致 谢

自 2009 年在南开大学商学院攻读管理学博士学位以来,我有幸在恩师许晖教授的悉心指导下从事营销能力研究。2012 年 6 月获得管理学博士学位,学位论文《国际营销动态能力的结构与关键驱动因素研究:制度与资源的双重视角》获得"南开大学 2012 届优秀博士学位论文"奖。2012 年 7 月加入重庆理工大学以后,我继续从事营销动态能力相关理论研究。

本书研究可以视为是在动态能力观与营销能力整合研究方面的深入思考与新探索,是我用新的路径方式实现在攻读博士学位期间没有时间与精力去实践的研究想法。在这个过程中,感谢我专业研究的领路人、支持者与学习榜样——南开大学商学院许晖教授。同时,感谢我的博士后合作导师——中国社会科学院工业经济研究所研究员罗仲伟教授,以及重庆理工大学管理学院院长徐刚教授,他们在我离开南开大学走入工作岗位后给予我极大的关心、支持和帮助。此外,西南大学经济管理学院王志章教授、重庆工商大学管理学院副院长徐世伟教授等专家、学者在本书研究过程中给予了宝贵的意见与建议,以及无私的鼓励与支持。谢谢学术前辈们的表率与引路,才让后辈有律可循;谢谢研究合作者们的互助与协作,才让吾辈开拓进取。

同时,与企业界人士的不断交流与学习让我受益匪浅,他们是:重庆登康口腔护理用品股份公司副总经理赵丰硕先生、市场部张文彬先生,重庆宗申机车制造股份有限公司总经理刘钢先生、行政人事总监鲁文利先生,重庆秒银科技创始人兼董事长马昭德先生,重庆立信市场研究有限公司总经理张鸿翔先生、研究总监张仲芳女士,重庆广积粮房地产经纪公司总经理王凯先生,以及《商界评论》编辑部主任丁保祥先生,等等。感谢企业界的各位专家将你们的宝贵经历与观点同我分享,帮助研究更好地契合管理实际。

最重要的是,我要感谢家人在我专业研究与书稿撰写过程中给予的殷切期望与默默支持。妻子席小涛女士在繁忙工作之余,悉心照料不满周岁的爱子承贤;

我的母亲及岳父岳母默默承担大量家务，为我提供了更多时间从事专业研究及书稿写作；尚未退休的父亲仍独自在家乡坚守工作岗位，不断给我精神上的鼓励和慰藉。在此，我深表谢意，更感欣慰。

本书为教育部人文社会科学研究项目"动荡环境下的企业营销动态能力模型、机制与开发应用策略研究"（项目编号：13XJC630010）的研究成果，部分研究内容已经以研究论文的形式在国内外专业期刊进行发表。感谢重庆理工大学管理学院研究生丁超同学、杨霄飞同学、董江原同学在资料收集和书稿校勘方面的辛勤工作；感谢经济管理出版社杨国强编辑的专业和高效工作，让本书顺利出版。

此外，本书出版也得到"重庆理工大学优秀著作出版基金"的资助，感谢重庆理工大学学术委员会评审专家及科研处领导对本书研究的肯定与认可，感谢重庆理工大学管理学院各位领导与同仁的倾力支持与无私帮助。鉴于研究水平有限，难免存在疏漏之处，敬请各位专家学者及广大读者批评指正。

李巍

二〇一六年初夏于理工雅苑